2020 检察声音

最高人民检察院新闻办公室　编

中国检察出版社

图书在版编目 (CIP) 数据

2020·检察声音 / 最高人民检察院新闻办公室编
. -- 北京 ：中国检察出版社，2021.2
ISBN 978-7-5102-2553-6

Ⅰ．①2… Ⅱ．①最… Ⅲ．①检察机关－工作－中国
－文集 Ⅳ．① D926.3-53

中国版本图书馆 CIP 数据核字（2021）第 025014 号

2020·检察声音

最高人民检察院新闻办公室　编

出版发行：中国检察出版社
社　　址：北京市石景山区香山南路 109 号（100144）
网　　址：中国检察出版社（www.zgjccbs.com）
编辑电话：（010）86423749
发行电话：（010）86423726　86423727　86423728
　　　　　（010）86423730　68650016
经　　销：新华书店
印　　刷：北京联合互通彩色印刷有限公司
开　　本：710mm×960mm　16 开
印　　张：21.75
字　　数：284 千字
版　　次：2021 年 2 月第一版　2021 年 2 月第一次印刷
书　　号：ISBN 978-7-5102-2553-6
定　　价：88.00 元

编写说明

过去的一年，检察机关坚持以习近平新时代中国特色社会主义思想为指导，全面贯彻习近平法治思想，把增强"四个意识"、坚定"四个自信"、做到"两个维护"融入检察履职全过程，讲政治、顾大局、谋发展、重自强，以高度的政治自觉、法治自觉、检察自觉服务保障经济社会高质量发展，为推进国家治理体系和治理能力现代化贡献检察力量。

媒体人是党的政策主张的传播者、时代风云的记录者、社会进步的推动者、公平正义的守望者。为了更好地接受人民监督，便于社会更加有效感知检察工作，我们以媒体人看检察为视角，从境界、对话、抗疫、担当、监督、温度、公益、守护、自强等九个方面，精选了 2020 年具有特殊意义的 61 篇检察新闻作品，编辑成《2020·检察声音》一书。这些作品既有体现以"三个自觉"践行检察新理念、主动融入打好抗疫阻击战、服务经济社会高质量发展、解决群众操心事烦心事揪心事的检察担当，又有聚焦社会广泛关注的扫黑除恶专项斗争、公益诉讼助力美丽中国、未成年人司法保护等热点问题，用文字、图片、视频、音频等全媒体方式传递检察好声音，让检察产品"飞入寻常百姓家"。

新时代，面对人民群众在民主、法治、公平、正义、安全、环境等方面更高水平的新需求，我们将以习近平新时代中国特色社会主义思想为指导，全面贯彻习近平法治思想，秉持"本在检察工作、要在检察文化、效在新闻宣传"工作理念，一手抓固本强基的"硬实力"，一手抓检察新闻宣传等"软实力"，讲好检察故事，做好时代答卷。

由于时间仓促，本书在编制过程中存在一些不足，敬请广大读者朋友们批评指正。

最高人民检察院新闻办公室

2021 年 2 月

目 录

1 境界

2 对话

3 抗疫

4 担当

5 监督

6 温度

7 公益

8 守护

9 自强

这些检察新理念始终贯穿着一个灵魂——既源于习近平法治思想的指引，最终又落脚于对习近平法治思想的贯彻落实

——检察日报◎邱春艳

01

境界

CMG
中央广播电视总台

中国新闻

数据看变化　中国推进依法治国增进民生福祉

CCTV4　宋达 等　2020 年 5 月 26 日

主播

今年的最高人民检察院工作报告当中，首次发布了 20 年刑事犯罪案件办案数据。全国人大代表、最高人民检察院检察长张军就表示，**数据的变化体现出了中国贯彻宽严相济政策，不断深化依法治国，保障人民群众福祉。**

张军表示，报告用图表展现了 20 年来主要犯罪趋势、走向，可以看出，当前中国刑事犯罪总量虽然持续高位，但是犯罪的结构、态势等发生了重大变化。

张军： 1999 年严重危害社会秩序的犯罪，暴力、杀人、抢劫、放火、爆炸、投毒、强奸，等等。1999 年是 16 万 2 千多件，20 年后的 2019 年，这一类犯罪以年均 4.8% 的比例逐年下降，去年是 6 万件。判处 3 年以上有期徒刑重刑的案件，20 年间整个刑事犯罪占比从 **1999 年的 45% 下降到 2019 年的 21%**。

1999—2019 年

严重危害社会秩序犯罪

从
16.2 万件
降至
6 万件

被判处 3 年以上有期徒刑重刑案件的占比

从
45%
降至
21%

张军表示， 这两项数据的下降反映了社会治安形势持续好转，人民群众有了更充分的安全感。

与此同时，20 年间新型危害经济社会管理秩序犯罪大幅上升，比如，起诉扰乱市场秩序犯罪增长 **19.4 倍**，生产销售伪劣商品犯罪增长 **34.6 倍**，侵犯知识产权犯罪增长 **56.6 倍**，特别是 2018 年受理危险驾驶罪首次超过盗窃，位居第一。

新型危害经济社会管理秩序犯罪大幅上升

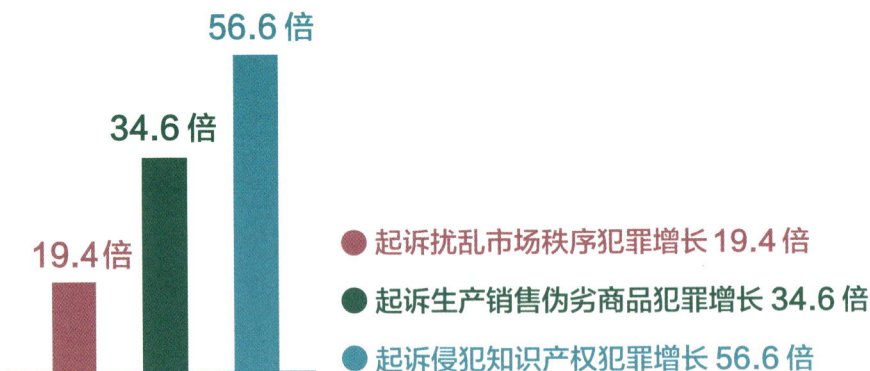

56.6 倍

34.6 倍

19.4 倍

● 起诉扰乱市场秩序犯罪增长 19.4 倍

● 起诉生产销售伪劣商品犯罪增长 34.6 倍

● 起诉侵犯知识产权犯罪增长 56.6 倍

违反特定领域法律监管规定的所谓法定犯的种类和数量大幅增加，表明新阶段中国对经济社会秩序的规范和管理更加精细化、细密化。

犯罪形势的这些变化在中国刑事立法上也有体现。1979 年刑法规定的法定犯罪名占 **40% 左右**，现行刑法及修正案中法定犯罪名约占 **85%**，刑法 10 次修正增加 **50 余个**罪名都是法定犯。

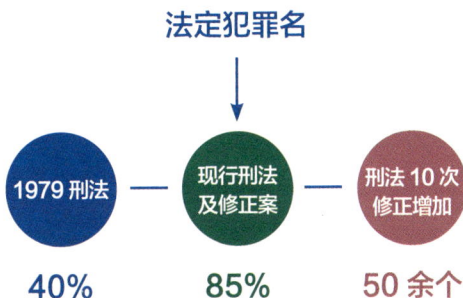

法定犯罪名

1979 刑法 —— 现行刑法及修正案 —— 刑法 10 次修正增加

40%　　　85%　　　50 余个

张军： 创新发展战略的推进实施。我们国家法律、司法、行政对知识产权的保护力度越来越大，始终没有放松。（人民群众）在民主、法治、公平、正义、安全包括生态环境方面都有了新的更高的需求。

张军表示，中国还更好地贯彻宽严相济政策，对于危害国家安全、暴力恐怖、涉黑、涉恶等少数严重暴力犯罪，必须坚持依法从重打击。对于轻微犯罪、法定犯应当打击、预防、监管和行政、经济、民事、刑法手段并举，由重事后刑事处罚向强事前监管预防转变。此外，认罪认罚从宽制度推行以来，适用认罪认罚从宽制度的比重超过 **80%**。

暴力恐怖　涉黑　涉恶　危害国家安全

从重打击

宽严相济

应当打击、预防、监管和行政、经济、民事、刑法手段并举

法定犯　轻微犯罪

张军：说明了我们国家、我们社会随着经济的发展，对人权的保障、对人民福利的根本性的保障，乃至于人性化的管理，有了一个根本性的变化、质的变化。我觉得也是给我们的人民、给我们的社会一个更大的、最实在的获得感、幸福感，人民群众的安全感。

▶ 视频观看地址

https://tv.cctv.com/2020/05/26/
VIDE1t6BH5aHWlk9hjoMV9S0200526.shtml

人民日報

让司法公正"看得见听得到"

张璁　2020年11月5日

> 在最高检统一部署下，各级检察机关积极开展检察听证工作——让司法公正"看得见听得到"。

　　10月20日，最高人民检察院发布了《人民检察院审查案件听证工作规定》（以下简称《检察听证规定》），再一次让"检察听证"走进了公众的视野。

　　以往社会公众接触较多的"听证"，主要是行政听证。据介绍，人民检察院审查案件的"听证"借用了行政法规定的"听证"称谓，是检察机关落实司法公开要求，依法在审查案件过程中听取听证员和其他听证参加人意见的活动。

刘某刑事申诉案公开听证会在云南昆明召开

北京市石景山区人民检察院就刘某某诈骗案举行拟不起诉案件公开听证

"听证有利于主动接受社会监督和舆论监督，是'看得见''听得到'的法治形式。"最高人民检察院检委会副部级专职委员万春说，通过检察听证能够充分保障当事人的知情权和参与权，消弭当事人、利害关系人及社会公众对司法办案的疑虑，"解开当事人心结，真正实现案结事了。"

让当事人说话，把心结打开

"我的当事人对我说，听证会上他第一次有机会把这么多年的委屈、不满说给各方听，话说完了，气儿也消了大半儿了。"吉林金辉律师事务所主任李金辉结合自己代理的一起案子介绍检察听证的作用。

事情发生于2014年5月，李某等3人经营的某机械厂厂房被吉林省白城市房屋征收经办中心和城市管理执法局强制拆迁。但白城市政府未作出强制执行决定，执行时也未告知当事人依法享有的权利义务，厂房内机械设备也未予返还。此后，李某等3人一直通过信访途径主张权利。

李某等人在2018年10月向法院提起行政诉讼，要求相关单位赔偿其机械设备及停产停业损失。然而，一审法院认为该案超过法定起诉期限裁定不予立案后，李某等人提出上诉、申请再审，均被法院裁定驳回。李某等人认为该案属不动产案件，应适用最长20年的起诉期限，法院裁定不予立案的决定不当，于2019年9月向白城市检察院申请监督。

"本案争议的焦点是，申请监督人经营的民营企业被强拆后，不仅异地存放的机械设备长期未取回，造成企业长期停产，而且看护设备的花费更增加了企业负担；同时申请监督人长期上访，也给相关行政机关带来了不少困扰。"承办检察官，白城市人民检察院副检察长孙宏剑说，虽然该案经过法院一审、二审、再审，但申请人的诉求始终没有进入法院实体审理，属于比较典型的"程序空转"案件。

据介绍，司法实践中，超过法定起诉期限等原因引起的无法立案现象较为常见，由于当事人诉求无法进入法院实体审理程序，息诉服判难度很大。特别是行政申诉案件，作为一方当事人的普通群众往往认为自己与行政机关难以对话，很难打开心结。

"让当事人说话，让专家评判。"孙宏剑介绍，白城市检察院于2019年11月组织召开了公开听证会，确定双方当事人、代理律师、法院工作人员等作为参加人，并邀请法律专家担任听证员。

听证会上，检察机关了解了申请人的真实想法，听证员发表意见释法说理。最终，申请人认识到法院裁判的正确性，表示息诉服判；相关单位也同意申请人自行取回机械设备，双方达成和解协议，解决了涉案民营企业的实际困难，这起行政争议得到了实质性化解。

"这些年我的当事人一直苦于案子'绕圈儿'，没想到检察院通过公开听证，把事儿从'根儿'上解决了。"李金辉感叹，开展检察听证确实是司法为民、化解矛盾纠纷的一项有力举措。

助力监督"刚性"，促进依法行政

2019年10月，广东省广州市南沙区检察院在履行公益诉讼监督职责中，发现辖区内部分盲道被损坏、违法占用，导致视力残疾人士出行不便，社会公益严重损害，遂将该案件线索呈报广东省检察院审批立案。

立案后，南沙区检察院在进一步调查中发现，该区12家行政单位可能未履行对辖区内盲道建设、养护的监督管理责任。

为解决盲道所牵涉的多个行政单位职能交叉、责任交叉等问题，广州市南沙区检察院于2020年5月20日召开公开听证会，不仅确定涉案12家相关行政单位参加公开听证会，还邀请包括建筑学专家、行政法学教授、人大代表和政协委员的 4 名听证员参会，邀请市、区两级残疾人联合会代表旁听，将听取意见、诉前磋商、检务公开、督促履职加以融合。

听证会上，专家学者、行政执法人员、人大代表、政协委员围绕协同建立信息通报机制、构建盲道保护长效机制、排查辖区其他无障碍设施运维状况等问题发表了意见。检察机关与听证会参加人探讨了符合地区实际的盲道整改措施，为作出具有针对性、可操作性的检察建议奠定了基础，对后续盲道修复整改提供了有效指引。

经审查，广州市南沙区检察院认为，该区 12 家行政单位未正确履行各自承担的监管职责，遂向上述行政单位发出公益诉讼诉前检察建议书，并及时将所作决定和相关理由告知听证员。截至 2020 年 7 月 20 日，12 家行政单位均已整改并回复，第三方评估显示整治效果良好，盲道障碍基本排除。

全面依法治国，法治政府建设是重点任务，依法行政是其核心。"这起典型案例正是以听证助力法治政府建设，保障残疾人权益。"最高检相关负责人表示，检察机关在办理行政公益诉讼案件中，为了督促行政机关依法履行职责，解决多个单位的职能与责任交叉问题，组织召开相关领域专家、人大代表和政协委员、有关单位及公共利益被侵害的相关主体代表等多方参与的公开听证会，充分调查核实情况，广泛听取意见，深入释法说理，"这有助于将检察建议做到刚性，把以人民为中心的发展思想落到实处。"

应听尽听，让公平正义有温度

检察听证最鲜明的特点，就是对听证员这一角色的设置。

"听证员是人民检察院根据案件情况，邀请的与案件没有利害关系，并具备一定资质条件的社会人士。"最高人民检察院法律政策研究室主任高景峰介绍，从目前实践来看，各地在办理案件时，有的邀请人大代表、政协委员、人民调解员等具备一定社会经验的人士担任听证员；有的根据案件需要，邀请特约检察员、专家咨询委员，或者某个领域的专家、学者担任听证员，提供专业意见；也有的根据案件情况，邀请当事人所在单位或者居住地的居民委员会、村民委员会的代表担任听证员。

万春也表示，在听证会上，听证员有其独立地位，既不同于维护自身权益的案件当事人及其法定代理人、诉讼代理人、辩护人，也不同于了解案件情况

在重庆市人民检察院第二分院举办的刑事申诉案件公开听证会，邀请了法学专家、人大代表、人民监督员作为听证员

的证人。"听证员的意见是人民检察院依法处理案件的重要参考。检察官拟不采纳听证员多数意见的，应当向检察长报告并获同意后作出决定。"万春认为，这样的规定既尊重了听证员的意见，又可以保证依法独立公正地行使检察权。

据统计，今年1月至9月，地方三级检察院共邀请听证员36850人次参加听证会，其中包括人大代表8917人次，占24.2%；政协委员6376人次，占17.3%。多数听证员同意检察机关初步处理意见的12858件，占听证案件总数的78.6%。

据介绍，检察听证得到了人民群众和人民法院、公安机关等相关部门的积极支持和配合。特别是今年以来，在最高检统一部署下，各级检察机关听证工作取得明显进展。今年1月至9月，最高人民检察院对13件案件组织了听证会，地方三级检察院对16354件案件组织了听证会。其中，基层检察院14359件，占87.8%；省级检察院、市级检察院1995件，占12.2%。在组织的

10月23日，曹某刑事申诉案听证会在河北省邯郸市检察院举行

听证会中，公开听证 13970 件，占 85.4%，主要集中在拟不起诉案件、刑事申诉案件、民事诉讼监督案件、行政诉讼监督案件和公益诉讼案件。不公开听证 2384 件，占 14.6%，主要集中在审查逮捕案件、羁押必要性审查案件。

疫情防控期间，北京、天津、上海、江苏、浙江、贵州等地检察机关利用现代信息技术，积极开展在线"云听证"，开发完善听证小程序，推进听证工作。为方便人民群众对检察听证工作的参与、支持和监督，最高检还专门建立了中国检察听证网，并于今年 6 月 9 日完成首播。

最高人民检察院新闻发言人肖玮表示，下一步检察机关将切实抓好《检察听证规定》的落实，坚持"应听尽听"，通过各级检察院检察长带头示范等措施，将检察听证作为常态化工作在全国检察机关全面覆盖，"让人民群众更加真切地感受到司法的公正和温度。"

新华社
XINHUA NEWS AGENCY

让公平正义更快更好实现
——检察机关积极推进认罪认罚从宽制度改革
确保社会效果法律效果相统一

陈菲　2020 年 1 月 1 日

> 法律不是冰冷的，是有温情的，如何让违法犯罪者在受到惩戒之后感受到法律的温度，更好地回归社会，促进社会和谐，是司法机关参与社会治理的重大命题。

2019 年 3 月，王某等 3 人因涉嫌非法倾倒含酸物质致环境污染犯罪，被山东淄博市淄川区检察院提起公诉。由于在检察机关办案过程中 3 人自愿认罪认罚，又愿意补缴生态环境损害费用和环境污染处置费，此后不久，法院在判决中认可了检察机关起诉书指控的犯罪事实和量刑意见，仅对 3 名被告判处 10 个月至 1 年 6 个月不等的有期徒刑。

"对于此类污染环境犯罪，以往总是一诉了之，一判了之，缺少在社会治理方面的综合考量。"淄川区检察院检察长乔秀峰对记者说，认罪认罚从宽制度出台后，检察机关发挥在认罪认罚从宽制度中的主导作用，在符合法定条件情况下积极探索对该类案件适用认罪认罚从宽，既体现了宽严相济的刑事政策，也实现了良好的社会效果和法律效果。

完善刑事诉讼中认罪认罚从宽制度，是党的十八届四中全会作出的一项重大改革部署。从顶层设计到试点探索，再到修改刑事诉讼法确立"认罪认罚从宽"，5 年来这项刑事司法制度改革在实践中不断发展完善，对有效惩治犯罪、强化人权司法保障、提升诉讼效率、推进社会治理现代化发挥了积极作用。

最高检统计数据显示，2019 年 1 月至 10 月，全国检察机关适用认罪认罚从宽制度案件 49 万多件，占同期办结刑事案件的 44.1%；适用认罪认罚从宽制度不起诉处理的占比 9.3%。

一起刑事附带民事公益诉讼案中，被告人自愿认罪认罚，自愿承担异地补植复绿民事责任

在山东，该省检察机关认罪认罚从宽制度案件办理走在了全国前列。省检察院建立巡回督导制度，并加强对各地动态监控，定期分析通报各地认罪认罚从宽制度适用率、采纳率等情况；在全省各级检察机关建立逐案背书制度，由上级部门把关审核，确保认罪认罚从宽制度应用尽用。

在淄博市淄川区检察院，记者采访了解到，该院在认罪认罚的轻刑案件审查逮捕和审查起诉环节，对于犯罪事实清楚、自愿认罪认罚的案件着力简化讯问，探索捕诉合一模式下的"一体化讯问"，充分利用远程视频讯问系统，听取犯罪嫌疑人和辩护人意见，减少办案人和当事人往返看守所等在途时间，助力提升诉讼效率。

为了确保法律适用一体化，淄川区检察院积极探索各个诉讼环节的法律文书和工作文书规范一致，还与区法律援助中心对接，联合制作《提供法律帮助通知书》，有效保证认罪认罚从宽机制的规范运行。与区法院探索"阶梯式从宽量刑机制"，将认罪时间、程度与从宽幅度相结合，充分体现罚当其罪、罪刑均衡。

如今，淄川区检察院充分发挥既有轻刑快审、刑事和解等先行制度优势，积极整合现有诉讼资源，探索形成了一套刑事案件认罪认罚从宽的新工作机制，2019年全年认罪认罚从宽制度案件适用率达到61.9%。

乔秀峰表示，淄川区检察院将进一步增强贯彻落实认罪认罚从宽制度的自觉性和坚定性，推进这一具有中国特色的司法制度在基层生根发芽，减少社会对抗，修复社会关系，推进基层社会治理现代化。

党的十九届四中全会决定明确提出，深化司法体制综合配套改革，完善审判制度、检察制度，全面落实司法责任制，完善律师制度，加强对司法活动的监督，确保司法公正高效权威，努力让人民群众在每一个司法案件中感受到公平正义。

河南省郑州市检察院办理一起职务犯罪案件，犯罪嫌疑人在审查起诉阶段主动认罪认罚后上交长 250cm、短径 13cm、半 S 形象牙雕

"认罪认罚从宽制度，是一项重大司法制度变革，本质上是促进国家治理体系和治理能力现代化的一种诉讼模式。各级检察机关要协同政法各部门，让公平正义更快更好实现。"最高检有关负责人说。

法治日报

2019 最高检重塑性变革后

蒋安杰　2020 年 5 月 25 日

- ◆ 疫情防控期间一份铺陈着同舟共济底色的检察答卷
- ◆ 新时代"四大检察""十大业务"检察监督新格局形成
- ◆ 以高度检察担当扎实向前推进一系列检察工作改革
- ◆ 首席大检察官接访兑现"群众信访件件有回复"承诺

没有一个冬天不可逾越，

没有一个春天不会来临。

"隔离、逆行、总攻、清零。"这个庚子年的冬天和春天有些漫长，无人料到，2020 的开年，会让我们如此刻骨铭心！

这是一个世界百年未有之大变局，新冠肺炎疫情来势凶猛变化多端，其传播之烈、范围之广、全社会面临的挑战之大，前所未有，是新中国成立以来在我国发生的最大一次突发公共卫生事件，也是一次罕见的全球性危机。

非常之时，必有非常之举。1 月 23 日，武汉暂时关闭离汉通道。这很可能是人类历史上第一次对一个超千万人口城市采取的超乎寻常举措。1 月 25 日、2 月 3 日、2 月 12 日、2 月 19 日，仅 26 天时间，习近平总书记就亲自主持召开了四次中共中央政治局常务委员会会议，其密度和力度史无前例，凸显了党中央带领全国人民，与时间赛跑同病毒较量，坚决打赢疫情防控的人民战争、总体战、阻击战的决心和信念！

咬定青山不放松，不破楼兰终不还。这不仅是一场没有硝烟的战争，更是一次对国家治理体系和治理能力

湖北省通城县检察院检察干警换上防护服，戴好面罩，在交通卡点值班，做好进出人员管控和排查工作

的全线大考。这场突如其来的全闭卷考试，对于正在紧张"备考"全国两会的检察机关，更为严峻，这也将是对最高人民检察院重塑性变革后改革成效的一次检验。

一

那日清晨，京城的雪花是一片一片落下的，后来才纷纷扬扬。生活被按下"暂停键"的人们多半是压抑的，被焦虑和担忧的情绪笼罩，无人欣赏窗外美景，漫天飞雪也显得落寞而寂静。

那一天是 1 月 29 日（农历正月初五），因武汉暂时关闭离汉通道而出行计划搁浅的最高检第一检察厅厅长苗生明，突然接到一个电话。

"苗厅好，我们有个问题想请示，根据《突发事件应对法》第 13 条的规定，因采取突发事件应对措施，诉讼活动无法进行的，可以根据有关规定中止程序。现在湖北因为新冠肺炎疫情，有些案件无法及时处理，特别是批捕案件时间急，看守所也不再安排会见，下面检察院请示能否适用诉讼程序中止规定。我们查阅最高检诉讼规则，没有诉讼程序中止规定，也没有相应文书样式。"

信息来自湖北省人民检察院检察官赵慧，似一道无声的光亮，瞬间划破与

以往假日多有不同的寂静。苗生明日后回忆，当时他心头莫名地一震，积郁的情绪突然得到释放，真的被一线检察官感动了，感觉还有更重要的事情需要去做。他的第一反应就是把亟须解答的问题在"一厅园地"内部群里提出，希望大家建言献策。

"线上办公模式"提前启动。刘辰当天拿出"几条意见"，罗庆东、张晓津、曹红虹、周颖等一厅检察官们集体出动。聊天记录显示，大家对"审查逮捕办案期限延长是否就延长对犯罪嫌疑人的羁押""逮捕时怎么做、捕后怎么做、送达问题""可否对提审案件暂不提审""可捕可不捕的是否不捕"等问题都有争论，这样的斟酌讨论形成了意见所趋一致的"关于防疫期间……指导意见"第三稿，经送研究室征求意见，最后报给最高检领导。而此时，最高检法律政策研究室主任高景峰正带人加班加点研究起草关于依法惩治妨害新型冠状病毒感染肺炎疫情防控违法犯罪的法律意见。

1月30日（农历正月初六），北河沿大街147号，这份关于"防控新冠肺炎办理刑事案件"的指导意见由线上率先发出，成为最高检应对新冠肺炎疫情工作领导小组成立后发出的首份规范性文件。

这份文件出台时间比节后正式上班整整早了4天，真正为全国检察官在疫情期间如何办案布下一场"及时雨"，走出一步"先手棋"。文件特别强调，既要体现依法从严从重打击的政策要求，又要避免不分具体情况搞"一刀切"，向防控前期控堵封路、口罩大战、哄抬物价等惶恐乱象及时发出"法治预警"。

"疫情防控越是到最吃劲的时候，越要坚持依法防控，在法治轨道上统筹推进各项防控工作，保障疫情防控工作顺利开展。"2月5日，中央全面依法治国委员会第三次会议召开，习近平总书记作出重要指示。

号令一出三军动。最高检及时成立了由孙谦等4位院领导分别为组长、副组长的"涉疫情防控检察业务领导小组"，立即对全国检察机关作出"一手抓防控，一手抓办案，人民群众信访工作不能停摆"的重要部署。仅半个多月时间，就"妨害新冠肺炎疫情防控犯罪"同一主题专门发布 3 批典型案例，其频率之快、力度之大，非同以往。

"根本考虑就是明确释放一种信号、一种理念，特殊时期办理案件不'拔高凑数'，要坚持以法治思维和法治方式忠诚履职，把习近平总书记关于疫情防控的重要指示抓实抓细抓落实。"孙谦表示。

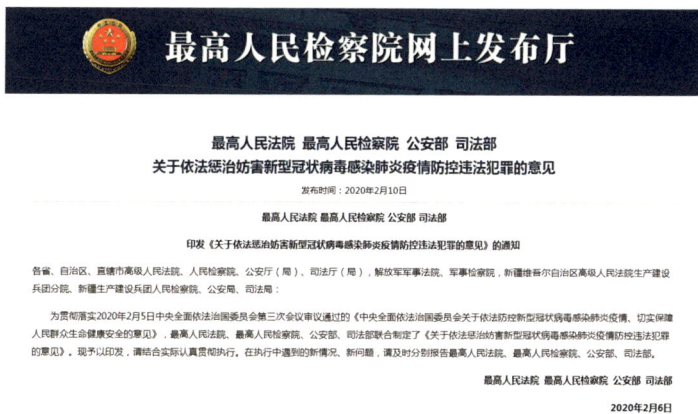

最高人民检察院网上发布厅

最高人民法院 最高人民检察院 公安部 司法部
关于依法惩治妨害新型冠状病毒感染肺炎疫情防控违法犯罪的意见

发布时间：2020年2月10日

最高人民法院 最高人民检察院 公安部 司法部
印发《关于依法惩治妨害新型冠状病毒感染肺炎疫情防控违法犯罪的意见》的通知

各省、自治区、直辖市高级人民法院、人民检察院、公安厅（局）、司法厅（局），解放军军事法院、军事检察院，新疆维吾尔自治区高级人民法院生产建设兵团分院、新疆生产建设兵团人民检察院、公安局、司法局：

为贯彻落实2020年2月5日中央全面依法治国委员会第三次会议审议通过的《中央全面依法治国委员会关于依法防控新型冠状病毒感染肺炎疫情、切实保障人民群众生命健康安全的意见》，最高人民法院、最高人民检察院、公安部、司法部联合制定了《关于依法惩治妨害新型冠状病毒感染肺炎疫情防控违法犯罪的意见》，现予以印发，请结合实际认真贯彻执行。在执行中遇到的新情况、新问题，请及时分别报告最高人民法院、最高人民检察院、公安部、司法部。

最高人民法院 最高人民检察院 公安部 司法部

2020年2月6日

我们可以看到，为确保法律适用标准统一，疫情防控这场战"疫"里，最高检不仅积极参与"两高两部"《关于依法惩治妨害新型冠状病毒感染肺炎疫情防控违法犯罪的意见》（以下简称《意见》），还以每周一批的领跑速度，2 月 11 日至 4 月 17 日，连续发布 10 批次共计 55 个全国检察机关、公安机关依法办理涉新冠肺炎疫情典型案例，既对涉疫违法犯罪行为依法从严从快打击，彰显刑罚威慑力，又积极适用认罪认罚从宽制度，体现司法"理与情"，为社会提供了鲜活生动的法治宣传、警示教育课件，也为学术界提供了大量实践数据和适法样本。

2 月 1 日，青海被确诊为新冠肺炎患者的苟某被警方以涉嫌以危险方法危害公共安全罪立案侦查，成为全国首例。该案经请示最高人民检察院后，青海省检察机关最终以妨害传染病防治罪对苟某提起公诉。这种"不唯重只为准"的司法适用态势，在北京大学教授王新看来，既在法律适用层面防止了"一刀切"的机械操作和重刑主义，也有利于消除群众的对抗情绪。

这是一脚具有高度政治和法治智慧的"急刹车"，是依法严惩与人文关怀并举、从严和审慎的检察担当。此举与 2019 年扫黑除恶如火如荼之际最高检发布"是黑恶犯罪一个不放过，不是黑恶犯罪一个不凑数"典型案例有异曲同工之处。

最高检一位内部人士透露，检委会讨论案例时，最高检党组书记、检察长张军总是问得特别细，逐字逐句审断，要求必须与基层承办检察官再核实。在"证据标准"认定上，张军经常显得很较真，这可能与他在最高人民法院工作期间主管死刑复核的经历有关，他更强调"办铁案""求极致"和"要经得起历史的检验"。

此次疫情防控工作，检察机关特别注重宽严相济刑事政策的引领。对此，北京师范大学法学院院长卢建平给予高度评价，他说，最高检强调从严把握以危险方法危害公共安全罪的适用，是一个非常重要的司法理念进步。

这种风向标效应的历史意义何在？我们分析罪名即可得出结论。以危险方法危害公共安全罪是重罪设有死刑，尚未造成严重后果的，处 3 年以上 10 年以下有期徒刑；而妨害传染病防治罪相对而言是个轻罪，刑期在 3 年以下有期徒刑或者拘役。两个不同罪名的适用，却会让在疫情防控初期因恐惧、慌乱等抗拒依法隔离、治疗造成严重危害后果的"病人"命运发生截然不同的改变。

记者采访获知，最初讨论《意见》时，关于"妨害传染病防治罪"的法律适用，与会者并没有形成一致看法。在路径依赖、从严打击的司法操作思路下，特别容易习惯地适用危害公共安全罪的"口袋罪"，很多人认为就应该像 17 年前的非典时期那样严惩。毕竟，2003 年"故意传播'非典'病毒的，最高可判死刑"的宣传多有见诸报端，有据可循。

检察机关认为，巨大的危机面前，每个问题都是牵一发而动全身。习近平总书记多次强调的"努力让人民群众在每一个司法案件中都感受到公平正义"，不仅体现在平时办案中，战"疫"时期更应理性审慎。每个人对疫情、防控措施的认知程度不同，不配合防控大多还是出于对隔离的恐惧，或出于对个人身体状况的错误认知，并没有十分严重的主观恶性，除非恶意传播病毒，不能一概按以危险方法危害公共安全罪论处。在《意见》出炉前，最高检主要领导与多个部门沟通，形成共识，最终激活了沉睡中的"妨害传染病防治罪"罪名。

疫情防控期间，检察机关依法履职、严格追诉职责的同时丝毫没有放松相关重要工作。比如：为推动解决群众反映强烈的行政诉讼"程序空转"问题，最高检特别挂牌督办了 11 起涉民营企业的行政检察监督重点案件；充分发挥公益诉讼检察职能，突出办理涉及口罩等防护物资质量、医疗废物污染、野生动物保护等重点领域案件；因为一起民意反响极大的某高管涉嫌性侵案与公安部成立联合调查组督导；12309 检察服务热线 24 小时畅通，"不打烊""不掉线"等一系列举措所彰显的"以人民为中心、为维护公共利益而积极履职"的格局情怀，无不凝聚着新时代检察担当的精神。

重庆市云阳县检察院组织召开检察官联席会，研究如何提讯案件当事人，应对战"疫"对办案带来的影响

这份本就铺陈着同舟共济底色的答卷，如缩影胶片般呈现出新时代"四大检察""十大业务"检察监督新格局的清晰轮廓，勾勒出最高检党组在机构重塑性变革后带领全国检察机关"会挽雕弓如满月"再出发的宏伟蓝图。

（二）

时光流逝，岁月有痕。

转眼间，距离 2018 年 2 月设立了 23 年的反贪污贿赂总局正式摘牌、四级检察院 44151 名检察人员全部按时完成转隶，已经两年有余。两年来，新一任最高检党组以浴火重生的胆魄、脱胎换骨的决心，冲破阻力、迎难而上，从思想理念、机构设置、工作机制、思想作风等方面进行全面"重塑"，就是为了"破题"，解决转隶后新时代新检察路向何方？回答如何探讨和创新坚定不移地走出新时代中国特色社会主义检察之路。

明者因时而变，知者随事而制。

如果说改革是知难而行的话，2018 年 3 月 18 日，新一届党组面临最大的难题却是这支队伍的士气如何复建？检察院引以为荣的拳头产品"反贪"没有了，大家情感上难以割舍，很多检察官情绪低迷。

张军通过三个半月的调研"把脉问诊"，与党组成员迅速达成共识，提出"转隶就是转机""以等不起的紧迫感、慢不得的危机感、坐不住的责任感，讲政治、顾大局、谋发展、重自强"。与此同时，为解决长期以来以反贪工作为重心、刑事检察一头沉形成的"三大不平衡"掣肘问题，改变检察机关上下左右内设机构从设置到名称"五花八门"的现状，新一届最高检党组以"勇士断腕"的气魄开始了"动筋骨触灵魂"的机构变革。

这次变革即通过一次彻底的"内科"大手术，以机构改革为突破口，优化职能配置和机构设置，民事行政检察分设，公益诉讼检察独立，未成年人检察

2019年1月3日，国新办召开新闻发布会，最高检领导介绍内设机构改革情况

单独立户，实现刑事检察、民事检察、行政检察、公益诉讼"四大检察"协调平衡、"十大业务"厅牢牢支撑的法律监督新格局，也有人称为新时代检察监督体系的"四梁十柱"。

在检察改革的蓝图绘就之后，人的问题便成为决定改革成效的关键。宰相必起于州部，猛将必发于卒伍。为了将改革更有力地向"最实"处推进，记者了解到，最高检在选人用人上也打破多年来的常规，先后从最高法、北京、贵州等地选拔优秀领导干部担任厅长、副厅长。我们从官网中也可以看到，随着第一检察厅、第二检察厅（职务犯罪检察厅）厅长先后另有重任，十个业务厅也经历了3次人事调整。这种把每个干部"好钢用在刀刃上"，知人善任的用人导向给全系统带来非常强烈的示范效应。"能者上平者让庸者下"的贯彻，让系统内的"一把手"们有了强烈的本领恐慌，没有谁能轻松地坐在办公室里"画圈"，深入办案一线，亲自阅卷，主持公开听证，列席审判委员会会议，到中小学讲授法治课等，"头雁效应"推动"四大检察"的效果立现。

在最高检工作了20多年的王守安因需要从第五检察厅（刑事执行检察厅）调整到了第三检察厅，对此深有体会。他说，开始有点小兴奋，感觉自己对新工作并不陌生，但很快就感受到了压力，案件政治性、敏感性倒逼自己必须转变角色，利用一切机会投入学习相关业务知识，熟悉相关法律和政策中。第八检察厅（公益诉讼检察厅）厅长胡卫列即便长期从事公益诉讼实践和研究，也明显感受到压力扑面而来，党组提出的"做好"是更高要求，需要精准把握政策方向和工作力度分寸，拓展深化"等"外探索办案，更好地完善制度设计，为公益保护贡献中国方案。

那么，如何保障"四大检察"齐头并进协调发展？"在监督中办案，在办案中监督""精准监督、智慧借助、双赢多赢共赢"等一系列检察监督新理念的"重塑"，可以说是最高检党组为这场里程碑式的改革下的"一剂猛药"。"理念一新天地宽"，很多人感觉，检察机关的精气神儿明显不一样了。

行政检察作为"四大检察"的重要一环，虽然一开始就贴上了"短板中的短板、弱项中的弱项"标签，但一年来"逆风飞扬"，由于工作突出多次被最高检党组肯定。1995年研究生毕业即进入最高检工作、从原公诉厅副厅长担任行政检察厅首任厅长的张相军，是唯一一位所谓"外行领导内行"的厅长，他对"理念是先导"深有感触。在他看来，最高检党组提出的新时代检察监督理念都有极强的针对性，补齐行政检察短板，也必须从理念变革开始。

"规模小没有关系，关键是抓好典型性、引领性案件的监督，办一件成一件，成一件影响一片。"最高检提出"精准监督"理念，就是做实行政检察的政策指引。与此同时，针对行政检察监督存在的浅表化问题，最高检提出穿透式监督理念，强调不仅仅监督法院裁判是否正确，还要透过法院的裁判，审视行政行为的合法性，审视行政争议能否得到实质性化解，审视个案反映出的社会治理问题，必要时发出办案检察建议，这就是对行政检察"一手托两家"、双重责任的有效回应。

为了让社会公众更加了解新时代焕然一新的检察工作，进一步打造开放的检察院、亲民的检察院，让检察权运行公开、透明，2019年8月17日，最高人民检察院举行第 31 次检察开放日首次对社会公众开放。当 230 余名群众在来自全国各地及港澳台地区 23519 参与报名的人群里获得机会走进最高检时，张军、童建明、张雪樵、张志杰 4 位领导亲自迎接并表示感谢。

也是在这次开放日上，最高检向公众介绍，"四大检察"于 2019 年 3 月 15 日首次明确写进全国人大决议，2019 年 4 月 23 日新修订的检察官法第一次在法律上明确"四大检察"职能。

我们注意到，活动中张军特别与两位 80 岁的老人和几位中学生交流，能看出最高检通过检察工作这个窗口，展现新时代全面依法治国带来深刻变化的特别期望。

230 余名社会公众分批次参观了最高检检史陈列室、检委会会议室、案件管理大厅、网管中心

改革之重重于千钧，最高检这一场重塑性变革的意义何在？记者采访了多位全国人大代表。"把检察人员从一切不合时宜的思维定式、固有模式、路径依赖中解放出来，增强检察机关法律监督能力，必将使检察工作涅槃重生。"全国人大代表、清华大学法学院教授周光权评价。

全国人大代表、辽宁大学副校长杨松脑海里仍然储存着今年 1 月 18 日全国检察长会议后那个小型座谈会的记忆。"一号检察建议没完没了地抓下去"给她留下深刻印象，她向记者表示："最高检从推进全面依法治国到推进国家治理体系和治理能力现代化为目标，明确提出'三个自觉'和'四个铁一般'

的具体目标，其理念和思路足够清晰，主动融入国家治理，改革成效显著。"

全国人大代表、最高检特约监督员、湖北得伟君尚律师事务所首席执行合伙人蔡学恩认为："最高检明确提出进一步降低逮捕率和审前羁押率，依法能不捕的不捕，能不羁押的不羁押，相当有魄力，体现了检察担当!"

三

改革不是一蹴而就、一劳永逸的。改革是一个过程，应放在较长的历史进程中去考量和评价，惟其艰难，才更显勇毅。经历过检察机关这场变革进程的人，几乎都无法忘却那一场关于"捕诉一体"的争论。

"捕诉一体"这项制度在萌芽时就有不同声音，分歧的理由也不尽相同，学界普遍担忧的是"捕诉一体"会弱化内部监督制约；而在检察院内部，侦监部门从未出过庭，怕应对不了，本领恐慌，也不支持"捕诉一体"。

一位老检察官对记者表示，关于"捕诉一体"，严格来说只是内部分工上的调整，而非外部两个权力的整合，很多检察院大多是同一个领导同时负责批捕和起诉，相当于"左手"和"右手"的关系，内部的制衡其实一直相对很弱，外界担忧的观点其实过于"神化"内部监督，最有力的监督应该在政法各机关。

一位高级法官认为，检察官能根据起诉、审判的标准提出指导意见，在案件质量上确实有保障。但一定要警惕用起诉的标准机械适用于逮捕、用逮捕的标准适用于起诉，这个完全不能混同。

清华大学法学院教授张建伟认为，"拳头理论"更容易解释"捕诉一体"的好处，其最大优势在于，能够发挥检察机关的整体优势，形成法律监督合力。

改革争在朝夕，落实难在方寸。那么一年多来，"捕诉一体"机制运行的情况怎样呢？记者采访时获知，关于"捕诉一体"办案机制改革，对于原来从事批捕、起诉的检察官都产生了相当大的影响，每个人都经历了阵痛期、适应期。

最有说服力的还是数据，一年来不捕率不诉率都有上升。不捕中，因证据不足不捕上升 14%，不诉中，证据不足不起诉上升 20.5%，说明检察官在逮捕条件的把握上、捕后起诉的条件上都比以前更严格了。

在浙江省人民检察院检察长贾宇看来，对于负责批捕的检察官，最大的挑战来自两个方面：一是审查方式要由重点犯罪事实审查向全面审查转变；二是出庭公诉的压力，主要是"第一次"的缺乏自信，但好在刑检部门中有资深公诉人，相帮互带，出两次庭也就适应了。

而对于负责公诉的检察官，北京市人民检察院检察长敬大力认为，最大的挑战是办案节奏上的快慢冲突，难以适应捕与诉审查方式的不断切换，的确需要检察官提高统筹协调的能力。

江苏省常熟市人民检察院第一检察部俞政维坦言，第一次写起诉书的时候自认为写得不错却被资深公诉人挑了一堆毛病，一切都是 12 年侦监生涯所不曾经历过的。现在自己的能力得到全面提升，蛮骄傲的。

对于外界担心的"捕了就一定诉"，北京市通州区人民检察院第一检察部熊志强介绍，实践中并不会"一捕到底""押多久判多久"，而是"捕了未必诉"。2019 年通州区通过羁押必要性审查变更强制措施 57 人，同比上升 67.6%。

让人始料不及的是，2019 年，有一项制度在实施过程中与"捕诉一体"机制推行之初"命运"相似，饱受质疑与争议，这便是 2018 年 10 月 26 日写进新刑事诉讼法的"认罪认罚从宽制度"。

"这是一项意义非常重大的改革，在很大程度上是一种对被告人和被害人都有利的制度设计，本质上是推动国家治理体系和治理能力现代化的一种诉讼模式。"最高检副检察长陈国庆在 2019 年 4 月 12 日全国检察机关贯彻落实认罪认罚从宽制度电视电话会议上特别强调。

这甚至是一场"革命"，中国政法大学教授樊崇义认为，因为它推动了人们观念认识的转变，必将深刻影响刑事诉讼司法制度的变革。

为贯彻落实党的十九届四中全会精神，在认罪认罚从宽工作力度办案质量上持续发力，最高检作出了年底当月70%适用率的工作部署，或许正是这一数字将检察机关抛在了风口浪尖上。外部有不解，认为这是下指标"高歌猛进"；内部基层检察官工作量倍增、责任重大，甚至当作问题反映给了中央巡视组；还有法官对于检察机关的精准量刑有所顾虑，认为毕竟念经的是和尚，而不是经卷本身。推进制度落实压力阻力之大可想而知。

各方争论引起最高检党组的高度重视。张军在不同场合的态度也非常明朗："有不同声音，是因为爱之深责之切，社会各界关心检察工作是好事，对检察官的量刑建议能力不信任，说明我们没做好、承担的指控证明犯罪主导责任没到位，更需要向法官们学习、补短板强弱项。"

为了确保"认罪认罚从宽制度"行稳致远，2019年11月18日，近600人（特邀了部分律师）参加的"法检同堂培训"首次举行。 这场被誉为"头

2019年11月18日，最高人民检察院检察长张军、最高人民法院副院长姜伟、全国律师协会刑事专业委员会主任田文昌参加"控辩审"三人谈，就认罪认罚从宽制度适用中的重点问题进行深入细致的权威解读

脑风暴"的培训，其根本宗旨就是"不设禁区，把问题摊开来谈，谈深谈透谈彻底，以最大诚意最大公约数凝聚最大共识"，是一场中国法治理念的盛宴，更是一场法官、检察官、律师对法治初心的叩问，让法官、检察官、律师们深感震撼（详见《法制日报》2020 年 5 月 22 日第一版《2019 的那场"头脑风暴"》）。

随着"捕诉一体"全面推开和"认罪认罚从宽制度"扎扎实实地向前推进，自然有人对"捕权、诉权、量刑建议权"在空中折叠后检察官可能权力过大表示担忧。如何把司法责任制落到实处，也是最高检党组考虑的重中之重。

2019 年刑事检察工作会议召开前夕，最高检纪检组组长苏德良特别找到孙谦，认真地谈及新时代检察官承担更重责任的同时，还有一个确保廉洁，严防围猎依法公正行使检察权的问题不能回避，要求在部署这项工作 70% 适用率的时候，一定要特别强调检察官避免利益诉讼。因而在《人民检察院办理认罪认罚案件监督管理办法》出台前，最高检"三个规定"的落到实处就是给广大检察人员披上一身防腐蚀、防围猎的"铠甲"。

今年 5 月 6 日首次以最高检检务督察局为主体的新闻发布会上，履新后首次亮相的最高检党组成员、政治部主任潘毅琴介绍，2019 年 8 月以来，最高检党组要求"逢问必录"。截至 2020 年 3 月，全国检察机关共主动记录报告 2018 年以来过问或干预、插手检察办案等重大事项 18751 件，最高检领导共记录报告有关重大事项 95 件，最高检机关共记录报告 444 件。

发布会还透露，2019 年以来，张军 41 次对落实"三个规定"工作提出要求、作出批示，更是逢会必讲、带头填报。

"既将过问或插手、干预案件的'后门'堵死，又把群众正常监督反映的'前门'打开。用小切口抓大问题，反映的是人民群众对公平正义的预期。"中南财经政法大学副校长姚莉给予高度评价。

四

东经 105° 17′ 北纬 28° 10′，这是地图上的一个坐标。2019 年 12 月 4 日，当一架飞机从北京方向而来时，申诉人马某万万想不到其中的一位客人，会与自己的命运发生交集。

风尘仆仆的张军从机场直奔重庆市人民检察院第一分院，在信访接待室，该院副检察长李荣辰预定接访，张军建议几个人组成办案组。检察官助理崔天明的笔录里，"接访人"空栏中第一次出现了张军的名字，这在共和国的历史上也尚属首次。

案情涉及一起行政诉讼。曾经，重庆市某防火材料公司一名员工因工伤事故死亡，此后的近 3 年时间里，经过行政复议、3 次结果一致的诉讼，让马某对自己企业所承担责任的结果极为不满，也让他一直徘徊在处理不公上访的困境里。马某向重庆市检察院第一分院提出申诉后，2019 年 10 月 23 日，重庆市检察院第一分院受理该案。

首席大检察官接访，自然给申诉人马某带来太大意外。更让他震撼的是与张军的开场白。当马某说自己是 1958 年出生的，张军说"那我是老哥"。马某又说，自己实际年龄是 1956 年 6 月的，张军笑言"那你是老哥"。这种拉家常的亲切感，彻底消除了马某的紧张情绪，缩短了彼此的距离，增强了信任。

两个多小时的对话中，张军耐心倾听申诉人诉求，把习近平总书记 2018 年 11 月在民营企业座谈会上特别强调的"三个没有变"精神用自己的语言说得入情入理，触动申诉人和他的工作助理陷入沉思，转换了思路，引发良多感慨。

关于处理申诉案件的原则，张军的态度非常明确："人民法院裁判能维护的，检察机关依法都会尽量维护。"对于企业家表达的不满，他也很坦诚："案件处理不公问题，极有可能存在，主要是执法办案能力建设问题，是发展中的困难、前进中的问题，一定会在发展中得到解决。"

首席大检察官的接访，让马某受到一次深刻的法治教育，他当即表态："案件到此为止。"

全国人大代表、重庆市中医院副院长李延萍评论说，张军基层接访是全国检察机关努力兑现"群众信访件件有回复"承诺的缩影，必将在全国起到引领作用。

我们将时针回拨到 2019 年 3 月 12 日。庄严的人民大会堂内，最高人民检察院检察长张军首次在十三届全国人大二次会议上作工作报告。

那日的北京，春风习习。"一号检察建议""法不能向不法让步""双赢多赢共赢""监督不是零和博弈，监督与被监督目标一致"等，报告无论从结构到内容以及形式较之以往都有很大突破，"黑天鹅""灰犀牛"等接地气的文字写进报告，更是让代表们耳目一新。

据悉，由于是第一次，张军略显紧张，有两个地方还出现了小停顿。但会场内响起的掌声，释放了善意，表达了代表们对最高检工作报告的充分肯定。

"将心比心对待群众信访，建立 7 日内程序回复、3 个月内办理过程或结果答复制度"，也是在这次会议上，张军代表全国检察机关向全国人民作出了庄严承诺。

言落地，方成诺。从"北京市北河沿大街 147 号"运往最高检西区的信件发车频次竟有这样的变化，由每两周运送 1 次改为每天 1~2 次；肩负控告申诉检察职能的最高检第十检察厅办公区，每天都可以看到从全国省级检察机关抽调的 20 名检察人员忙碌的身影……承诺兑现的背后，是全国检察机关信访工作人员的辛勤劳动和无私奉献。

今年 1 月 18 日的全国检察长会议上，张军透露，2019 年检察机关收到 49 万多件群众来信（未含来访），能回复的都在 7 日内程序性回复，3 个月内办理过程或结果答复率 99.1%。这样的强度及效率在以往都是难以想象的。

工作可以就此止步了吗？在最高检党组看来，7 日内程序回复仅仅是"基础"，属于"治标"范畴，3 个月内办理过程或结果答复来信人，才是"解题"，但做到这些仍然不够。

"回复后当事人仍然不满意，怎么办？"举行公开听证。

2019 年 10 月 30 日，周某刑事申诉案听证会在福建举行，由最高人民检察院第十检察厅厅长徐向春主持。这起"男子被砸伤后申诉 20 年"的案件，发生时间为 1999 年 12 月 4 日晚，因为伤情认定和鉴定材料真实性问题，20 年来这起案件一波三折。从案件一审、发回重审、检方作出案件存疑不起诉决定，到 2001 年周某开始申诉，历经两级人民法院、四级人民检察院。

听证会召开前，最高检与福建省人民检察院检察官多次与周某进行沟通，已做了大量工作。"对这件事，我深感抱歉。这 20 年间，我们双方都为此付出了极大的代价。我希望在力所能及的情况下，给予一定的经济赔偿。"听证会的最后，周某终于听到原被不起诉人郑某某对他说的这句话，此时，两人都已45 岁，青春不再。

徐向春表示："周某刑事申诉案符合国家司法救助条件，可按照相关法律法规给予一定司法救助。"至此，这起耗时 20 年历经若干司法程序的申诉案件，终

于画上了句号。

2019 年，为充分释放"检察温度"，最高检率先垂范，共举办了 8 场难度非常大的申诉案件公开听证会，广泛邀请人大代表、政协委员、人民监督员等多方参与。"自我加压"下的各省级院检察长、副检察长不仅督导落实，而且还亲自接访，2019 年大检察官接访 38 起案件，是 2018 年的两倍。

（五）

"多难兴邦"，当一个时代到来的时候，没有任何灾难能阻挡它前行的脚步。国运兴衰，个人浮沉，从未像这个冬天和这个春天捆绑得如此紧密。这个庚子年的开端如此波澜壮阔披荆斩棘，2020 年的中国战"疫"，在中华民族史册、人类发展史册上注定写下悲壮恢弘的篇章，被历史铭刻！这次疫情防控的"大考"，注定会成为推动时代前进的契机。

4 月 8 日，当时针和分针交汇在一起，武汉长江二桥上的灯光在零点准时显示出"武汉重启，不负春天"字样时，我们没有理由不泪流满面。在以习近平同志为核心的党中央坚强领导下，历时 76 天艰苦卓绝的战"疫"中，14 亿人凝聚起磅礴力量，上千万武汉人逆境坚守，英雄城市浴火重生，这的确是来之不易的重新启航。

这次众志成城的战"疫"，使我们看到了中国特色社会主义制度的优越性，体会到了必须坚持中国特色社会主义道路坚定信念意义之远之深！当然疫情这面放大镜凸显优势和长项的同时，也会让短板和不足显现。新冠肺炎疫情是无情的残酷的，留给我们的教训也是沉重的不可磨灭的。重启后，全民族最需要的是沉淀下来，检察官亦是。

历史不会因为任何事物而中断，而我们，却有责任书写历史来铭记这一时刻，往事不能如烟！

不得不提的是，这期间最高检党组针对两篇自媒体文章的重要批示。核心内容是："检察办案是否有差距？如何提升办案能力，切实把习近平总书记要求的'让人民群众在每一个司法案件中都能感受到公平正义'落到实处？""每一位刑事检察人员如何深入思考，按照'求极致'的工作目标要求，不断提升自身刑事检察业务能力水平，从而真正履行好在指控证明犯罪刑事诉讼中的主导责任？"

这也不由得引起我们的心灵叩问，最高检为何要在这个历史节点提出"新时代检察官如何思考""如何增强舍我其谁的担当意识、责任感，在履职尽责中用全力、求极致""检察官如何向高处立、有大格局高站位"的命题？

这是疫情"大考"中最高检为全国检察机关出的一道必答题，也是检察机关在疫情防控的"大考"中"自我加压"的一份答卷！

"没有谁是一座孤岛，在大海里独踞；每个人都像一块小小的泥土，连接成整个陆地。"经历过这次疫情的洗礼，再次回望最高检重塑性变革后再出发的一年，我们更加感慨万千。这场具有强烈的时代性、革命性、系统性、开放性、大开大合、大破大立但却蹄疾步稳的变革，从涅槃重生的机构重塑、到全系统思想观念的破冰、再到新时代检察监督新格局的重造，塑形塑心塑体系塑

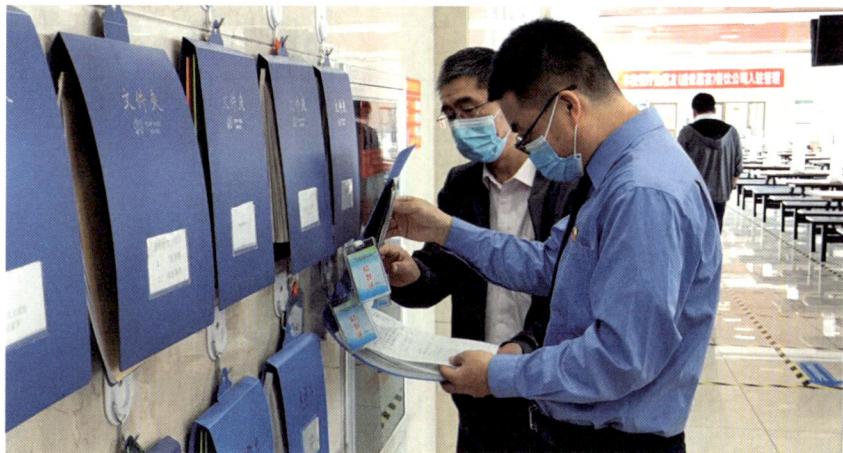

内蒙古自治区包头市昆都仑区检察院疫情防控期间开展校园食品安全专项监督行动

理念塑信念塑队伍，其阻力与压力远超预期。

让人欣慰的是，新一届最高检党组不畏艰难，用最短的时间带领这支队伍实现结构一新、体制一新、格局一新、理念一新、面貌一新，峰回路转，让我们看到未来可期！

习近平总书记强调："勇于自我革命，是我们党最鲜明的品格，也是我们党最大的优势。"历史车轮滚滚向前，时代潮流浩浩荡荡。历史只会眷顾坚定者、奋进者、搏击者，而不会选择犹豫者、懈怠者、畏难者。改革不仅关乎一个国家，也关乎每一个普通人，需要一种无畏、勇敢与锐气，需要面对争议时的坦然与坚定、情怀与坦荡。

风物长宜放眼量！时代是出卷人，人民是阅卷者，前进的道路上必然还会有一场又一场"考试"。

5月21日，因新冠肺炎疫情影响而延期的2020年全国两会，在疫情防控阻击战取得重大战略成果之际召开，这是中国抗"疫"取得重大战略成果的一个显著标志，是一次世界瞩目的大会！即将面临另一场"大考"的检察机关，他们又会交出怎样的答卷？我们充满期待！

检察日报

这一场中国检察的"自觉"之旅

邱春艳　2020 年 11 月 20 日

　　一切伟大的时代，都需要伟大的思想领航。刚刚召开的中央全面依法治国工作会议最突出的成果，就是正式提出和确立了习近平法治思想。一切新思想的形成，绝非一朝一夕之功。习近平法治思想，在新时代波澜壮阔的治国理政实践中应运而生，并在坚持和完善中国特色社会主义制度、推进国家治理体系和治理能力现代化进程中创新发展，日益成熟完备。在这个过程中，最高检党组始终对标对表习近平法治思想和党中央重大决策部署，经过深入思考、调研、实践、总结，逐步形成一系列新时代检察工作新理念。这些检察新理念始终贯穿着一个灵魂——既源于习近平法治思想的指引，最终又落脚于习近平法治思想的贯彻落实。

（一）

时间是一条连接过去、驶向未来的船。在波澜壮阔、大开大合的大时代，许多恢宏的历史往往浓缩于一个个细节之中。

2020 年 11 月 16 日至 17 日，中央全面依法治国工作会议在北京召开。这是在党的历史和国家法治建设史上具有里程碑意义的一次历史性盛会。这次会议最突出的成果，就是正式提出和确立了习近平法治思想。

思想领先是最重要的领先。一个新时代的到来，总是以新思想、新理论为标志。但一切新思想的形成，又绝非一朝一夕之功。

2014 年的金秋十月，党的十八届四中全会大幕开启。"全面推进依法治国"，第一次镌刻在党的中央全会的历史坐标上。习近平法治思想，第一次系统、全面地展现在世人面前。这一全面依法治国的指导思想，在新时代波澜壮阔的治国理政实践中应运而生，并在坚持和完善中国特色社会主义制度、推进国家治理体系和治理能力现代化进程中创新发展，日益成熟完备。在这个过程中，最高人民检察院党组始终对标对表习近平法治思想和党中央重大决策部署，经过深入思考、调研、实践、总结，逐步形成一系列新时代检察工作新理念。

九九归一。从"讲政治、顾大局、谋发展、重自强"的总体工作要求到"稳进、落实、提升"的总基调，从"转隶就是转机"到"全面协调充分发展"，从"在办案中监督，在监督中办案"到"双赢多赢共赢"，从"勇于承担第一责任"到强化"三个自觉"……这些检察新理念始终贯穿着一个灵魂——既源于习近平法治思想的指引，最终又落脚于对习近平法治思想的贯彻落实。正是在习近平法治思想的指引下，最高检党组着眼于社会主要矛盾的变化，以理念引领为抓手，自觉抓落实，带领全国检察机关从机构设置、工作机制、思想作风等方面全面"重塑"，形成"四大检察""十大业务"的全新布局。

"三个自觉"理念的形成，便是最高检党组践行习近平法治思想、落实习近平总书记重要指示要求的生动诠释。

如果将时光的镜头推到中央全面依法治国工作会议的两个月前，我们或许可以发现历史细节背后的"奥秘"——

2020 年 9 月 17 日，细雨之后的长沙，空气显得格外清新。当天上午，习近平总书记在这里主持召开基层代表座谈会。座谈会上，习近平总书记与基层代表们娓娓道来，犹如与亲友聊天："在我们这么一个有着 14 亿人口的国家，每个人出一份力就能汇聚成排山倒海的磅礴力量，每个人做成一件事、干好一件工作，党和国家事业就能向前推进一步。"

这样亲切而又坚定的话语，与习近平总书记一贯强调的"实干""抓落实"的思想一脉相承。而最高人民检察院党组提出的政治自觉、法治自觉、检察自觉"三个自觉"理念，也正是对习近平法治思想的自觉落实。

一年前的金秋时节，就在党的十九届四中全会闭幕后的第二天，最高检党组会议室气氛热烈——最高检党组书记、检察长张军主持召开党组扩大会，专题学习贯彻党的十九届四中全会精神，研究贯彻落实意见。就是在这次会议上，最高检党组将长期以来"抓落实"的思考进行理念升华，形成了"三个自觉"理念：

政治自觉——自觉按党章办、按党中央要求办，自觉把习近平总书记重要指示要求、党中央的决策部署落到实处，以务实行动不断增强"四个意识"、坚定"四个自信"、做到"两个维护"。

法治自觉——自觉按宪法法律规定办，主动对标对表习近平总书记全面依法治国新理念新思想新战略，把宪法法律规定和党和国家的司法政策结合检察工作抓实抓好。

检察自觉——自觉按照检察职能定位，在办案中监督、在监督中办案，切实履行好"四大检察"职能、抓好"十大业务"，通过检察履职厚植党的执政基础，推进国家治理体系和治理能力现代化，推动中国特色社会主义制度更加完善、党的领导进一步巩固。

不少熟悉检察工作的人发现，"三个自觉"的提出并非偶然。政治自觉、法治自觉、检察自觉，其实质既是对习近平法治思想的落实，也是贯彻习近平总书记反复强调的"一分部署、九分落实"的指示要求。

进入2020年，一场骤然袭来的重大疫情使刚刚经历重塑性变革的检察机关面临极大的考验。在最高检党组带领下，由二十余万检察人组成的"创业团队"能否克服疫情影响，在助力"中国之治"中交出优异的司法答卷？或许从"旁观者"的印象中我们能够找到答案——

"观念重塑、职能重构、组织重建、士气重振、局面重开！"全国人大监察和司法委员会副主任委员徐显明曾在最高检担任领导职务，对检察工作知根知底的他对一个时期以来的检察工作给出了"五个重"的高度评价。

安徽省委书记、省人大常委会主任李锦斌在接受媒体专访时特别提到检察机关的"三个自觉"："最高检坚持以习近平新时代中国特色社会主义思想为指导，认真落实全国人大有关决议，抓落实、抓推进、抓部署，体现了高度的政治自觉、法治自觉、检察自觉。"

（二）

风起于青萍之末，浪成于微澜之间。许多事关大影响、大思潮的事物，往往从细微不易察觉之处源发。

"'三个规定'今年填报工作抓得如何？你本人填了几个？"一段时间以来，最高检调研组在基层调研时，每到一处，最高检领导都要给检察干警特别是领导班子成员送上这"见面一问"。

尽管对最高检领导务实具体的作风早有耳闻，但面对面被问及这样的具体问题时，一些基层检察院领导心里仍然有点"慌"。

"身处办案一线的基层院检察长，找你'问'案子的情况绝不止你填报这两件！实践中，不少人可能是出于担心不公正办案而询问案件情况的，我们也要如实填报！"得到明显不符合实际的答案时，最高检领导会一针见血地指出问题，提出改进要求。

一位直辖市基层检察院的检察长在一场座谈会的间隙和记者"闲聊"时直呼"没想到"：没想到"上面"的领导对基层如此了解，以后抓工作还真得自觉抓实了，否则过不了关！

就一个"填表"的事，为何如此重视？最高检领导在多个场合直陈利害："要从践行'两个维护'的高度去认识'三个规定'。这个制度落实到位了，司法环境就能得到进一步的净化，实现习近平总书记提出并希望的'海晏河清'就不难！这就是政治自觉、法治自觉、检察自觉！"

领导熟人朋友过问案子
逢问必录！

最高检
狠抓"三个规定"落实

事实上，过问或干预、插手司法办案等重大事项须记录报告，中央和有关部门早有"三个规定"。在全面从严治党、全面依法治国的时代背景下，执行"三个规定"的重要性不言而喻。但在执行之初，部分检察人员存在"怕得罪人""怕担责"的顾虑，加之大家普遍对这项工作没有深刻理解认识，执行落实情况很不乐观。新一届最高检党组在第一轮系统内巡视中发现这一问题后下定决心纠正：必须做到"逢问必录"，绝不能让"零报告"架空好规定！为此，最高检领导反复强调，"过问"主要是陈述情况、了解进展，多为监督公正司法；"记录、报告"有利于约束检察官，防止人情案、关系案、金钱案，让大家放下顾虑，如实填报。此后，最高检先后出台有关实施办法和工作细则，力图把"三个规定"抓实。最高检领导更是带头填报，引领示范。

最高检机关干部都知道这样一件事：在集中填报期间，最高检一位厅长依然是"零报告"。院党组掌握这一情况后，立即要求分管院领导与这位厅长"私聊"。分管院领导对其进行批评教育之后，这位厅长当天就报了20多件。

很快，最高检党组的坚决态度传导到各地。一些填报较少的省份甚至被通报到"大检察官微信群"，不少省级院检察长"红了脸""出了汗"。记者在采访中了解到，尽管时隔将近一年，两位省级院检察长至今仍记得当时对那份"非正式"通报的"震撼"。"震撼"之余，也逐渐领会了最高检党组的良苦用心，旋即进行再动员，组织重新填报。

在此后的工作中，最高检多次通过召开座谈会、现场答疑会、培训班等方式直接面向四级检察院干警讲解"三个规定"有关问题。最高检检务督察局工作人员记得，在一年多的时间内，最高检领导对落实"三个规定"工作提出要求、作出批示多达40余次。最终，全国四级检察院全员覆盖、逐月报告。

落实"三个规定"正是检察机关强化"三个自觉"的缩影。正如媒体评论得那样：抓好"三个规定"执行，是检察机关贯彻落实中央关于司法工作要求的政治自觉，是严格执行法律和党内法规的法治自觉，是深入推进司法责任制改革的检察自觉。

一分部署，九分落实。"三个自觉"如何落到实处？关键看基层抓落实。2020年10月14日，全国基层检察院建设工作会议召开。会议提出把政治建设抓实、把班子建设抓实、把素质建设抓实、把招录使用抓实、把管理机制抓实、把严管厚爱抓实"六个抓实"，推动"三个自觉"落到基层。

$\equiv$

吾有三失，晚不自觉——两千多年前的孔子，对自觉的重要性就已有思考。

在汉语词汇里，自觉有两层意思，一是指自己感觉到、自己意识到；二是指自己有所认识而觉悟。

哲人们则从更深层次思考"自觉"的意义，认为自觉即内在自我发现、外在创新的自我解放意识，是人类在自然进化中通过内外矛盾关系发展而来的基本属性，是人的基本人格。

既然是基本人格，那如何体现在工作生活中的？怎样才算自觉？记者曾就这个问题与多个行业的人士交流，得到的答案虽不尽相同，但在方向上却有共识：自觉体现于日常，体现于每一件具体的工作和事务中。对于个人如此，对于一个团队、一项事业也是如此。

自觉尚好理解，但提到政治自觉，不少人认为似乎与自己关系不大。但最高检领导在大会小会上讲的一个例子，刷新了检察人对政治自觉的认知——政治自觉并没有那么"高大上"，同样体现在一件件具体的工作中，一个个具体的行动上！

最高检党组在系统内巡视中，发现最高检机关有的部门党员交纳党费存在不规范的地方：有的按季度交，有的请人代交，甚至还有不足额交的。发现这些问题后，最高检党组立即要求纠正——每个党员必须主动按月足额交纳党费。最高检领导以身作则，每月亲手将党费交到有关工作人员手中，还特意叮嘱身边工作人员："临近交党费的日子，如果我工作忙忘记了，一定要记得提醒我！"

在最高检领导看来，党章明确规定将向党组织交纳党费作为共产党员必须具备的起码条件，中央有关文件也对交纳党费作出规定：党员应当增强党员意识，主动按月交纳党费。自觉按党章要求和有关规定交纳党费，这就是政治自觉！

正是有了这样的思想认识，最高检率先垂范，用一系列行动诠释了政治自觉：不需要一次次提出要求、作出部署，检察机关就自觉按党章办、按党中央要求办，自觉把习近平总书记重要指示要求、党中央的决策部署落到实处——

习近平总书记作出重要指示，要求"坚决制止餐饮浪费行为"，最高检闻令即动，开展"厉行节约、制止浪费"专项活动，在残食回收处安装摄像监控设备，专人定时回放查看，每天各抽调 2 名干部进行联合督查，对少数浪费严重的检察人员及时提醒、适时通报批评，推动形成人人争做"光盘侠"，不当"必剩客"的良好就餐氛围。

最高检开展"厉行节约、制止浪费"专项活动

党中央作出做好"六稳"工作、落实"六保"任务的重大决策部署后，最高检制定下发《关于充分发挥检察职能服务保障"六稳""六保"的意见》，提出了 11 条具体举措，对充分发挥检察职能服务保障"六稳""六保"作出细化要求，各地检察机关积极落实。

......

提到"三个自觉",就不能不提 2020 年春节的那场大疫。猝不及防的新冠肺炎疫情以刻骨铭心的方式植入中华民族的记忆深处,既是对国家治理的一场大考,也是对检察机关践行"三个自觉"的特殊考验。

"经历这次大考,我们更加深刻感受到中国共产党领导和我国社会主义制度的显著优势,更加深刻体会到法治在国家治理中的重要作用。"在今年因疫情迟来的全国两会上,聆听最高检工作报告时,人们的思绪会回到那场惊心动魄的战"疫"中,感受"三个自觉"在战"疫"中的加速度——坚决贯彻习近平总书记坚持依法防控的重要指示,一手抓防疫,一手抓办案。

犹记得,最高检以每周一次的领跑速度,连续发布 10 批次共计 55 个典型案例。这 55 个典型案例发布时大部分并未宣判,这完全突破了人们对典型案例应当判决"盖棺论定"后再发布的一般认知,意味着检察机关要对这批案例承担更大的司法责任。但如果等判决生效再发布,显然满足不了疫情防控期间维护社会秩序、预防违法犯罪的现实需要。最高检党组成员、副检察长孙谦在一次内部会议上提到的细节令人感慨:"每周发布一批典型案例,工作强度之高前所未有,对每一批入选的典型案例都要反复打磨推敲,确保法律适用准确。有时自己在夜里思考这些案例常常会失眠睡不着。"

让人印象深刻的是,疫情防控期间,各级检察机关依法履职、服务疫情防控大局的同时,相关重点工作也没有因为疫情而耽误"工期"。12309 检察服务热线 24 小时畅通"不打烊""不掉线",群众来信件件有回复制度稳步推进;持续落实服务民营经济 11 项检察政策,切实做到少捕慎诉,并发布典型案例加强指导;各地特别是湖北检察机关闻令而动,坚持自身防疫与依法履职两手抓,深入社区参与一线联防联控,以法与情写就中国抗疫故事检察篇章……种种务实行动无不诠释着战"疫"中的"三个自觉"。

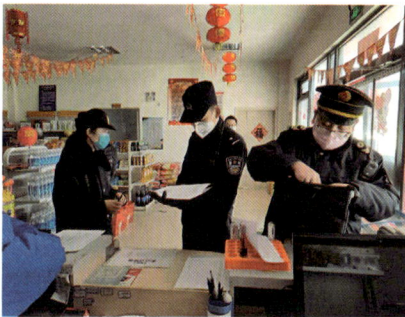

青海省西宁市城中区检察院检察官在疫情防
控期间进行走访巡查

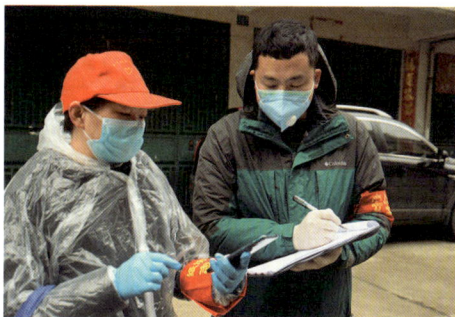

湖北一线检察干警忙防疫忙办案

这样的自觉，赢得了代表委员们的掌声，也获得了社会各界的广泛关注。

中共中央政治局委员、重庆市委书记陈敏尔在全国两会上评价检察工作时特意提到了政治自觉、法治自觉。在他看来，最高检工作报告全面贯彻习近平新时代中国特色社会主义思想和党中央决策部署，体现了高度的政治自觉、法治自觉，彰显了司法机关的初心使命和责任担当。

对于检察机关体现出的政治自觉，浙江省委书记、省人大常委会主任袁家军（时任浙江省省长）在全国两会上也给予积极评价：最高检坚持司法为民、公正司法，充分体现了护航发展大局的责任担当和改革创新的精神，交出了新时代法治中国建设的"优异成绩单"。

四

历史常常以惊心动魄留下深刻印记，也常常以峰回路转写下绚丽篇章。

2020 年的一个秋日，北京香山渐红的黄栌树叶成就了京城最浓的秋色，在带给游人美的享受之际，也增添了收获的色彩。在国家检察官学院香山校区，一场司法界和法学理论界高度关注的研讨会——国家治理现代化与认罪认罚从宽制度研讨会在这里举行。

而在一年前的一个秋日，距离此地41公里的国家检察官学院沙河校区，最高检领导和大法官姜伟、大律师田文昌参加"控辩审三人谈"，就认罪认罚从宽制度适用中的重点问题进行深入细致的权威解读。

时间距离一年，空间距离41公里，但认罪认罚从宽制度适用情况的变化与时空距离相比显得更为巨大——一年前，不少人还在质疑提出70%的适用率是不是有点"冒进"，一年后，即便是在疫情防控期间，全国检察机关办理刑事案件认罪认罚从宽制度适用率也已稳定在80%以上。

事非经过不知难。谁也没有料到，这80%会来得如此不易。

在许多司法界和法学界人士看来，2018年10月修改后刑事诉讼法确立的认罪认罚从宽制度无疑是一场"革命"：本质上是推动国家治理体系和治理能力现代化的一种诉讼模式，这样的制度设计对被告人和被害人、对国家和社会都有利。但这场"革命"最初有些乏力：直到2019年6月，检察环节认罪认罚从宽制度适用率还只有38.4%。

必须将"革命"进行到底！最高检从推动国家治理体系和治理能力现代化的高度去认识这项制度的重大意义，作出了年底当月70%适用率的工作要求。没想到，这一目标将最高检抛在了风口浪尖上。外部有不解的认为这样"高歌猛进"未免有点"急功近利"；检察机关内部也有人认为这样"下指标"有"形式主义"之嫌，甚至当作问题反映给了中央巡视组。

面对质疑和不解，最高检党组并没有动摇，反而坚定了信心：争论讨论越充分，越能凝聚法治最大"公约数"，越能凝聚共识共同努力推进这项制度。

为凝聚更多共识，一场由60名法官、139名检察官和部分律师参加的"认罪认罚从宽制度检法同堂培训"旋即开展。在这次培训班上，最高检领导以参加"控辩审三人谈"的形式回应了司法界和检察官关注的"70%适用率"问题："法院审理的所有刑事案件，不分类型，加在一起，一审以后上诉的 10% 左右，原则上没有超过 15%。也就是说，一审以后的认罪率在 80% 以上。如果在侦查阶段、在审查起诉阶段，努力地去做工作，70% 左右的认罪认罚是符合实际的。"

在检察机关的内部会议上，最高检领导对提出"70% 适用率"的原因讲得更为直白：法律并没有也不可能明确规定认罪认罚从宽制度适用率要做到多少，适用率不那么高似乎也没有人"追责"。但作为人民检察院的人民检察官，要想清楚，推进这项制度，能减少多少重复犯罪，能减少多少被告人与被害人间的再次恩怨甚至仇杀，化解多少矛盾？如果不以求极致的态度把法律规定的这项制度落实好，怎样落实好以人民为中心，真正形成法治自觉？

如是"掏心窝子的话"让广大检察人员了解了最高检党组努力推进这项制度的良苦用心，也得到了中央巡视组的理解和支持。

江西省南昌市东湖区检察院检察官通过远程提讯设备，提讯认罪认罚从宽案件犯罪嫌疑人

思想认识虽然逐渐统一了，但认罪认罚从宽制度是检察机关履行指控证明犯罪主导责任的典型制度设计，客观上赋予了检察机关更重的责任。河北省任县检察院第一检察部主任吴文莉坦言，适用认罪认罚从宽制度，整个诉讼效率提高了，但检察环节工作量和工作难度也倍增，基层一开始确实存在"不愿用、不善用"的问题。

不过，对吴文莉来说，"不愿用、不善用"的问题在办案中迎刃而解。"被告人认罪，被害人谅解，被损害的社会关系得到修复，这是包括我们办案人在内的各方最愿意看到的。与此同时，最高检加强顶层设计，通过与有关部门制定实施意见、组织培训、开展案例教学，及时解答基层适用困惑，确保了这一制度有力推进、有效运转。"吴文莉说。

最终，在最高检的持续推动引领下，全国检察机关办理刑事案件认罪认罚从宽制度适用率到 2019 年 12 月达 83%，即便是在疫情防控期间的 2020 年上半年，适用率也稳定在 80% 以上。

半年的时间，适用率从 38.4% 扎实达到 83%。一些法律界人士将这看成是法治自觉带来的"奇迹"。全国人大代表、天津市律师协会会长才华认为，认罪认罚从宽制度适用率 83% 体现了检察机关在提升罪犯改造效果、化解社会矛盾、促进社会和谐方面的努力，是践行法治自觉的主动作为。

2020 年 10 月 15 日，十三届全国人大常委会第二十二次会议听取最高人民检察院关于人民检察院适用认罪认罚从宽制度情况的报告，检察机关落实认罪认罚从宽制度得到与会人大常委会委员的充分肯定。人大常委会领导同志指出，最高检依法履职，深化检察领域司法体制改革，认真推行认罪认罚从宽制度，进行了积极的实践，取得了良好效果，为经济社会提供了有力的司法保障。实践证明，这一制度不仅有利于提升诉讼效率、节约司法资源，更有利于快速化解社会矛盾，促进罪犯主动认罪和进行自我改造，既维护了法律尊严和公平正义，又在很大程度上减少了人际对立。人民检察院要发挥好主导作用，继续推进落实这项改革，坚持宽严相济的刑事政策，积极主动、准确规范适用认罪认罚从宽制度，该严则严，当宽则宽。审判机关、公安机关、司法行政机关要加强与检察机关的协调配合，形成工作合力，共同推动实现司法公正与效率有机统一。

五

不畏浮云遮望眼，只缘身在最高层。

按照惯例，最高检年度工作报告只报告过去一年的工作，全国人大换届时报告过去五年的工作。但人们发现，2020 年的最高检"年度"工作报告带给公众的是"跨年度"惊喜：报告专门集中分析刑事犯罪 20 年来的变化，在附件中还用图表清晰标注出 20 年来主要犯罪趋势、走向。

惜字如金的工作报告不惜篇幅对 20 年数据背后的意义着重阐释：严重暴力犯罪及重刑率下降，反映了社会治安形势持续好转，人民群众收获实实在在的安全感；新型危害经济社会管理秩序犯罪上升，表明社会治理进入新阶段，人民群众对社会发展内涵有新的期待。

这样的重磅数据一经公布，便引发了社会各界的关注和媒体报道评论。

澎湃新闻网发表的评论称，中国法治环境"轻舟已过万重山"，最高检不拘泥于"年度报告"的程式，而是放在"中观尺度"下回顾中国的法治进程、犯罪态势的改变，用"硬核的数据"让公众体会到实实在在的获得感、安全感、幸福感。

在中国人民大学诉讼案例研究中心主任李奋飞的视野中，报告中对 20 年犯罪趋势的分析意义已经超越 20 年数据变化本身。无论是对法学理论研究，还是对司法实践，乃至对社会治理，都提供了重要参考依据。在他看来，犯罪结构发生变化，司法的理念、政策该如何跟进、适应？全社会都应该有更全面的认识、更深入的理解、更深刻的思考。"这也让这份报告更有史料价值，更是对人民负责、对历史负责、为法治担当。"

在许多司法界人士看来，这样的"法治担当"，正是检察自觉的典型例证——没有谁要求检察机关总结公布这些数据并据此分析刑事犯罪的趋势，检察机关在履职中主动作为，为国家治理、顶层设计提供重要参数依据，是自我加压、更加精准有效服务经济社会发展的务实行动。

事实上，公布办案数据并非只在全国两会期间。早在 2019 年 10 月，最高检就对外公布了当年前三季度全国检察机关主要办案数据。如今，按季度对检察业务统计数据进行公开发布已成为常态。

跨越历史的分析是为了更好地预判未来的趋势，在总结犯罪趋势、司法规律、治理状态的基础上，综合分析出社会治理哪里还没有跟上，怎样去跟紧跟进。对此，最高检领导曾有一个形象的比方：公布检察办案数据并进行分析，可以了解检察办案的短板在哪里、弱项在哪里，然后精准发力，促进检察工作提质增效；更重要的是，可以给国家治理提供一份"天气预报"，为推进国家治理体系和治理能力现代化贡献检察智慧。

类似于为国家治理提供"天气预报"的检察自觉，在最高检领导走访各民主党派中央时，民主党派人士如数家珍、印象深刻——没完没了地抓"一号检察建议"；用真情落实群众来信件件有回复制度；积极履行检察职能推进"挂案"清理；开展加强行政检察监督促进行政争议实质性化解专项活动……

六

马克思说，一个问题，只有当它被提出来时，才意味着解决问题的条件已经具备了。

落实党中央的决策部署、落实宪法法律的规定、落实检察履职的要求，都要靠"三个自觉"。但"自觉"并非天然就有。检察人员的政治自觉、法治自觉、检察自觉究竟如何体现、如何评价？

经过长时间调研思考，最高检党组用心、用力抓起检察官业绩考评机制：把党中央的决策部署转化成具体的考核内容和看得见、摸得着、感受得到的评价指标，通过考评从上到下传导至基层，压实到检察官，落实到检察官办理的每个案件、开展的每项业务中，精准区分干与不干、干多干少、干好干坏，让强者更优、弱者更强，让不适者有适合岗位，实现各得其所。

这样的检察官业绩考评机制，也正是落实习近平总书记关于干部考核评价工作的重要指示："要科学定岗定责，合理分配任务，加强绩效考核，引导干部爱岗敬业、勤奋工作，防止干与不干一个样、干多干少一个样、干好干坏一个样。"

然而，业绩考评被公认为是管理学上的"珠穆朗玛峰"，绝不是轻轻松松、敲锣打鼓就能落实的。

事实上，检察机关的考评工作年年有，但以前似乎总是停留在"吃大锅饭"阶段，考评结果几乎都可以猜得到——你好我好大家好。怎样才能跳出这

河北省武安市检察院为有效优化"案-件比",将补侦关口前移,在移诉前与侦查机关及时沟通

样的考评怪圈,真正考出"自觉"、考出检察内生动力?

最高检党组清醒地认识到,绝不能再延续过去以数量、工作量为主的考核思路,**要以办案质量和效果为核心,在重质量、增效果中要效率、看数量。抓实业绩考评,决不能简单地下指标,而要坚持质效为重,同时也不能搞"一刀切",而是要坚持实事求是。**由于各级检察机关、不同检察院实际情况不尽相同,用一套标准来考察全国检察机关既不现实也不科学。因此,最高检在制定业绩考评机制时就明确指出:最高检只做原则性要求,各级检察院要结合实际、自主调整,制订本地、本院的实施方案和具体考评指标,并在执行过程中不断总结、健全、完善。

万事开头难。要让全体检察人员都迅速"消化"全新的业绩考评机制也并非易事。吉林省长春经济技术开发区检察院检察长李健向记者坦言,2020年4月,刚得知被省院选为业绩考评的试点院时,他心里颇为"忐忑"。但几个月下来，长春经开区检察院经历了"一头雾水""咬紧牙关""豁然开朗"三个阶段之后，目前已"渐入佳境"，逐渐尝到了业绩考评的甜头："服务大局主动性不高、社会矛盾化解效果不好等问题迎刃而解。"

和李健一样，很多检察官都感受到了业绩考评"指挥棒"的作用正在逐步凸显：考和不考就是不一样，通过考评不仅看到了差距，还知道差在哪儿、为什么差、怎样赶得上。

软肩膀挑不起硬担子，铁肩膀才能担起新使命。记者在采访中了解到，尽管各地检察机关各部门的具体考核指标体系不尽相同，但方向是共通的——把政治自觉、法治自觉、检察自觉融入考评体系，精准区分干与不干、干多干少、干好干坏，激发出检察队伍的动力和活力。

七

江水奔流，前后相继。

2020年的五四青年节，B站献给新一代的青年宣言片《后浪》刷屏。

如果把检察事业看作一个人，那么，在新时代检察新理念指引下，经历了系统性、整体性、重塑性变革的检察事业无疑是一个充满朝气的年轻人。这个年轻人有自己的思想，有自己的理念，有自觉的行动。

没完没了地抓"一号检察建议"、在认罪认罚从宽制度中履行主导责任、用真情落实群众来信件件有回复制度、检察长带头办案阅卷、激活沉睡的"正当防卫"、主动公布检察业务办案数据、建立以"案 - 件比"为核心的案件质量评价指标体系、推行检察官业绩考评机制……一段时期以来，最高检党组"心心念"并持续抓的重点检察工作，无一不是强化"三个自觉""自我加压"的注脚。也正因为切实践行"三个自觉"，撸起袖子加油干的检察事业才获得了人民群众的肯定——在2020年全国两会上，最高检工作报告赞成率创下历

安徽省潜山市检察院年轻检察官大雪中坚守岗位

史新高。

以过去为镜，方能照亮未来。对过往的检察工作，最高检党组有着清醒的认识：**人民群众的满意是"易碎品"，"三个自觉"永远在路上！**面对党中央的新要求和人民群众的新期待，检察工作还只是刚"破题"，离"解题""答题""交出优异答卷"还差得很远。

心里有火，眼里有光！一个国家最好看的风景，就是这个国家的年轻人。一项事业最好的时代，就是浴火重生凤凰涅槃的时刻。

2020 年 10 月 26 日至 29 日，党的十九届五中全会在京召开，为经济社会发展擘画出新的蓝图。不到二十天，中央全面依法治国工作会议召开，对新时期全面依法治国作出部署。如何把党的十九届五中全会精神和中央全面依法治国工作会议精神落到实处，更好地为大局服务、为人民司法？回望中国检察的这场"自觉"之旅，我们有理由期待，在习近平法治思想的指引下，刚刚经历了重塑性变革的检察机关，将继续奔涌在全面依法治国的新时代洪流中，以"三个自觉"书写更为宏伟的检察篇章。

「一号检察建议」已成为撬动检察机关开展未成年人司法保护的重要杠杆

——《两会在线》节目组

02

对话

热线 12

CMG 中央广播电视总台

专访：童建明

最高人民检察院党组副书记 常务副检察长

CCTV12《两会在线》节目组　2020 年 5 月 27 日

热线12 童建明　最高人民检察院党组副书记 副检察长

节目主要内容

　　"一号检察建议"自 2018 年 10 月发出之后，经过时间表明，已成为撬动检察机关开展未成年人司法保护的重要杠杆，成为促进未成年人保护社会治理的重要牵引，需要"没完没了"地抓下去，督导落实再落实。在保护未成年人方面，检察机关推出强制报告制度，以减少因环境封闭、自我保护意识和能力不强等未成年人权利遭受侵害的情况发生。

▶ 视频观看地址

https://tv.cctv.com/2020/05/27/
VIDEa1bwzR3XmiqfBbWxRgsp200527.shtml

热线 12

CMG 中央广播电视总台 **专访：孙 谦**

最高人民检察院党组成员 副检察长

CCTV12《两会在线》节目组 2020 年 5 月 22 日

节目主要内容

疫情暴发以来，基于进入了一个特殊的非常时期，为了维护整个抗疫秩序，维护国家安全稳定，维护人民群众的人身财产安全，必须妥善地、依法地、及时地处理涉疫情犯罪案件。从 2 月至 4 月，最高人民检察院先后发布了十批 55 个案例，都是针对当下最突出的问题来发布的，以指导各级检察机关达成共识，依法惩治犯罪，保护人民群众的生命财产安全。

▶ 视频观看地址

https://tv.cctv.com/2020/05/22/
VIDEwzhmiDbV0OQIrzvRUGZn200522.shtml

热线 12

CMG 中央广播电视总台　**专访：张雪樵**

最高人民检察院副检察长

CCTV12《两会在线》节目组　2020 年 5 月 22 日

节目主要内容

　　做强民事检察，需要有一支很好的民事检察队伍；借助精通民事法律的资深律师专家，通过全国统一的专家咨询网，为检察官办案提供线上服务、咨询。对于"民告官"的行政诉讼判决，老百姓如果不服，认为其不公，可以向检察机关申诉。对于拓展公益诉讼案件的范围，将公益诉讼的"等"外范围的探索，由"稳妥、积极"的原则调整为"积极、稳妥"的原则。

▶ 视频观看地址

https://tv.cctv.com/2020/05/22/
VIDE2IZEu71iW9KXdYskoCE4200522.shtml

热线 12

CMG 中央广播电视总台 **专访：陈国庆**

最高人民检察院党组成员 副检察长

CCTV12《两会在线》节目组 2020 年 5 月 28 日

节目主要内容

扫黑除恶专项斗争开展以来，检察机关采取了一系列的措施，加强组织领导，特别强调严格依法办案，"一个不放过，一个不凑数"，采取一系列的措施，提高办案质量和效率，严重暴力犯罪大幅度下降，人民群众的满意度和安全感也明显提升；检察机关先后发布了一些正当防卫的案件，旨在鼓励保护国家公共利益和人民的合法权利，及时地制止不法侵害，鼓励公民同违法犯罪做斗争。

▶ 视频观看地址

https://tv.cctv.com/2020/05/28/
VIDEg1cAoYu2obt9wUtqOwuB200528.shtml

热线 12

CMG 中央广播电视总台 **专访：潘毅琴**

最高人民检察院党组成员 政治部主任

CCTV12《两会在线》节目组 2020 年 5 月 25 日

节目主要内容

　　今年最高检工作报告中，重点提到了"最美奋斗者"张飚、方工等一批优秀检察官，并指出，去年以来，有 12 位检察人员为党和人民献出宝贵生命。如何看待他们身上所体现的检察人精神，检察官的日常又是怎样的？

▶ 视频观看地址

https://tv.cctv.com/2020/05/28/
VIDEXTUoN3FWuZrRX8ZVkikd200528.
shtml?spm=C53141181395.PDEe4Uuo9ucQ.0.0

热线 12

CMG 中央广播电视总台 **专访：万　春**

最高人民检察院检察委员会专职委员

CCTV12 《两会在线》节目组　2020 年 5 月 25 日

节目主要内容

　　最高人民检察院工作报告用一定篇幅报告了 20 年来刑事办案数据的一些变化，在附件中还用图表展现了 20 年来主要犯罪的趋势和走向。工作报告中提出要深化检察理论研究，努力推动中国特色社会主义检察制度更加成熟定型。检察机关十分重视检察理论研究工作，建构了中国特色社会主义检察学体系，科学界定检察学研究的领域和范畴，搭建学术平台，培养了一批理论研究骨干。

▶ 视频观看地址

https://tv.cctv.com/2020/05/25/
VIDEA6wydLg9tJ0NvKj90pxD200525.shtml

热线 12

CMG 中央广播电视总台 **专访：张志杰**

最高人民检察院检察委员会专职委员

CCTV12《两会在线》节目组　2020 年 5 月 25 日

节目主要内容

　　党中央明确要求加快公安机关执法办案场所的建设，因地制宜推进办案管理中心的建设，主动接受检察机关的法律监督。探索推进派驻检察监督机制改革，拓宽了检察监督的信息来源渠道，使监督工作的关口前移，使监督工作常态化。

▶ 视频观看地址

https://tv.cctv.com/2020/05/25/
VIDE1G6CU54yx0eCBnp4wyLZ200525.shtml

疫情防控越是到最吃劲的时候，越要坚持

依法防控

——人民日报◎彭波

03

抗疫

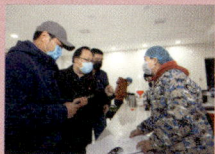

人民日报

抗疫越吃劲，越要依法办案

彭波　2020 年 2 月 22 日

———————

日前，最高检公布了新冠肺炎疫情发生以来全国检察机关的办案数据：截至 2 月 18 日，全国检察机关共介入侦查引导取证涉疫情刑事犯罪 2692 件 3722 人。其中，受理审查逮捕 603 件 729 人，审查批准逮捕 498 件 598 人；受理审查起诉 323 件 409 人，审查提起公诉 238 件 290 人。

分析这一组数据，不难发现，检察机关不批捕和不起诉的案件均占有相当比例。这表明，虽然疫情期间，司法机关对抗拒疫情防控措施、造谣传谣、销售伪劣防疫物资等犯罪始终保持严打高压态势，但在司法各环节依然持审慎态度，正确处理严厉打击与依法办案的关系，既从快从严查办涉疫情犯罪案件，有力维护了社会秩序、保障了人民群众身体健康和生命安全，又切实把握政治效果、社会效果和法律效果的有机统一，为打赢疫情防控阻击战提供了有力法治保障。

突如其来的疫情对社会各环节都是一次严峻的考验，对司法机关也是一样。一些备受热议、后果严重的行为亟须明确法律定位，而一些违反法律、挑战社会规则的行为更需要司法机关从严查处、从重打击。但与此同时，也要注意刑法的谦抑性，不能过度执法，让刑罚超出必要范围。

新冠肺炎患者故意隐瞒病情和行程，造成严重后果的，该怎么处理？按照"两高" 2003 年出台的司法解释，应当以以危险方法危害公共安全罪定罪处罚，各地执法司法机关均据此办理了一批典型案件，获得了很好的效果。然而，一些地方却将这一做法上纲上线，无视情节轻重、社会危害性大小、是否主观故意，只要发生类似案件，一律用危害公共安全的罪名办理。须知，以危险方法危害公共安全罪在刑法上是十分严重的罪名，起刑点是 3 年，最高可处死刑。如果"一刀切"式办案，显然会违背罪责刑相适应的刑事司法原则，超出必要限度。

正是针对这些新情况、新问题，最高检专门下发通知，要求既要严厉惩治严重妨害疫情防控的犯罪行为，又要把握好违法行为与刑事犯罪的界限；既要考量行为社会危害性评价的一般标准，又要关注防控疫情时期的特殊危害性及其恶劣情节；既要总体上体现依法从严从重打击的政策要求，又要避免不分具体情况搞"一刀切"的简单操作。同时，最高检还两次发布办理涉疫情防控犯罪典型案例以案释法，为检察机关办案提供具体指导的同时，也向社会公众发出了明确的警示和提醒讯号。

疫情防控越是到最吃劲的时候，越要坚持依法防控，这不仅是对战"疫"一线提出的要求，也是对全社会各环节提出的要求。司法是维护社会公平正义的最后一道防线。司法机关面对疫情，更应当在众声喧哗中保持足够的法治定力，始终做到忠于法律、严格准确适用法律，为疫情防控工作提供司法保障，推动疫情防控在法治轨道上顺利开展。

黑龙江省黑河市检察院检察官在辖区内检查监狱和看守所防疫及安全情况

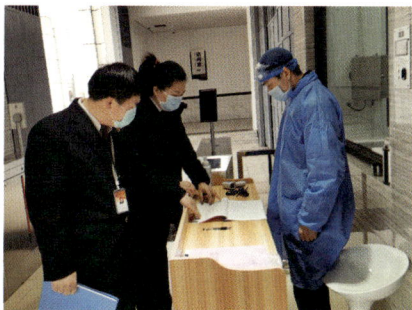

湖南省长沙市星城地区检察院检察官在该市第四看守所入口处检查防疫及收押出所等情况

CMG
中央广播电视总台

疫情防控中的法与罚

CCTV13　曾晓蕾　等　2020年2月5日

法治在线

节目主要内容

时下，为了有效防控新型冠状病毒感染的肺炎疫情，全国各地紧急动员，医护人员更是坚守一线。然而在这非常时期，一些不当行为却时有发生，比如逃避、抗拒隔离治疗，擅自挖断道路、封路等，不仅扰乱了正常的疫情防控工作，而且还触碰了法律的红线，甚至可能被追究刑事责任。

▶ 视频观看地址

http://tv.cctv.com/2020/02/05/
VIDEqm2Je55ALDd69ikiObuM200205.shtml

CMG
中央广播电视总台

最高法、最高检联合释法：严惩妨害国境卫生检疫各类违法犯罪行为

国际在线　吴倩　2020 年 3 月 24 日

随着新冠肺炎疫情在境外多点暴发、扩散加速，"外防输入"已成为当前中国疫情防控的重中之重。最高人民法院、最高人民检察院、公安部、司法部、海关总署近期联合发布依法惩治妨害国境卫生检疫违法犯罪有关意见。最高人民法院研究室主任姜启波、最高人民检察院法律政策研究室主任高景峰 24 日就相关法律适用问题联合答记者问。

在 3 月 16 日"两高两部"与海关总署联合发布的意见中，明确列举了 6 类妨害国境卫生检疫行为，包括拒绝执行海关依法实施的卫生检疫措施，不如实填报健康申明卡，伪造、涂改检疫单证等情节。这些行为引起鼠疫、霍乱、黄热病以及新冠肺炎等国务院确定和公布的其他检疫传染病传播或者有传播严重危险的，将依法以妨害国境卫生检疫罪定罪处罚。

最高人民法院研究室主任姜启波表示，"五部门意见"对外传递出一个明确信号，"无论是中国公民，还是外国公民，或者无国籍人，只要在出入我国

最高人民检察院网上发布厅

五部门联合下发意见强调依法惩治妨害国境卫生检疫违法犯罪
检察机关要加强对妨害国境卫生检疫犯罪案件立案监督
发挥检察建议作用，促进疫情防控体系化治理
发布时间：2020年3月16日

最高人民法院、最高人民检察院、公安部、司法部、海关总署日前联合印发《关于进一步加强国境卫生检疫工作 依法惩治妨害国境卫生检疫违法犯罪的意见》（下称《意见》），要求进一步加强国境卫生检疫工作，依法惩治妨害国境卫生检疫违法犯罪行为，维护公共卫生安全，保障人民群众生命安全和身体健康。

《意见》指出，各级法院、检察院、公安机关、司法行政机关、海关要切实提高政治站位，把思想和行动统一到习近平总书记重要指示批示精神上来，始终将人民群众的生命安全和身体健康放在第一位，切实提升国境卫生检疫行政执法和司法办案水平。依法及时、从严惩治妨害国境卫生检疫的各类违法犯罪行为，切实筑牢国境卫生检疫防线，坚决遏制疫情通过口岸传播扩散，为维护公共卫生安全提供有力的法治保障。

国境的过程中实施妨害国境卫生检疫的犯罪行为，都应当适用我国法律，适用统一的司法标准，依法追究刑事责任。"

根据我国刑法，妨害国境卫生检疫罪与妨害传染病防治罪均属妨害社会管理秩序罪范围。姜启波指出，适用妨害国境卫生检疫罪时应注意与妨害传染病防治罪有所区别。"简单地说，妨害传染病防治罪适用于在我国境内的卫生防控防治环境，所涉及的'甲类传染病'是指甲类传染病或者按照甲类传染病管理的传染病。妨害国境卫生检疫罪主要适用于在出入我国国境时卫生防控防疫环节，所涉及的'检疫传染病'为鼠疫、霍乱、黄热病以及国务院确定和公布的其他传染病。"

目前，新冠肺炎已纳入我国《传染病防治法》规定的乙类传染病和《国境卫生检疫法》规定的检疫传染病管理中，并采取甲类传染病的预防、控制措施。最高人民检察院法律政策研究室主任高景峰表示，入境人员妨害新冠肺炎防控的，可能在不同时间段分别涉及妨害传染病防治罪、妨害国境卫生检疫罪。"如果行为人既有拒绝执行国境卫生检疫机关检疫措施的行为，又有在入境后拒绝执行卫生防疫机构防控措施的行为，同时构成妨害传染病防治罪和妨害国境卫生检疫罪的，一般应当依照处罚较重的规定定罪处罚。"

高景峰强调，只有实施妨害国境卫生检疫行为，引起新冠肺炎传播或者有传播严重危险的，才构成妨害国境卫生检疫罪。司法适用中，对于这一入罪要件应当准确把握。"如果行为人虽有妨害国境卫生检疫的行为，但综合全案事实，认定其不可能引起新冠肺炎传播或者有传播严重危险的，不符合妨害国境卫生检疫罪的入罪要件，可由行政机关给予行政处罚；如果触犯妨害公务等其他罪名的，可以按其他罪名处理。"

最高人民法院研究室主任姜启波同时指出，"引起新型冠状病毒传播"是指造成他人被确诊为新冠肺炎病人、病原携带者的情形。传播的对象，既可以是出入境交通工具的同乘人员，也可以是其他接触人员。他强调，实践中要注意结合案件具体情况，"如染疫人、染疫嫌疑人与被感染者是否有密切接触，被感染者的感染时间是否在与染疫人、染疫嫌疑人接触之后，被感染者是否接触过其他新冠肺炎病人、病原携带者等因素，综合认定因果关系。"

姜启波表示，对于"传播严重危险"的情形，应坚持综合考量原则，判断是否为现实、具体、明确的危险，作出妥当认定。

经济日报

多起哄抬物价行为被严惩

李万祥　2020 年 4 月 5 日

当前，一些疫情防控急需物资特别是重点原材料仍然供应紧张，不法经营者趁机通过囤积居奇、转手倒卖等方式哄抬价格、牟取暴利，危害较为严重。近日，最高人民检察院、公安部联合发布 4 起典型案例，依法严惩哄抬物价犯罪。

哄抬物价牟取暴利，构成非法经营罪

最高检统计显示，截至 2020 年 3 月 26 日，全国检察机关共受理审查逮捕涉疫情刑事犯罪案件 2681 件 3343 人，审查批准逮捕 2304 件 2785 人，依法不批准逮捕 222 件 305 人；受理审查起诉 2048 件 2580 人，审查提起公诉 1561 件 1919 人，依法不起诉 35 件 45 人。其中，全国检察机关依法批准逮捕非法经营罪（哄抬物价）14 件 30 人，起诉 9 件 11 人。

此次发布的案例中，有人将疫情发生前每只 0.16 元至 0.28 元的口罩，涨价至每只 10 元，上涨幅度高达近 50 倍；有人将以每盒 5.125 元购入的口罩，以 198 元每盒高价销售，差价高达近 193 元；还有人将每吨成本不足 2 万元的熔喷无纺布涨至 18 万元，转手倒卖给口罩生产企业的价格涨至每吨 30 万元至 38 万元不等。

2020 年 1 月初，上海市某公司以每盒 5.125 元（50 只 / 盒）的价格购入一批普通民用口罩，在公司的淘宝店铺上对外销售，日常销售价格为每盒 7

最高人民检察院网上发布厅

最高人民检察院、公安部依法严惩哄抬物价犯罪典型案例
（全国检察机关依法办理涉新冠肺炎疫情典型案例 第七批）
发布时间：2020年3月26日

新冠肺炎疫情发生以来，各级检察机关、公安机关严格执行法律、司法解释规定，分工负责、互相配合，严惩哄抬物价犯罪，依法立案侦查、批捕起诉了一批案件，遏制了此类犯罪的蔓延势头。当前，一些疫情防控急需物资是重点原材料仍然供应紧张，不法经营者趁机通过囤积居奇、转手倒卖等方式哄抬价格、牟取暴利，危害较为严重，为继续做好侦查、检察工作，保持对哄抬物价犯罪的打击力度，稳定特殊时期的市场秩序，现联合编发典型案例4件，供办案中参考。

【法律要旨】

根据刑法、"两高"《关于办理妨害预防、控制突发传染病疫情灾害的刑事案件具体应用法律若干问题的解释》和"两高两部"《关于依法惩治妨害新型冠状病毒感染肺炎疫情防控违法犯罪的意见》的规定，在疫情防控期间哄抬物价、牟取暴利，构成犯罪的，以非法经营罪定罪，依法从重处罚。

在疫情防控期间，经营者违反国家有关市场经营、价格管理等规定，在扣除生产经营成本和正常的利润后，大幅提高商品价格对外销售的，应当认定为"哄抬物价、牟取暴利"的判断上，应当根据各地政发布的价格干预措施，以及涉案物品的价格幅度等，对疫情防控或基本民生秩序的影响等，综合考虑案情情理作出认定。

对于以囤积居奇、转手倒卖等方式，层层加码，哄抬疫情防控重点物资的价格，牟取暴利，扰乱市场秩序的，应当根据面积、倒卖的数量、次数、加价比例和获利情况等，综合认定"违法所得数额较大"和"其他严重情节"，依法从严惩。

元。新冠肺炎疫情发生后，该公司的法定代表人谢某决定提高该批口罩的售价牟利，遂于1月23日至29日连续涨价，从每盒21元一路涨至每盒198元。经查，该公司高价销售口罩的经营数额为17万余元，违法所得数额为16万余元。

上海市公安局松江分局经立案侦查于2020年3月2日将谢某抓获并监视居住，3月9日移送审查起诉。上海市松江区人民检察院经审查于3月12日以被告单位上海市某公司、被告人谢某构成非法经营罪为由，向松江区人民法院提起公诉。

2020年3月23日，上海市松江区人民法院公开开庭审理本案。公诉人发表公诉意见认为，涉案口罩系被告单位在疫情发生前进货，疫情发生后其经营成本并未有明显变化，但却提价数十倍销售，属于哄抬物价、牟取暴利，且违法所得数额较大，被告单位、被告人均构成非法经营罪。

松江区人民法院审理后当庭作出判决，认定检察机关指控的事实及罪名成立，被告单位及被告人如实供述犯罪事实，系坦白，均可以从轻处罚，但被告人谢某哄抬口罩价格获利目的明显，不符合适用缓刑的条件，判处被告单位罚金 20 万元，判处被告人谢某有期徒刑 8 个月并处罚金 18 万元，追缴违法所得。

从严惩治合力防控，维护市场秩序稳定

价格稳则民心定，民心定则战"疫"胜。对于哄抬物价这种严重扰乱民心、危及战"疫"根基的行为，必须始终高度重视，依法严惩，合力防控。

从公安机关、检察机关查办案件的情况看，不法分子利用防疫期间基础物资特别是防疫用品紧缺、民众防疫心切等因素，短期内几倍、十几倍甚至几十倍抬高价格，牟取暴利，严重破坏非常时期的市场供应秩序，造成民众心理的恐慌。

这些人专门针对急需短缺物资哄抬价格，入场"吸血"，今天针对熔喷布，明天又有可能针对其他物资。

"在当前防疫关键时期，对于这种严重背离天理国法人情的行为，必须依法严惩，以儆效尤。"最高检相关负责人表示，在当前国内呈现疫情防控形势持续向好、生产生活秩序加快恢复的形势下，一些不法分子又利用企业迫切希望复工复产的心理，高价兜售口罩、额温枪、消毒液等复工复产必备用品，转手倒卖、囤积基础原材料借机哄抬价格，加大企业复工复产成本，增加企业经营者的忧虑担心。

根据刑法、"两高"《关于办理妨害预防、控制突发传染病疫情等灾害的刑事案件具体应用法律若干问题的解释》和"两高两部"《关于依法惩治妨害新型冠状病毒感染肺炎疫情防控违法犯罪的意见》的规定，在疫情防控期间哄抬物价、牟取暴利，构成犯罪的，以非法经营罪定罪，依法从重处罚。

在疫情防控期间，经营者违反国家有关市场经营、价格管理等规定，在扣除生产经营成本和正常的利润后，大幅提高产品价格对外销售的，应当认定为

江西省南昌市新建区检察院检察官参与该区市场监管局对违法高价销售防护口罩的人员宣布处罚决定

"哄抬物价、牟取暴利"。在"大幅提高"的判断上，应当根据各地依法发布的价格干预措施，以及涉案物品的价格敏感程度、对疫情防控或基本民生秩序的影响等，综合考虑常情常理作出认定。

对于以囤积居奇、转手倒卖等方式，层层加码，哄抬疫情防控重点物资的价格，牟取暴利，扰乱市场秩序的，应当根据囤积、倒卖的数量、次数、加价比例和获利情况等，综合认定"违法所得数额较大"和"其他严重情节"，依法严惩。

与之前相比，在复工复产期间，检察机关、公安机关也应当根据形势变化，调整办案方向重点，聚焦推动产业链各环节协同复工复产，深入生产经营一线了解企业所需所急，着力加大对哄抬关键急需物资价格的惩治力度。

公安部相关负责人表示，将密切关注复工复产对市场供求关系的影响，对于哄抬群众生活必需品如粮油肉蛋菜奶的行为，坚持同步跟踪、及时打击，坚

湖南省长沙县检察院检察官来到中铁山河工程装备股份有限公司，为企业复工复产提供法律帮扶

决维护市场正常秩序，保障人民群众正常生活。对此，检察机关将与公安机关加强信息互通和办案协作，健全完善上下一体、区域联动、快速反应的办案机制，依法查处、从严惩治、合力防控，维护市场秩序稳定。

中国日报
CHINADAILY.COM.CN

检察机关严惩涉疫犯罪 截至今年 7 月 共批捕 5700 余人

杨泽坤　2020 年 8 月 28 日

记者 8 月 27 日从最高人民检察院召开的"抓实业绩考评、深化检察改革、全面推进检察事业高质量发展电视电话会议"上了解到，新冠肺炎疫情防控期间，全国检察机关在抓好自身防控的同时，严格依法办理涉疫案件，切实维护医疗秩序、防疫秩序、市场秩序、社会秩序，今年 1 月至 7 月共批捕涉疫刑事犯罪 5797 人、起诉 6755 人。

疫情防控期间，全国检察机关严格把握法律政策，力防、纠正突破法律的"从重""从严""从快"。对于因隐瞒旅居史等导致病毒传播或者传播风险的案件，提出激活刑法中的妨害传染病防治罪，最低刑为 3 年以下有期徒刑或者拘役，得到采纳。同时，检察机关创新开展以案释法，最高检连续发布 10 批

55 个涉疫典型案例，取得规范司法、警示犯罪、教育社会的积极成效。

面对疫情对经济社会发展带来的严重冲击，检察机关切实履行检察履职，最高检先后发布 11 份指导性文件，指导、服务保障"六稳""六保"，服务社会发展大局。

今年以来，全国检察机关以更大力度支持民营经济健康发展，坚持依法保障企业权益与促进守法合规经营并重，对涉案民营企业负责人依法慎捕、慎诉，并于 7 月份部署了涉非公经济控告申诉案件专项清理工作。

法治日报

典型案例"十连发"彰显检察智慧与担当

周斌　2020 年 4 月 23 日

> "史无前例!" 2 月 11 日至 4 月 17 日,最高人民检察院以每周一次的频率,连续发布十批次共计 55 个全国检察机关依法办理涉新冠肺炎疫情典型案例。

典型案例"十连发"凸显"三个首次"——最高检首次在部分案例未宣判前就作为典型案例对外发布,首次会同公安机关联合发布典型案例,首次分批次、按专题高频发布典型案例。

最高检为何要高频次发布涉疫典型案例?这些案例是如何产生的?案例发布后有哪些实际效果?对今后的司法工作和法治建设又会产生什么样的影响?

带着这些问题,《法制日报》记者进行了深入采访。

最优选择

庚子年伊始,新冠肺炎疫情突如其来。

疫情初期,多地密集发生新冠肺炎患者故意隐瞒病情和行程,造成疫情传播并致多人隔离的事件。

办案机关依据"两高"2003 年出台的《关于办理妨害预防、控制突发传染病疫情等灾害的刑事案件具体应用法律若干问题的解释》，按照以危险方法危害公共安全罪立案侦查了一批案件。

但检察机关在办理相关案件时发现，真正属于恶性故意传播新冠肺炎病毒、造成疫情扩散的是少数，大多还是因为缺乏对病毒和防控要求的了解，或出于对隔离的恐惧，或出于对个人身体状况的错误认知，并没有十分严重的主观恶性。

按照国家卫健委公告，新冠肺炎纳入传染病防治法规定的乙类传染病并采取甲类传染病的预防、控制措施。妨害传染病防治罪法定最高刑为 7 年有期徒刑，而以危险方法危害公共安全罪最高可被判处死刑。

是适用以危险方法危害公共安全罪还是妨害传染病防治罪？一度引发社会对于妨害疫情防控犯罪行为惩处究竟该"从重"还是"降格"的争论。

这时，检察机关该如何作为？

"事发突然，少有先例可循。但检察机关作为刑事诉讼承上启下的中间环节，必须积极主动引导、发挥主导作用。"最高检涉疫情防控检察业务领导小组办公室主任、第一检察厅厅长苗生明坦言。

"这是个法理问题，有规则就要适用，罪与罚应当具有相当性，没有可以适用的罪名而且属于恶意传播的，才能适用以危险方法危害公共安全，不能简单地都选择'从重'。要实事求是，直接故意传染别人、传播疫情的是极其个别的特例。"最高检态度明确，对符合妨害传染病防治罪适用条件的犯罪，必须坚持依法适用。

这也成为司法系统的共识。2 月 6 日，"两高两部"联合发布《关于依法惩治妨害新型冠状病毒感染肺炎疫情防控违法犯罪的意见》明确了妨害传染病防治罪的适用标准。

可如何将相关司法理念和精神准确及时传达到一线每一位检察人员，又怎样及时、直观地向社会公众发出明确警示和提醒讯息呢？

最高检党组认为，发布典型案例是最优选择。

一个案例胜过一打文件。苗生明说，通过发布典型案例，可以给检察办案一线提供最直接、最鲜活、最有效的范例指导，解决司法办案中的疑难问题，还可以形象、生动地对社会公众起到普法宣传和警示教育的作用。

很快，2月11日，最高检发布首批涉疫典型案例。

到4月17日，最高检已累计发布十批次共计55个涉疫典型案例，涉及维护疫情防控秩序、维护经济社会秩序和助力复工复产等多个方面，几乎涵盖了依法防控疫情过程中检察业务办案的全部现实需求，成为全国检察机关办理相关案件的"参考宝典"。

检察担当

纵观这十批55个典型案例，大部分案件在发布时并未宣判，有的甚至还处在审查逮捕和审查起诉阶段。这完全突破了人们对典型案例应当判决后"盖棺论定"再发布的一般认知，也意味着，检察机关要承担更大的司法责任。

为什么如此急迫？

"如果等判决生效再发布典型案例，很可能是两三个月以后的事了，显然满足不了疫情期间维护社会秩序、预防违法犯罪的现实需要。所以案件只要进入检察环节，我们反复筛选研讨认为符合发布要求，就及时对外公布，及时向社会传递信号，告诉公众这种行为是要追究刑事责任的。"最高检一位院领导如是说，这是出于对依法防控疫情现实需要紧迫性的积极回应。

这种回应，也体现在每一批典型案例的主题和内容上。

第一批典型案例在案件类型选择上突出了广泛性，体现了场域广、类型多、兼顾实体处置与程序适用等特点；第二批进一步聚焦打击重点，同时兼顾案件事实认定和法律统一适用；第三批体现出专业化特点，5个案例中有3个是妨害传染病防治罪的案例，并在法律要旨中详细阐述了"妨害传染病防治罪"和"以危险方法危害公共安全罪"的适用界限……从前期突出打击重点，

浙江省金华市婺城区检察院"检察官助企团"在箬阳乡一茶厂实地走访

强调"从严从快",到中后期关注复工复产和社会关系修复、体现宽严相济刑事政策、注重化解社会矛盾,每一批典型案例的发布均突出明确的打击重点,聚焦解决检察办案实际需求,回应人民关切。

随着打击涉疫犯罪持续深入,最高检梳理发现,诈骗类犯罪高发,截至第五批典型案例发布前夕,检察机关依法批准逮捕诈骗罪 869 件 917 人,起诉 516 件 545 人,批捕、起诉的人数均占所有涉疫情犯罪案件的四成左右,批捕件数更是超过 50%。

3 月 12 日发布的第五批 5 个典型案例,正是聚焦依法严惩利用疫情实施诈骗犯罪。

在此次发布中,最高检还总结出疫情期间诈骗犯罪的十种类型,例如虚假出售防疫物资、谎称筹集善款、利用学生网络课堂诈骗等,而后又针对十种类型向社会发布了十条预防诈骗建议,广受欢迎。

在国内疫情防控形势日益向好之际,境外输入压力却持续加大,境外回国人员妨害传染病防治刑事案件时有发生。

3 月 13 日,最高检、公安部、海关总署等五部门联合印发《关于加强国境卫生检疫工作依法惩治妨害国境卫生检疫违法犯罪的意见》,提出要依法及时、从严惩治妨害国境卫生检疫的各类违法犯罪行为。

为适应这一变化,最高检联合公安部发布第八批依法惩治涉境外输入型疫情防控违法犯罪典型案例,此前备受舆论关注的河南省郭某鹏妨害传染病防治案等 3 个案例入选。

"每周一批典型案例,每批回应一个主题",在过去两个月中逐渐成为常态,彰显了检察机关在助推国家治理体系和治理能力现代化进程中的底气和担当。

公正司法

每周一批"十连发"，每批回应一个主题，如此快节奏、高标准，责任之大、压力之大，可想而知。

最高检涉疫情防控检察业务领导小组组长、最高检副检察长孙谦曾在一次内部会上透露，有时自己在夜里思考这些案例常常会失眠睡不着。

"疫情期间我们的确十分忙，要发布各种案例和规范性文件。其实目的就是两条，一是明确释放一种信号、一种理念，特殊时期办理案件不能拔高凑数；二是要规范各级检察机关执法的标准，坚决防止运动式执法。"孙谦说。

反复打磨，精雕细琢。参与典型案例编选全程的苗生明感触很深。他告诉记者，通常一批典型案例的确定发布至少要经过案例收集、初步筛选、研究确定、文字修改和上报审批等 5 个环节。"对于收集到的案例，我们会综合考虑案件事实、法律适用、办理情况等因素进行初步筛选。每次大概要从各省区市报送的 50 到 60 个案例中选出 15 个左右，然后经过反复讨论、研究，再确定下来拟发布的案例，由各省级检察院涉疫情防控检察业务办和承办检察官补充完善后，报最高检涉疫情防控检察业务领导小组审定后发布。"

按照这个数量统计，已经发布的十批 55 个典型案例，其实只占到了所有上报案例的十分之一左右，筛选程序和标准之严，可见一斑。

在第八批典型案例的编选过程中，就发生过这样的"紧急"一幕——

编选工作开始相对顺利，但在拟发布前夕，最高检涉疫情防控检察业务领导小组办公室成员刘涛发现，某省级检察院报送的一起妨害国境卫生检疫案中，对嫌疑人在入境时是否配合海关检测并如实填报健康申明卡的描述不清楚。

他紧急联系当地调阅了全部案卷，并就最新了解到的情况与海关总署、公安部相关部门负责人沟通，各方一致认为该案涉嫌犯罪的事实与定罪标准可能存在出入，需要进一步侦查核实。

刘涛随即将这一情况上报领导小组办公室，当天领导小组办公室就召开紧急会议进行讨论，后撤下该案，并指导承办单位在后续办案中注意把关。

"这十批涉疫典型案例，是集体智慧的结晶。"刘涛向记者展示了最近发布的第十批典型案例呈批件，封面已经被几位院领导签批修改得密密麻麻，文内小到标点格式，大到语句段落，几位院领导都一一提出了修改意见。

其中一处修改让记者印象深刻。最高检检察长张军在对第十批典型案例法律要旨的一处修改中做了大段批注："'化解矛盾、消弭对抗、修复损害、促进和谐'始终是包括检察机关在内的各级司法机关办理刑事案件的重要依循。既要坚持依法办案，又做到法理情相统一，积极适用认罪认罚从宽制度，促使犯罪嫌疑人、被告人真诚认罪悔罪，达到惩罚犯罪、保护人民群众合法权益的刑罚目的，在常态化疫情防控中加快推进生产生活秩序全面恢复。这是检察机关的办案目的，更是疫情进入常态化防控后，为实现办案政治效果、社会效果、法律效果相统一而追求、体现的办案要旨。"

价值所在

典型案例"十连发"，价值几何？

基层检察官最有发言权。

河南省沁阳市人民检察院第四检察部主任张道旗注意到，最近发布的第十批典型案例，首次发布了两起涉疫行政检察案件，这对指导基层疏通生产经营堵点，服务市场经营者复工复产意义重大。"典型案例在工作理念、办案方式、监督效果方面，都给了我们更加明确和规范的指导。沁阳民营企业众多，通过典型案例我们意识到，检察机关在服务复工复产和保障民营企业合法权益方面可以开展很多工作，最重要的是要更新理念、立足职能，主动投身经济社会发

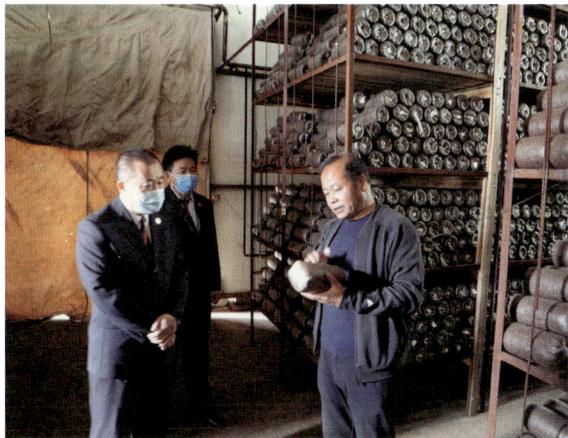

黑龙江省漠河市检察院检察官实地走访民营企业，推动解决企业复工复产进程中遇到的法律难题

展大局，更好为社会提供检察服务。"

"典型案例为办理冷门案件指明了方向，比如妨害传染病防治犯罪、哄抬物价的非法经营犯罪等案件平时非常少见，大部分检察人员没有相关办案经验，如何准确认定犯罪成为难题。"江苏省淮安市人民检察院第三检察部副主任张婷发现，典型案例体现了依法防控的要求，并没有"一刀切"的简单操作。程序上虽然从快，但犯罪嫌疑人诉讼权利的保障标准丝毫没有降低，对把握办案尺度提供了很大帮助。

四川省广安市人民检察院第二检察部主任吴晓明说："最高检发布的几起妨害传染病防治典型案例，从犯罪构成的角度给一线办案人员提供了重要的参考和借鉴，能够更加精准地把握拒绝执行防控措施引起新冠病毒传播或者有传播严重危险的标准。"

典型案例"十连发"也获得了法学专家、律师的积极评价。

"最高检与有关部门出台的司法解释和最高检发布的相关典型案例有效激活了妨害传染病防治罪罪名的适用，既依法严惩有关犯罪，也为不分情况的一律从严适用以危险方法危害公共安全罪踩了'刹车'。""以每周一批的高频次，连续发布多批涉疫典型案例，充分体现疫情防控的阶段性司法需求，既有力指导了办案，也向社会公众发出了明确的警示和提醒，在特殊时期稳定了人民群众对法治的预期"……在不久前最高检召开的专家学者谈涉疫检察工作座谈会上，中国人民大学法学院教授韩大元、北京大学法学院教授王新等专家学者评价说。

北京市京师律师事务所律师任丽华说，最高检典型案例"十连发"为律师办理涉疫案件提供了有效的司法指导和意见参考。"比如我在疫情期间承办了一起民营企业申请执行监督案件。受典型案件启发，我正在通过当地检察机关与法院沟通，争取能够及时解除该公司的限制消费令，将其移除限制消费名单，早日复工复产。"

"检察工作特别是最高检的工作理念会影响改变整个司法理念。我们怎样把这份责任担起来，努力把国家治理体系和治理能力的现代化作为司法规律遵循、全面依法治国的落实？还需要去总结、去发现、去推进。改变以往的习惯，难不难？是人民群众的需要就不难！往往是人民群众的需求推动着我们去因势利导，把工作做到前面。"在主持召开专家学者谈涉疫检察工作座谈会上，张军一语道破典型案例"十连发"背后的价值所在。

检察机关依法战 "疫" 服务经济发展
——专访最高人民检察院副检察长孙谦

孟植良 等　2020 年 5 月 23 日

主持人： 各位好，今天最高人民检察院党组成员、副检察长孙谦来到演播室，以"检察机关依法战'疫'服务经济发展"为主题与网友进行交流。

我们知道从 2 月 11 日到 4 月 17 日两个月时间里，最高检连续就涉新冠肺炎疫情案件发布了十批一共 55 个典型案例。能不能简单给我们介绍一下关于这次"十连发"，我们最高检是怎么考虑的？

孙谦： 疫情暴发以来，从 2 月到 4 月的时间里，最高人民检察院发布了十批 50 多个典型案例，每批四五个，主要是针对疫情期间的一些犯罪违法追诉问题，我们的出发点是统一执法尺度，依法妥善地处理这些案件，根本目的是保证防疫秩序，保证国家安全和社会秩序，保障人民群众的生命财产安全。

在疫情发生之后，一些犯罪出现了很多特点。十批案例中，大家也会注意到，最早主要的是妨碍传染病防治方面的犯罪，后来是制造假冒伪劣的医用防疫器材、防疫药品的犯罪，后来还有非法入境、违反海关和出入境管理规定导致的一些传染病传播的犯罪等，频次是比较高的，每周发布一批。

针对当时的情况，因为我们也发现，有些案件在不同的地方，类似的案件作出了不同的处理，如何区分罪与非罪，这种犯罪与那种犯罪的界限，这是一个很重要的问题，就是要执法尺度的统一。

比如，有的罪个别地方定为以其他方法危害公共安全罪，有的地方定为妨碍传染病防治罪，有的生产不合格的医用产品定为犯罪，有的并没有定为犯罪等。怎么区分这些罪与非罪的界限？因为情况也是很紧急，疫情期间，国家进入了一个非常特殊的时期，这个时期，如何保障社会的安全和秩序，处于一种秩序状态，不能失序，这是我们要重点考虑的。

总书记也讲，越是到防疫吃紧的时候，越要严格依法防疫，要在法治的轨道上统筹推进防疫工作的各项措施落实。所以，根据当时防疫的情况，我们检察机关的理念就是既无不及，又无过度，既要及时惩治犯罪，又不能把一些违法的没有构成犯罪的作为犯罪来处理。在这样一个特殊时期，检察机关作为法律监督机关，既不能越位，也不能缺位，忠实履行好职责，维护社会的秩序状态。

最高检案管办在疫情防控关键期，努力做到涉疫情案件"当日来、当日转、当日送"

我一直在说"秩序"这两个字，不管是防疫秩序，还是生产生活秩序，包括老百姓的生活、人们的活动等方面，都要在一种秩序状态下，这是取得防疫胜利的一个关键保证。

主持人：孙检刚才说到的公布典型案例是为了执法尺度的统一，而且这次频次这么高，力度又大，实属罕见。对于这些典型的案例，有没有什么新的特点？

孙谦：社会各界包括司法界，包括人民群众都注意到了，最高检第一次这样高频次地发布典型案例，每周一批，这是从来没有过的。为什么？就是及时性。因为实践的紧迫需要。实践中出现了很多问题，在执法标准统一方面，在

黑龙江省检察院检察长对该省检察机关党员干警下沉社区，协助社区做好疫情防控各项工作的情况进行调研

罪与非罪的区分等方面出现很多情况，必须及时地来解决。有些不认为是犯罪的，有些地方作为犯罪来追诉，我们如果不及时明确执法尺度、执法标准，有可能很多人就无辜地被作为犯罪来追诉，当然最后不一定追诉，但是会受到刑事侦查，我们尽量避免这样的情况发生。也有的本来是构成犯罪，有些地方并没有作为犯罪来处理，这个我们也需要统一执法思想，提示各地司法机构来有效地惩治犯罪，归根结底还是保证社会的安全稳定和防疫的正常进行。

第一个特点，高频次是从来没有过的。我们检察机关根据法律规定也可以发布指导性案例，每年有几批，指导性案例的形成过程是非常复杂的，经过很多调研，经过很多研究，经过很多专家论证。我们这个典型案例发布得很快，最高检组织相关的业务专家和法学家一论证，行了，马上就得发布，就是指导当下的紧迫的执法活动，保证执法的全国的统一，保证执法的严肃性、规范性和保证司法的理性。这是一个特点。

第二个特点，就是我们这些案例，基本发生在批捕起诉阶段，也就是检察机关正在审查逮捕或者正在审查起诉阶段，而不是像指导性案例那样人民法院已经作出生效判决，这是在办案的过程中。因为这些案件等到判决还有个过程，等到判决再发布就来不及了。当下的针对性的解决实践中适用法律的问题，怎么看这个行为的性质？怎么看证据？怎么适用法律条款？采取怎样的刑事政策？这就是急迫性，有针对性地及时地发布这样的案例，就是为了指导实践。这是第二个特点，没有等到判决裁定生效。从目前看，这些案件还没有出现适用法律方面的问题，说我们发布这个有什么问题了。因为我们一直讲，体现法治的精神，用法治的精神，来处理这些案件，既无不及，又无过度，不是抓人越多越好，但是，严重的犯罪，妨碍国家秩序安全防疫的犯罪必须及时予以惩处。

第三个特点，这批案件有两批次是与公安机关一起发布的，这个从来也没有过。因为根据法律规定，最高人民法院、最高人民检察院才有权制定指导性案例，这次我们是作为典型案例与公安联合发布，因为这些案件都处在公安移送检察机关的过程中，有的移送逮捕，有的移送起诉，检察官要审查是不是批准逮捕，是不是决定起诉。公安机关主动作为，侦查了一批案件，立案侦查了一批案件，在这个过程中，检察机关作为法律监督机关是有责任介入侦查，与公安人员一起就证据问题达成共识。在这个过程中，我们就适用法律，就一些犯罪的认定达成共识，对于追诉犯罪，保护无辜非常重要。

我举个例子，初期，一些地方把那些确诊的或者疑似的人，逃避隔离，造成传染病传染等，定性为以危险方法危害公共安全罪或者过失以危险方法危害公共安全罪。但是，经过执法活动，我们逐渐达成共识，很多的这类案件，都以妨碍传染病防治罪这样一个较轻的罪名处理了，毕竟是特殊时期。而且这种犯罪中，犯罪嫌疑人往往是患者，又不能采取强制措施，我们必须首先保证他的治疗、就医，这是人道主义的要求。就医好了之后，再酌情依法作出妥善的处理。有很多也从轻处理了，毕竟他主观上没那么深的恶性，不是说故意地传播。极个别地发生了几起故意传播，知道自己有病了，故意到公共场所搞一些故意的活动。比如，我们也看到一些往电梯的按纽上吐唾沫等案例，这是极端的，现在全国也是两位数以内，十几件，绝大多数还都不是故意的。违反了一些隔离规定，导致一些人被隔离，对这一类的，我们还是要追究，但是采取很轻缓的政策，特别是他是患者的时候，首先保证他的治疗，先治病，把病治好了再考虑其他问题。

主持人：很多网友提到涉疫情案件，都能不自觉地想到17年前，2003年"非典"的时候。我们这次新冠肺炎疫情公布的典型案件和2003年"非典"的时候好像有很大的不同，诈骗犯罪占了40%，请问这种不同体现在哪里？或者有哪些表现？

孙谦：这次新冠肺炎疫情与"非典"都属于突发的重大公共卫生事件，对我们都是非常严峻的考验。我们也查阅了一些资料，也对一些适用法律政策的问题进行回顾、比较，因为这都是非常时期。应该讲，当时案件还是少的，全国就发生了300多件，被追究刑事责任的500人左右。这次新冠肺炎疫情到目前为止，被追究刑事责任的是2003年的十倍。2003年的一些犯罪，主要是假冒伪劣、医疗器材、防疫产品，再有就是制造传播社会恐怖信息。主要是这一类的，案件量也不大。今年新冠肺炎疫情发生的犯罪，一个是数量涨了，再一个，最突出的特点就是我们进入了网络时代，居家犯罪明显增加。什么叫居家犯罪？就是通过网络，尤其是诈骗，通过网络非法的募捐、非法的倒卖医疗器材、防疫用品等，非法的活动非常的突出。我们查办的案件有40%是网络诈骗，应该算比例很高的了，这是一个突出的特点，也是我们网络时代的一个特点。

这个阶段，反而一些重大恶性犯罪明显下降，像入室抢劫、强奸、盗窃等。因为大家都不出门了。同时，我们作为司法机关，应对这些突发事件，有意识地保障国家安全和抗疫秩序这方面的自觉性和意识确实提高了。我们讲，虽然大家把疫情比作战争，它是一个战"疫"，和战争还是不一样。真正战争的时候，是不讲法律的，但是疫情必须讲法律，防疫必须在法律的轨道上有秩序才是最重要的。司法机关还是有意识的在党中央的指挥下，在总书记的亲自指挥下，做好我们的工作，发挥好我们的作用，这方面的意识是非常强的。我们每天都在关注各地的情况，而且在这个过程中，各地检察院也是非常的敏锐，有重大情况马上报告，而不是说第二天报告。我们都是 24 小时值班，这些案件发生，你们会注意到，我们发布的典型案例里头，有一些发生才不到一个礼拜，已经被作为案例来指导全国。

河北省曲周县检察院检察干警开展疫情防控、法治宣传和法律咨询等工作

主持人：这就是您刚才说的及时性？

孙谦：对，同时我们也是有意识地向社会传递一个信号，哪些行为是合法的，哪些行为是坚决不可以的。特别是在疫情期间，有些行为特殊时期、非常时期，有些行为就是不可以的。但是我们还是采取一些宽管的政策，比如隔离小区管理，一些人与小区人员发生争执了，我们不会轻易地以妨碍公务罪来追究，这是我们的一个理念。同时，敏感性还体现在各级检察长都值班，监控着整个秩序，监控着法律实施的状态，一有情况，最高检就会知道，我们连夜就会研究法律问题，这种案件到底抓他还是不抓他，是保护还是惩治等。我们从初三开始上班，一些业务骨干、业务人员一直到现在，每个礼拜都在加班，研究这些法律问题。同时，在这个过程中，我们也发布了好几次，通过答记者问的形式，回答基层执法中遇到的问题。通过答记者问的形式，来回答问题，告诉大家这个特殊时期，非常时期，我们的执法应该有什么样的理念、什么样的政策、什么样的行动，保证国家的秩序和安全。

主持人： 您有没有一些典型的案例跟我们分享一下？

孙谦： 刚才说到的第三个特点就是网络时代，利用网络诈骗的占40%，这个比例是比较高的了，有新的时代特点。很多犯罪是居家犯罪，没有出门，就实施了犯罪，就是在网络上实行非法的募集资金、倒卖医疗物资、防疫物资等。2月下旬，江苏连云港检察院办了一个案件，是当时由于疫情的原因，学校举行空中课堂、网上教学，犯罪分子就混入家长群，冒充班主任，收取各种费用进行诈骗。这个案件发生之后，我们非常警觉，因为全国各地都在举行网络教学，这种案件可能会时有发生，造成社会的恐慌。实际上诈骗分子骗的钱每笔都很少，几十块几十块的收，天天在收家长的钱。越是几十块钱，家长也不在意，就交了，积少成多。这个案件发生之后，我们及时与公安机关联系，

中华人民共和国最高人民检察院
The Supreme People's Procuratorate of the People's Republic of China

| 首页 | 机构设置 | 检察新闻 | 工作信息 | 检察业务 | 检察院建设 | 12309中国检察网 | 2021年02月04日 星期四 |

当前位置：首页 > 重点推荐

江苏：发布依法惩治以线上教学名义实施网络诈骗犯罪相关情况

时间：2020-02-28　作者：卢志坚 时以全　来源：检察日报　　　　　　　【字体：大 中 小】

家长群里冒充教师行骗，122人中招

江苏：发布依法惩治以线上教学名义实施网络诈骗犯罪相关情况

本报南京2月27日电（记者卢志坚 通讯员时以全）"受疫情影响，需要参加网络辅导课并缴纳辅导费。"犯罪嫌疑人李某使用QQ进入江苏省南京市某小学英语复习群后，冒充任课教师发布了这一虚假消息，骗取两名被害人各1300元。公安机关侦查发现，李某的账户有大量资金流入，且账户所进资金中关联全国多地30余名被害人。2月27日，犯罪嫌疑人李某被南京市江宁区检察院批准逮捕。当天，江苏省检察院通过网络召开新闻发布会，发布江苏检察机关依法惩治以线上教学名义实施网络诈骗犯罪相关情况，分析此类犯罪的新特点，并对广大家长出提醒。

记者了解到，新冠肺炎疫情发生以来，各地教育部门和学校、培训机构相继延期开学并因地制宜积极组织开展线上教学。江苏检察机关在办案中发现，犯罪分子潜入家长微信群、QQ群，冒充学校教师或班主任，以疫情期间不能到校现场缴纳费用为由，骗取学费或材料费，连云港、南京、苏州等地共发生此类案件10起，公安机关已立案10件，涉及被害家长122人，诈骗金额达12万余元。

迅速地作出逮捕的决定，追究他们的刑事责任。同时，检察机关向网络管理部门、教育部门、学校发出检察建议，请他们弥补漏洞，防范各种犯罪，也提醒家长们，要提高警惕。这个案件我们公布之后，很快这类犯罪就消失了，因为大家提高了警惕，采取了防范措施，就杜绝了这类犯罪。这个案件我个人觉得对整个社会的提醒、提示、增强防范意识都是很有价值的。我们也特别感谢网络管理部门、教育部门，他们都非常的配合，很快让这方面的犯罪消失了。

主持人：我们知道，最高检专门以"依法保障复工复产"为主题发布了典型案例。为什么是依法保障复工复产，这当中有什么考虑？

孙谦：疫情发生之后，我们整个国家的秩序、生产生活都受到了非常大的影响和冲击。这不仅是我们国家，国外也有这样一种平衡，一方面要防疫，另一方面要复工复产，只防疫不复工复产肯定是不行的，社会正常生活、保障人民的供给，这些都会有问题。只复工复产，人员聚集，会给防控带来巨大的困难，党中央和总书记是高瞻远瞩，对这个问题，既要防疫，又要有序地复工复产，保障人民生活需要。不仅我们国家在权衡，不仅外国在权衡，包括具体在我们司法机关也在权衡，既要有效防止疫情，阻断疫情，同时又要生产那些人民生活需要的产品。

在这个过程中，我们第六批发布的，就是专门就保护民营企业发布的一批案例，在这个过程中，去研究促进、保护、支持民营企业尽快地复工复产。因为民营企业在我们国家的经济社会贡献中是很大的，我们很多就业，百分之八九十的就业都是靠民营企业来解决的。这么多年以来，最高检就司法机关、检察机关如何保障民营企业，保障民营企业家的安全、人身财产安全、正常经营活动等。同时，民营企业家也是人，有的也构成了犯罪，要依法平等追究。

但是，方式方法上一定要妥当，不能因为查办一个民营企业家，就使一个企业倒闭了，这个事情我们是尽力避免的，轻缓地处理，特别是有些犯罪不是那么严重的，当然严重的该怎么办就得依法追诉了。有一些过失的，比如骗

企业恢复生产后，北京市怀柔区检察院检察官到企业回访

取贷款，我最注意这方面的案件了，实际上很多民营企业家，他没有骗的故意，只是客观原因导致资金链断了等，导致他没法偿还。他不是故意的想骗这个，像这类的案件，是不是以犯罪来追究，我们都在研究。他没有这种占有的故意，我们社会生活是复杂的，经营活动中一些违约、一些资金断链等等时有发生的，这些原因的情况下，我们主张不要追究他的刑事责任。追究之后，他的企业被变卖了，倒是还上银行钱了，但是这个企业消失了。所以，**在这些问题上，我们必须有全局的考量、战略的思维，为民营企业的发展提供更多的支持，包括法律方面的支持。**

有的网友或者朋友说你们在特殊保护民营企业家，其实我们都是这样的一个政策，包括国企也是这样。但是国企好在哪，国企的领导出事，马上就可以派去新的领导，而民企不是这样的，他很可能这个老板被抓起来之后，这个企业就倒闭了，家族式的特点更明显。而我们国企是党领导的企业，干部管理等都是党统一领导、统一调配，国企的领导人出现问题，随时可以更换，可以接替。

主持人：感谢孙检今天在多个维度、多个角度非常详细的解答，由于时间关系，我们今天的节目到这里就全部结束了，各位网友再见。

民主与法制时报

疫情防控中的"检察人"

薛应军　2020 年 5 月 17 日

> 他们"舍小家，为大家"，下乡入村，深入疫情防控一线，和广大驻村干部、村民志愿者一起"逢车必查、逢人必检"，书写着新冠肺炎疫情防控中"检察人"的故事。

　　"测量一下您的体温，没有什么非办不可的事，请暂时不要外出。"这是内蒙古呼和浩特市赛罕区人民检察院工作人员参与新冠肺炎疫情防控期间说得最多的一句话。该院检察长云志宏说，疫情期间"一层口罩就是防护伞，一碗泡面就是能量棒"。

　　今年 1 月 27 日，接到包村防控紧急通知后，曾参与过 2003 年"非典"防控工作的云志宏，及时通过电话、微信等部署工作。第二天上午，他带领党组成

员和检委会专职委员到包片村镇紧急摸排。1 月 31 日上午，该院首批 22 名干警整装出发到榆林镇各村防控点参与疫情防控；2 月 1 日上午，10 名干警入驻金河镇 10 个村级防控点。当天，赛罕区检察院第五检察部干警郭浩洲迅速进驻金河镇南豪沁营村。

舍小家，为大家

"每个人都有自己的困难，但舍了小家，大家才能安定。"郭浩洲说，作为检察干警，他必须冲锋在第一线、战斗在最前沿，一切都是自己应该做的。

郭浩洲的同事巴特尔今年 30 岁，是赛罕区检察院法警队的普通干警。接到下派村镇参加疫情防控工作任务后，他来不及整理行装，匆匆赶赴乡村防控点值守，对过往车辆、进出人员登记、测量体温。因参与疫情防控，父亲弥留之际，巴特尔都未及时赶回去见上最后一面。

郭浩洲说，大灾无情，大爱无言。巴特尔的父亲常年卧病在床，他可以向院领导如实禀报，申请就近工作，但他把瘫痪在床的父亲交给妻子照顾，全身心地投入疫情防控中。

在疫情面前挺身而出的，还有赛罕区检察院的许多一线女干警。该院综合业务部工作人员张婷，作为"90 后"新晋"宝妈"，疫情发生后，毅然将 3 岁的儿子送到公婆家，自己深入榆林镇口可板村参加疫情防控工作。张婷说，她的丈夫、哥哥、爸爸、妈妈大年初三就已经深入疫情防控一线工作了，她不能落后，更不能掉队。在抗疫的空隙，张婷十分想念孩子，但她不敢和孩子通电话、聊视频，只能偷偷地看看公婆录制好的视频。

如今再回首这段岁月，张婷说收获很大。她驻守的口可板村，60 多户人家大多数是老人。他们刚到村里，一名 70 多岁的老党员和一名幼儿园教师，自愿加入疫情防控队伍，参与值守工作，每天早上六七点到，晚上六七点走，

内蒙古自治区呼和浩特市赛罕区检察院检察干警在村防控点值守、登记、测体温

这让她颇为感动。

　　该院工作人员郑晓进的情况和张婷颇为相似。郑晓进的妻子是当地武警医院的一名护士，正月初四，她报名参加赴武汉医疗后备队。起初，郑晓进颇犹豫，家里两个孩子，大的 6 岁，小的 2 岁，都需要妻子照顾。但妻子说，作为老党员、业务骨干，她没有理由不冲在前面。

　　妻子的话触动了郑晓进。"在重大考验面前，共产党员应该有担当。"几天后，郑晓进把孩子托付给家里老人，前往榆林镇阳曲窑村防控点"党员先锋岗"值守、登记、测体温。

你们"很不容易"

"不要出门，按时消毒，妈妈忙完就回家。"这是疫情防控期间赛罕区检察院刘洋常对孩子说的话。进驻金河镇西黑炭板村疫情防控点第 5 天，刘洋遇到了人生最感动的一幕：中午 12 点左右，她正吃泡面时，一位约 60 多岁的大爷坚持要捐款给他们。

刘洋回忆说，当天，她正在吃泡面，一抬头，看见一只枯瘦的手，夹着 200 元钱伸了过来。她愣住的一刹那，老人看着她认真地说，"你们守在村口的人辛苦了！这是我的一点心意。你们每天待在这里很不容易！拿着，买个口罩或吃的东西吧！"老人朴实无华的话，让刘洋心里暖暖的，再次登记信息、测量来访人员体温、为来往车辆消毒杀菌时，刘洋感觉浑身轻松了不少。

这和张婷等人初到村里的感觉有些不同。张婷刚到口可板村时发现这里口罩紧缺，大多数村民，包括工作人员都没有口罩。"劝大家出门要注意防护，戴上口罩。脾气好的人，不理你；脾气差的人，冲着你吼'我上哪去买口罩'。"张婷说，刚开始，电视、广播到处播放疫情信息，村民心里也着急，但当时防疫物资紧缺，许多人心里有抱怨，情急之下，她把家里之前买的 20 个口罩捐了出去。但这对全村人来说是杯水车薪，张婷又紧急联系了之前常带孩子去看病的诊所，自掏腰包买了 40 多个口罩。

真心实意为村里解决问题，许多村民越来越支持张婷她们的工作。"偶尔碰见有人去村里公共厕所忘戴口罩了，提醒一下，他会略带歉意地笑笑，说话也不'冲'了。"张婷说。

这和张婷同事姜文倩驻守的金河镇大一间房村的情况十分相似。姜文倩和大一间房村委会防疫人员发现，许多村民认为疫情离自己很远，不愿意佩戴口罩。一天，一名住在城里的年轻人回村给母亲送药，老人想留儿子吃完饭再走。姜文倩等人按照疫情防控要求劝说老人无果后，年轻人主动向老人介绍疫情形势，最终说服了老人。儿子在村口将药交给母亲后返回。这让许多村民逐渐转变观念，也越来越配合疫情防控工作。

但姜文倩的同事袁冬冬则幸运得多。袁冬冬到榆林镇古力半村驻守后，及时配合驻村第一书记、村民志愿者封闭村南口，对出入村人员进行登记、测量体温、消毒，还以个人名义向该村村委会捐款200元用于给村民买口罩。

袁冬冬的细心、热情，赢得了许多村民的好评，他们或为她煮水饺、蒸烧卖，或给她烤红薯、煮玉米。再回忆这段经历，袁冬冬说，在静谧、祥和的古力半村，她获得了淳朴的友谊，体会到当地村民的朴实、善良、友好。"我为

疫情防控期间，检察官到村防控站点巡查，落实防控要求

自己曾守护过这座村庄的平安而自豪！"

"变化的是办公环境，不变的是职责和使命。"赛罕区检察院案管中心干警高桂萍说，女干警疫情防控期间提前结束假期，迅速返岗，没有案卷和提审，但大家分秒必争、素面朝天，换掉高跟鞋，带上方便面、馒头片，"一壶热水、一片赤诚"撑起了检察人抗疫的"半边天"。

云志宏说："当大灾大难来临时，大家会深刻感受到，你和我奋力保卫的正是我们挚爱的家园！"

2月，北国的风还有些冷；5月，祖国北疆已烈日当空。截至目前，赛罕区检察院共派出8批200余人次参与疫情防控。他们深入一线，下乡入村，和广大驻村干部、村民志愿者一起"逢车必查、逢人必检"，写就了疫情防控中"检察人"的故事。

检察机关在『专』字上下功夫，以高标准、专业化的办案服务保障打好防范化解金融风险攻坚战

——经济日报◎李万祥

04

担当

CMG
中央广播电视总台

最高检：今年 1 月至 9 月全国共批捕
各类证券期货犯罪 102 人

央广网　王启慧　2020 年 11 月 6 日

> 11 月 6 日，最高检、证监会联合发布 12 个证券犯罪、违法典型案例，包括 6 个刑事犯罪案例和 6 个行政违法案例，覆盖利用未公开信息交易案、编造并传播证券交易虚假信息案、非国家工作人员受贿案、上市公司财务造假、信息披露违法、操纵市场等当前证券期货违法犯罪的主要类型。

　　最高人民检察院检察委员会委员、第四检察厅厅长郑新俭介绍，2017 年至今年 9 月，全国检察机关共批准逮捕各类证券期货犯罪 302 人，起诉 342 人。其中，今年 1 月至 9 月批准逮捕 102 人，起诉 98 人，分别同比上升 15% 和 27%。

　　"从近年来检察机关办理的证券期货犯罪案件类型来看，内幕交易、利用未公开信息交易等证券交易环节的犯罪相对较多，占 65.7%。但今年以来，受理的欺诈发行、违规披露等涉上市公司犯罪案件明显增多。"郑新俭表示，当前证券期货犯罪案件呈现出"新""专业""隐蔽""逐利"四个特点。

　　"新"——证券期货犯罪涉及产品从股票、期货发展到私募债券、期权，作案领域由主板、创业板、中小板向新三板市场蔓延，还出现了跨境、跨市场犯罪案件，利用新概念、新技术实施的犯罪案件也在持续增多。无论是犯罪类型、涉及领域，还是犯罪方法手段，都呈现出新的态势。

"专业"——从事证券期货犯罪的大部分人员，是证券期货从业人员或者这方面的"行家里手"，以及会计师事务所等专门中介机构。

"隐蔽"——内幕交易、利用未公开信息交易等案件中信息传递方、接收方通常会形成攻守同盟，常常出现"零口供"。郑新俭介绍，操纵证券市场案件中，有的操控亲友账户以及其他非法获取的账户进行交易，有的依托资产管理计划以及特定金融机构的特殊业务隐藏真实身份，查证交易账户实际控制人难度大。

"逐利"——无论是上市公司法人、高管、股东，还是证券期货从业人员，都为了牟取私利罔顾法律、毫无底线，严重损害其他投资者的利益。6 个典型案例中，操纵市场、利用未公开信息交易、内幕交易涉案金额特别巨大，非法获利都在千万元以上。

郑新俭表示，针对以上情况，检察机关将有重点地培养一批既懂证券又懂法律的复合型专业人才；检察官从侦查阶段介入侦查、审查逮捕开始，就围绕

最高人民检察院网上发布厅

最高检、证监会联合发布证券违法犯罪典型案例

发布时间：2020年11月06日

11月6日下午，最高人民检察院联合中国证券监督管理委员会召开以"依法从严打击证券违法犯罪 维护金融市场秩序"为主题的新闻发布会，发布12起证券违法犯罪典型案例，包括6起证券犯罪典型案例、6起证券违法典型案例。

（一）证券犯罪典型案例

案例一：欣某股份有限公司、温某乙、刘某胜欺诈发行股票、违规披露重要信息案

一、基本案情

欣某股份有限公司（以下简称欣某）原系深圳证券交易所创业板上市公司。该公司实际控制人温某乙与财务总监刘某胜为达到使欣某公司上市的目的，组织单位工作人员通过外部循环、使用自有资金或伪造银行单据等方式，虚构2011年至2013年6月间的收回应收款项情况，采用在报告期末（年末、半年末）冲减应收款项、一会计期间初冲回的方式，虚构了相关财务数据，在向证监会报送的首次公开发行股票并在创业板上市申请文件和招股说明书中记载了上述重大虚假内容，骗取了证监会的发行核准，公开发行股票募集资金2.57亿元。欣某公司上市后，于2013年7月至2014年12月间，沿用前述手段继续伪造财务数据，粉饰财务状况，并分别于2014年4月15日、2014年8月15日、2015年4月25日向公众披露了虚假和隐瞒重要事实的2013年度报告、2014年半年度报告、2014年年度报告。

指控证明犯罪目标，开展引导取证、法律论证等工作，用好退回补充侦查，实行全程跟踪的"靶向"监督；在办理新型复杂证券期货案件时，建立辅助办案机制，向专业部门、专家学者寻求智力支持；通过司法解释、指导性案例加强办案指导。

针对6个证券违法典型案例，中国证券监督管理委员会行政处罚委员会办公室主任滕必焱介绍，案例呈现出近年来违法行为的新特点、新趋势，如雅某股份通过虚构境外项目实施财务造假，是近年来影响恶劣的虚假陈述案件；廖某强操纵证券市场案，是非特殊身份主体借助互联网公开荐股牟利的"抢帽子"操纵第一案；通某投资公司操纵证券市场案，是私募基金管理人利用资管产品进行操纵的新型案件；吉某信托公司内幕交易案，以单位为主体实施内幕交易。

滕必焱介绍，党的十九大以来，证监会全系统共作出行政处罚决定810件，市场禁入决定82件，罚没款金额193.04亿元，依法从重从快从严惩处各类重大违法案件，释放出"零容忍"的鲜明信号，为注册制改革及资本市场健康发展提供坚实的法治保障。

经济日报
ECONOMIC DAILY

检察机关着力提升专业办案能力

李万祥　2020 年 7 月 11 日

针对金融犯罪越来越具有隐蔽性、迷惑性等特点，检察机关在"专"字上下功夫，以高标准、专业化的办案服务保障打好防范化解金融风险攻坚战。

防范化解重大风险是全面建成小康社会的重要保障。近日，上海、重庆等地检察机关制发检察建议、情况通报、检察白皮书，助力完善金融监管制度，筑牢金融风险"防火墙"。

打击重点领域犯罪

2020 年 5 月，全国首例涉证券领域犯罪人员适用"从业禁止"案宣判。上海市第二中级人民法院对一起内幕交易案被告人宁某判处有期徒刑 1 年，同时对其处以"从业禁止"，即禁止宁某自刑罚执行完毕之日起 3 年内从事与证券相关的职业。

据了解，2016 年 2 月，时任广州某证券公司项目经理的宁某，全程参与一个并购重组项目，在利用其职务便利获取内幕信息后，与其妻樊某在内幕敏感期内，共同商量、筹集资金、操作股票，非法获利 17 万余元。公诉机关指控二人犯内幕交易罪成立，并当庭建议法庭对宁某适用从业禁止。

"庭审中，公诉人通过这起真实案件使社会公众对内幕信息的内涵外延以及内幕信息敏感期的认定等内容有了感知，达到了一般预防和特殊预防的刑罚目的。"华东政法大学教授毛玲玲观看庭审后表示，内幕交易等证券犯罪直接损害投资者的合法权益，严重破坏资本市场"公开、公平、公正"的三公原则，扰乱资本市场筹集资金功能和交易秩序，是不容忽视的引发社会经济危机和社会动荡的潜在诱因，应当高度重视。

成功办理全国首例涉证券领域犯罪人员适用"从业禁止"案，是上海检察机关"精"办的典型案件之一。上海市检察机关紧扣城市特点，加大对金融犯罪惩治力度，努力为上海国际金融中心建设提供更好的法治环境保障。2019年 12 月，上海检察机关出台防范化解金融风险 28 条措施。至今年 5 月，全市检察机关受理审查逮捕非法集资类案件同比下降 25.9%。

围绕私募基金、银行保险、证券信托等金融犯罪高风险领域，检察机关强化类案分析研判。日前发布的《2019 年度上海金融检察白皮书》显示，从主

图为《2019 年度上海金融检察白皮书》新闻发布会现场

要案件类型看，罪名分布前三的案件为非法吸收公共存款、信用卡诈骗和集资诈骗。2019 年，金融犯罪呈现出传统罪名和新罪名案件并发，案件类型多样化的特点。涉证券领域犯罪中，违规披露重要信息案 4 件 16 人，背信损害上市公司利益案 1 件 2 人，欺诈发行债券案件继 2017 年首次发案后连续 3 年出现。

非法集资犯罪呈现"互联网 +"的特点，设计较为复杂的返利模式，以高科技、技术热点为幌子……近年来，新型金融案件疑难复杂程度明显加大，呈现出犯罪手段不断翻新，隐蔽性和迷惑性增强；犯罪影响面广、办案难度大；犯罪手段呈网络化、专业化发展等特点；互联网金融催生新的犯罪形态，亟须重视防范。

对此，检察机关建立专业办案机制，提升金融检察队伍专业化水平。2019 年，重庆检察机关完成内设机构改革，渝中区、江北区检察院根据地处金融核心区、金融案件数量大的实际情况，成立金融犯罪检察部。其中江北区检察院还在江北嘴金融中心设立金融检察办公点，护航重庆金融核心区建设；上海建立全国首个省级院"金融检察研究中心"，并在三个分院分设证券期货、银行保险和金融创新研究分中心，提供"专门、专业、专家"的法律服务。

加大洗钱犯罪打击力度

"注重同步审查洗钱犯罪"，"会同监察机关、公安机关形成发现、查处洗钱犯罪的工作合力"，"善于从上游犯罪事实证据中挖掘、发现掩饰、隐瞒犯罪所得来源、性质的线索"。6 月 30 日，山西省人民检察院召开反洗钱工作动员部署电视电话会议，对全省检察机关反洗钱工作作出部署安排。

"近年来，通过非法买卖外汇方式洗钱的产业链'浮出水面'"，"当前外汇犯罪形成了内地与港澳跨地区合作、国内与国外相互勾结的全链条作案，涉案资金日益增大，作案方式更加隐蔽"。6 月 29 日发布的《2019 年重庆市检

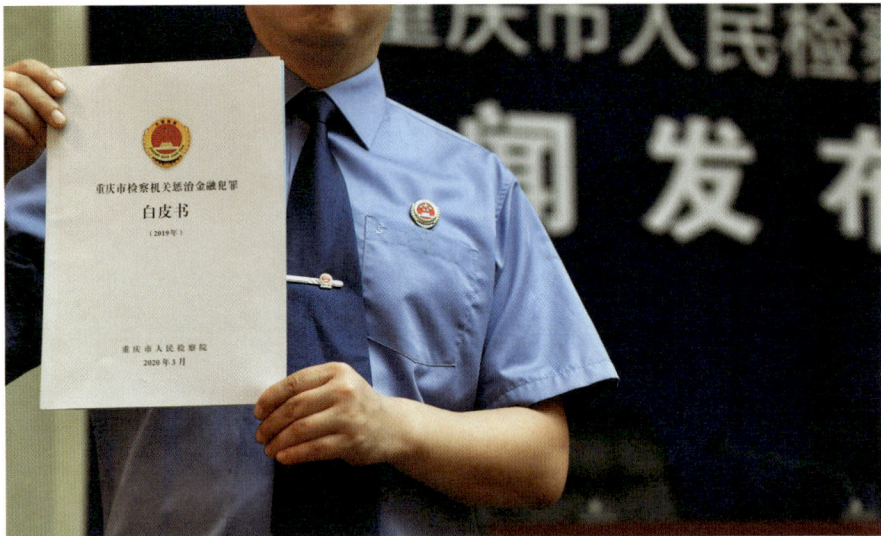

《2019 年重庆市检察机关惩治金融犯罪白皮书》

察机关惩治金融犯罪白皮书》揭示出金融犯罪的这一新特点。

　　据介绍，在检察机关办理的曾某某等人非法经营案中，不法分子以合法经营为掩护，非法买卖外汇和正常合法经营并存，通过控制国内和国际、内地和港澳银行账户以"对敲"方式非法买卖外汇，切断资金之间的关联，利用境外小众软件进行共谋和交易联络，涉案金额巨大。

　　在上海检察机关办理的涉银行领域案件中，外汇、洗钱犯罪在 2019 年均有案件发生，受理逃汇案件 4 件 19 人，骗购外汇案件 3 件 6 人，洗钱案件 5 件 5 人。上海检察机关依托公检联席会议、金融检察官联席会议，推进重大疑难、新类型案件提前介入、联合会商，确保办案质效，重拳打击黑灰"产业链"。2019 年 12 月至 2020 年 5 月，上海检察机关依法追捕追诉帮助洗钱、提供信息网络服务、买卖身份证件和银行账户等犯罪 20 件 22 人。

　　检察机关办案发现，当前金融违法犯罪行为手法不断翻新、犯罪链条不断拉长。一方面，专门为非法金融活动提供技术信息服务的非法平台作用凸显；另一方面，金融违法犯罪的帮助型、后续型犯罪突出，最为明显的是洗钱类犯罪。

首先，非法平台成为联结、复制、扩散金融犯罪的重要节点。其次，洗钱案件多与非法集资相联系。自2016年起，上海市每年均有洗钱案件发生，2019年受理洗钱审查起诉案件5件5人，其中4件均与非法集资犯罪相关联。尤为值得关注的是，利用虚拟币及第三方非法平台洗钱的现象，进一步加大了犯罪线索的侦查和追踪难度。

今年初，最高检要求，各级检察机关要从反洗钱国家战略和金融安全高度，发挥好主导作用，改变"重上游犯罪、轻洗钱犯罪"，以及对证明有难度的下游犯罪习惯性适用其他罪名的问题，加大洗钱犯罪打击力度。据了解，最高检已正式成立了反洗钱工作领导小组。

强化监管源头治理

去年，最高检向中央有关部门发出第三号检察建议，推动强化金融监管，促进源头风险防控。目前，各地检察机关通过与相关金融监管部门召开座谈会、通报情况、发布检察白皮书等形式深化落实"三号检察建议"，助力防范化解重大金融风险。

重庆市检察院检察四部主任刘伟介绍，江北区检察院与区金融办、区市场监管局等五部门联合出台《重庆市江北区预防金融犯罪工作办法》，注重源头治理，形成"发现、协作、处置"一体化金融犯罪预防工作机制。重庆市检察院与重庆银保监局签署了《关于在惩治金融犯罪、防范化解重大金融风险中进一步加强协作配合的会议纪要》，将共同建立六项协同防范金融风险工作新机制，为重庆高质量发展和成渝地区双城经济圈建设贡献力量。

上海检察机关自主研发金融检察大数据墙，实时展示银行、证券、保险等各领域犯罪情况等，为分类研判、风险防范、精准治理提供数据支撑。上海市检察院还联合人民银行上海总部、银保监局、证监局、金融局、市场监管局组成的"上海金融检察联席会议"制度，加强线索通报、数据融合、智慧借助和办案协作。在基层检察院探索建立金融风险大数据平台，实现区域内金融监管数据互通。

据了解，检察机关完善与金融机构、行业监管部门协同配合机制，采取刑事、民事、行政等手段综合施策，把依法办案、追赃挽损、维护稳定结合起来，防止经济金融风险演化为社会风险。

就当前金融检察办案中发现的问题，检察机关提出了一系列建议，包括：建立司法机关与金融行政执法机关的协作配合机制，健全金融违法犯罪案件双向移送机制，建立从业人员违法信息共享制度，探索金融领域中小投资者保护公益诉讼制度，强化资本市场中介机构"看门人"职能，依法追究怠于履职的法律责任等。

中国青年报

电信诈骗黑手伸向线上新学期

李超 顾成琪 2020 年 3 月 16 日

今年 43 岁的浙江天台人张永（化名）被骗了，骗子是孩子的"班主任"。

最近受疫情影响，张永的孩子在家上网课。前不久，微信家长群内"班主任"发通知：网课效果有限，将在开学后办一个"晚托班"进行补习，要求每位家长微信转账 1300 元。此前学校曾明确表示，任何要求家长在网上缴费都是假的，任何费用都要去学校缴纳。

为此，张永还特地打电话向老师求证。不巧的是，那天老师的电话没打通，而家长群里也没人澄清。"1300 元也不算多，我就直接转账了。"后来，张永发现自己被骗了：此"班主任"并非孩子真正的班主任，而是不法分子在微信家长群内"冒名顶替"的。

张永的遭遇并非个案。疫情期间，教育部门要求各地"将线下课程转移到线上"，做到"停课不停学"。各地学校与教育机构纷纷展开网上教学，一些不法分子也在寻找可乘之机。他们通过 QQ、微信群搜索关键词"家长群"，以学生家长身份潜伏到班级群中，随后把昵称和头像都改得和老师一

未检检察官开启"线上普法"，提高学生防诈骗意识

致，冒充老师，通过发布"交学费""交资料费"等通知骗取钱财。

"老师发的还能是假的吗？"

"老师发的还能是假的吗？家长跟老师很熟，平时接孩子都能碰到。平心而论，现在只要关系到孩子，群里老师一说要交钱，咱家长肯定立刻给交上啊，而且当时催得又急，只好赶紧交了。"谈起被骗经历，安徽人周术（化名）说。

周术在江苏常州打工，孩子在常州上幼儿园大班。2月11日，像往常一样，周术在家做家务，孩子在看动画片。"当时群里新加进来两个家长，谁也没在意。其中一位家长叫'小雨妈妈'。"

下午4点前后，刘老师提醒家长将孩子学"系鞋带"的视频传到群里——这是孩子们近期的家庭作业。

20分钟之后，"刘老师"再次发布了信息："各位家长大家好：接上级通

知，现开始收取幼儿园学费 3820 元。统一二维码缴费后截图发群里，由老师统一凭支付截图登记名字上报！感谢家长的配合与支持！"

周术当时有些疑惑：往常学校都是在微信群发消息，清楚地写着学费、生活费各多少，让家长去学校缴纳。"不过今年因为疫情，学校提醒我们不要聚集，在网上缴费也有可能。"周术说，"去年学费是 3600 元，从小班到现在，学费每年都在涨，多了 200 元，我们也觉得很正常。"

刘老师让家长交作业和"刘老师"让家长缴费的两个通知前后相差不过20 分钟，周术认为："微信群是老师建的，老师也在群里。如果是骗子，肯定立刻就被发现了。"

扫码后，周术发现收款方是一个名为"郑州市金水区云龙电子产品商行"的商户。这个河南的账号再次引起周术怀疑。她找丈夫商量，丈夫说："反正迟早要交的，老师发的不会有问题。"

随后，在微信群里，陆续有几个家长交了钱，"刘老师"又一连发了好几遍通知，表示要统计，让家长尽快交钱。周术只好转账。

其间，有家长不放心河南收款方，直接给刘老师打电话确认，刘老师表示，从未发过通知。这位家长立刻通知群里其他家长：这是骗子，不要再转账。

而此时，假冒的"刘老师"还继续发消息，表示"我就是刘老师"。

"我当时还是不信，名字是老师的名字，群也是我们的班级群，怎么会是骗子呢？"周术说。过了好长时间，真的刘老师才站出来表示：自己之前一直在忙，没有看群消息，并强调学校没有发这个通知。

后来，家长们一起追溯才发现：当初进群的两位家长中的"小雨妈妈"，进群不久，就将昵称改为"大三班刘老师"，头像也换成真正刘老师的头像。

"骗子很嚣张，说报案了就让警察来查"

2月10日，在5岁女儿的幼儿园班级群里，29岁的苏州吴江人李琴（化名）收到了一条班主任"沈老师"的通知，要求交学费3700元。李琴一看，头像和昵称都是平常熟悉的沈老师的，就直接扫了二维码。让人奇怪的是，"沈老师"一连发了好几遍通知。

很快有家长感到异常，群里幼儿园另外一位老师也表示没接到幼儿园通知。可是"沈老师"一直在群里强调"没有被盗号""可以缴费，有任何事情我负责"。李琴提供的转账记录显示，收款方是一家名为"贺州市八步区国奥体育用品店"的商户。

后来联系上真的班主任、意识到自己被骗的家长就报了警。班主任帮忙搜索到该商户的具体信息，向两位家长提供了电话号码。当天，一位家长打电话过去。对方很嚣张，"说'报案了，就让警察来查好了'，然后直接挂了电话。"李琴回忆。

2月12日，报警后第二天，一个来自广西梧州的陌生号码主动联系了李琴，表示只要她写一份声明，说明是因个人操作原因，误转了3700元钱到该公司账上，就可以退钱。

按照要求，李琴写了声明，也很快拿到了"退款"，只好去派出所撤了案。"骗子很'聪明'，让我们写声明，他们就不用负法律责任了。"

江苏诺法律师事务所樊国民律师认为，本案中犯罪嫌疑人犯罪行为已实施完毕，犯罪嫌疑人应该依法承担相应的刑事责任。在非暴力型财产犯罪中，由于其侵犯的对象仅限于财产，退赃对恢复遭破坏的社会关系、弥补财产损失的作用明显。所以积极退赃行为，取得受害人谅解，虽然对定性不会产生影响，但是在量刑方面，会从宽处理。

尽管最后"有惊无险"，李琴还是反复叮嘱自己："以后要转钱都要看清楚、问清楚，不能随随便便就转钱了。"

警惕特殊时期伸向家长的黑手

前不久，江苏检察机关发布消息称，经初步统计，目前，江苏省公安机关已立案涉及网课诈骗犯罪 60 件，涉及 256 名被害人，诈骗金额达 37 万余元。

江苏省苏州市吴江区人民检察院第一检察部检察官庄晶表示，此类案件是电信网络诈骗在疫情特殊时期产生的新类型，既有普通电信诈骗案件通过互联网跨区域作案隐蔽性强的特点，又有广撒网潜入班级群、家长群冒充老师容易得手，单笔数额小、受害人报案少的新特点，严重影响疫情防控期间的正常网络教学秩序。"由于单笔诈骗金额不高，部分受害人因为被骗金额小、被骗后难为情等原因没有报案"。

江苏省人民检察院第一检察部主任、二级高级检察官吴炘介绍，犯罪嫌疑人改头换面、转移阵地，将犯罪黑手伸向困守家中的学生和家长这一特殊群体，这类受害人群体人数多，涉案范围广。"这比平时的诈骗行为危害更严重、性质更恶劣，不仅直接造成财产损失，更加重了疫情防控期间学生和家长的焦虑不安情绪，扰乱了正常网络教学秩序和社会秩序。"

"疫情防控期间，家长、老师都需提高警惕，增强防范意识。"庄晶建议，针对教学机构来说，各类 QQ 群、微信群应有专人管理，设置入群验证，实行入群实名制，随时清理不相关的群成员。对家长来说，平时要多留意当地教育部门及学校的官网信息，在缴费前要通过多种方式，核实信息的真实性，不随意向陌生人账户汇款，特别注意不要扫来源不明的二维码付款。如遇到诈骗信息，一定要保存好聊天记录、转账记录等电子证据，并及时向公安机关报案，同时尽快提醒群内其他成员。

中華工商時報
CHINA BUSINESS TIMES

以更优检察履职服务民营经济高质量发展

张文燕 王雪妮 2020 年 11 月 3 日

> 最高人民检察院与全国工商联联合举办"第 36 次检察开放日暨第 31 期德胜门大讲堂",张军、高云龙出席并致辞。

"法治环境没有最好,只有更好,为民营企业服务永远在路上。刚刚闭幕的党的十九届五中全会对促进民营经济高质量发展作出重要部署,检察机关要以更优的检察履职把十九届五中全会精神落实落细,服务民营经济高质量发展。"10 月 30 日,最高人民检察院与全国工商联联合举办"第 36 次检察开放日暨第 31 期德胜门大讲堂",最高检党组书记、检察长张军向参加活动的各界代表发表了热情洋溢的致辞,并对检察机关落实十九届五中全会精神、更好服务"六稳""六保",护航民企发展发出"动员令"。全国政协副主席、全国工商联主席高云龙致辞。

两年前,习近平总书记主持召开民营企业座谈会并发表重要讲话。检察机关在深入学习贯彻习近平总书记重要讲话精神、服务保障民营经济发展方面有哪些举措?张军在致辞时介绍了检察机关的"一揽子实招"——在疫情防控期间出台服务保障"六稳""六保"的 11 条意见,提出的 37 项具体检察政策中

10月30日，最高人民检察院与全国工商联联合举办"第36次检察开放日暨第31期德胜门大讲堂"

有22项涉及民营企业权益保护，专门强调落实"少捕慎诉"司法理念，在办理涉民营企业案件时，切实把"能不捕的不捕、能不诉的不诉、能不判实刑的就提出适用缓刑建议"的政策落地落实；部署开展涉民营企业刑事诉讼"挂案"及刑事申诉积案专项清理工作，重点清理涉民营企业"久侦不决"挂案和刑事申诉积压案件；积极开展错案甄别纠正活动，依法监督纠正错误或者不当生效裁判，健全涉产权冤错案件有效防范和常态化纠正机制，特别是加大对涉民营企业虚假诉讼、恶意诉讼的惩治力度，坚决撕下虚假诉讼行为的"画皮"；发布涉民营企业司法保护的5批21个检察案例；与工商联建立了务实重效的沟通联系机制，定期就民营企业反映强烈的问题进行高层会商、开展联合调研督导……

刚刚闭幕的党的十九届五中全会提出要逐步形成以国内大循环为主体、国内国际双循环相互促进的新发展格局，强调坚持"两个毫不动摇"，突出新发展理念的引领作用，坚持做优法治化营商环境，支持服务民营经济高质量发展。检察机关如何抓实？张军指出，在深入学习贯彻党的十九届五中全会精神，准确把握和践行"十四五"规划、2035 年远景目标进程中，检察机关要全面、深刻领悟精神要义，以更优检察履职服务民营经济高质量发展。

湖北省恩施市检察院干警与企业负责人就经营中存在的法律问题进行交流

　　高云龙在致辞中表示，长期以来，检察机关始终坚持高起点站位，努力为民营经济健康发展提供优质检察产品和法治保障。最高检深入贯彻中央精神，把服务保障民营经济健康发展作为检察履职的重要使命；坚持依法办案，平等保护民营企业和企业家合法的人身、财产权益；强化法律监督，以更大的力度护航民营企业。"依法能不捕的不捕、能不诉的不诉、能不判实刑的就提出适用缓刑建议"的政策精神在民营企业家中引起强烈反响，提振了企业家发展信心和安全感。最高检出台《关于充分发挥检察职能服务保障"六稳""六保"的意见》、建立 12309 检察服务中心接待民营企业窗口"绿色通道"等一系列组合拳，为克服新冠肺炎疫情不利影响、促进恢复正常经济社会秩序、护航民营经济健康发展提供了有力保障。他指出，全国工商联将认真领会党的十九届五中全会精神，持续深入贯彻习近平总书记"法治是最好的营商环境"重要指示精神，和检察机关一道共强法治，协力同心，持续推进法治观念立起来、法治民企建起来、法律服务强起来、营商环境靓起来。

最高检党组副书记、常务副检察长童建明主持欢迎仪式。全国工商联党组成员、副主席鲁勇，最高检检委会专职委员万春出席活动。最高检和全国工商联有关部门负责人参加活动。

6位全国人大代表、全国政协委员，70余位民营企业家，法律专家、律师、工商界代表和人士、首都8所高校法律和工商管理类专业在校大学生代表等近200人参加活动。此次开放日还以"落实宽严相济刑事政策，促进企业合法合规经营""加强知识产权司法保护，创造良好发展环境"为主题进行交流。

湖北省天门市检察院检察官走进企业询问企业经营中遇到的问题，倾听企业负责人的意见建议

北京青年报

BEIJING YOUTH DAILY

挂牌督办孙小果案"操场埋尸"案
成效明显

——专访最高人民检察院党组成员、副检察长陈国庆

孟亚旭　2020 年 5 月 25 日

2018 年 1 月，中共中央、国务院发出《关于开展扫黑除恶专项斗争的通知》(以下简称《通知》)。《通知》指出，党中央、国务院决定，在全国开展扫黑除恶专项斗争。2020 年是扫黑除恶的收官之年。在这场专项斗争中，检察机关如何发挥作用？如何揪出"保护伞"？哪些大要案会被挂牌督办？针对上述问题，在今年两会期间，《北京青年报》记者专访了最高人民检察院党组成员、副检察长陈国庆。

检察机关采取的措施及取得成效

北青报：自 2018 年扫黑除恶专项斗争启动以来，检察机关是如何发挥作用的？采取了哪些措施？取得了哪些成效？

陈国庆：扫黑除恶专项斗争开展以来，在党中央坚强领导下，全国检察机

关认真贯彻落实习近平总书记重要指示精神，将扫黑除恶专项斗争放在检察工作的突出位置，将严格依法办好案件作为服务党和国家工作大局的着力点，充分履行检察监督职能，同步推进"打伞破网""打财断血"及社会治理工作，取得阶段性重要成果。

从专项斗争开展以来到今年 4 月底，全国检察机关共批准逮捕 46500 余件 136560 余人；提起公诉 29280 余件 180850 余人。其中，2019 年批捕 20810 余件 58840 余人，提起公诉 14670 余件 98230 余人。

专项斗争开展以来，社会治安环境明显改善，群众安全感、满意度明显提升，党风政风明显好转，基层组织建设明显夯实，经济社会发展环境明显优化。专项斗争开展过程中，各级检察机关不断提高认识，完善制度机制，狠抓贯彻落实，探索和积累了很多富有成效的经验。

为了确保组织到位，最高检多次专题研究部署，会同有关部门出台指导意

检察院依法提起一起王某某等 17 人涉嫌组织、领导黑社会性质组织案公诉

见，把专项斗争作为重大政治任务抓紧抓实。我们要求各级检察院检察长作为第一责任人，以上率下、以上促下，对于重大涉黑恶案件靠前指挥、亲自办理；要求将中央、最高检和省级挂牌督办等重大疑难复杂案件全部纳入领导包办领办范围。各级检察院高度重视，把专项斗争作为重大政治任务抓紧抓实，形成了省、市、县三级检察院一级抓一级、层层抓落实，上下整体联动，步调一致的工作格局。

为了加快案件办理，最高检督促各级检察机关在涉黑恶案件办理中率先推行"捕诉一体"，一个案件由一个办案组办到底，全面负责案件的批捕、起诉以及诉讼监督等工作。对办案任务较重、办案力量不足的地区，最高检要求充分运用好检察一体化优势，在省市范围内统筹调配办案力量，集中优势兵力对案件进行集中攻坚。对涉黑和重大涉恶案件实现提前介入全覆盖，特别是在捕后诉前加强对公安机关的引导取证，通过实质性引导侦查取证夯实证据体系，力争把证据问题全部解决在侦查环节，从而降低案件退回补充侦查次数和延期次数。对自愿如实认罪、真诚悔罪，愿意接受处罚的初犯、偶犯、从犯、未成年犯，积极适用认罪认罚从宽制度，分化瓦解黑恶势力"攻守同盟"，提高诉讼效率。

开展"打伞破网"工作

北青报： 去年，检察机关在深挖"保护伞"方面主要做了哪些工作？取得了哪些成效？

陈国庆： 张军检察长多次强调，"对'保护伞'，发现不了是失职，发现了不移送是渎职。"专项斗争开展以来，全国检察机关持之以恒把"打伞破网"作为专项斗争的主攻方向和衡量扫黑除恶成效的重要标准，通过线索摸排、提级管辖、异地查办、集中攻坚等方式，排除阻力，扎实推动向铲除黑恶势力滋生土壤延伸。

2019 年，全国检察机关共批捕黑恶势力"保护伞"710 余人，起诉黑恶势力"保护伞"1130 余人，起诉人数比 2018 年上升 137.7%。去年以来，高检院扫黑办专门派员对各地报送的涉黑涉恶"保护伞"线索进行核查，将其中 11 案 140 余条未得到纪委监委等相关部门反馈的涉"保护伞"线索及时向中央纪委国家监委移送。

北青报：今年如何开展"打伞破网"工作？

陈国庆：今年，检察机关将继续坚定不移"打伞破网"，对已经办结的涉黑涉恶案件要查漏补缺，未发现"保护伞"或层级、数量明显不匹配的涉黑和重大涉恶案件要重新回溯核查、扩线深挖；在办案中对查否的线索要实行"零报告"，一律层报省级院备案；对检察人员应当发现"保护伞"而没有发现的，应当核查而没有核查的，依法依纪追究责任。

当前政法干警利用职务便利包庇纵容黑恶势力违法犯罪是"保护伞"的典型方式，其中有一部分犯罪属于检察机关直接立案侦查的管辖范围，对此，要充分利用自侦权加大对司法工作人员相关职务犯罪的查处力度，并在办案中主动听取纪检监察机关的意见，做到纪法衔接，协同推进，对存在办案阻力干扰的，必要时由上级院指定异地管辖办理。

针对案件中暴露出来的社会管理漏洞，主动向行业主管部门发出检察建议，并加强跟踪问效，督促落实监管责任和治理措施，修复执法薄弱环节，强化基层治理实效。

统一司法尺度，坚守"不放过、不凑数"原则

北青报：在统一司法尺度方面，检察系统做了哪些工作？

陈国庆：张军检察长在去年全国两会上的报告中郑重提出，在扫黑除恶专

项斗争中要"坚持以事实为根据、以法律为准绳，是黑恶犯罪一个不放过，不是黑恶犯罪一个不凑数"。一年来，我们坚决落实这一要求不放松，把"不放过、不凑数"作为衡量扫黑除恶专项斗争是否依法规范开展的重要标准。2019年，随着专项斗争进入深水区和攻坚期，最高检专门印发领导小组会议纪要，联合最高法、公安部等部委出台八个规范性文件，进一步统一司法尺度。同时，建立省级院对涉黑及重大涉恶案件统一把关、市级院对所有涉恶案件统一把关工作制度。

截至今年2月底，省级院把关案件数4940余件，改变下级院定性410余件。市级院把关案件数16840余件，改变基层院定性690余件。我们还强化挂牌督办，以点带面排除办案干扰，提升办案质效。我们派员指导了河北杨云忠案、黑龙江刘立案、海南黄鸿发案、云南孙小果案、湖南"操场埋尸"案等在全国有重大影响的一批案件。在全国、各省均建立了扫黑除恶专家人才库，统

2019年12月17日至18日，湖南省怀化市中级人民法院一审对被告人杜某某等人故意杀人案及其恶势力犯罪集团案件进行公开审理并当庭宣判

筹调配，共同研究解决在办理重大涉黑恶案件中遇到的重点、难点问题。

北青报：您曾提到要加强经验总结和成果转化工作，围绕"行业清源"，推动长效常治。您认为检察系统哪些经验值得推广？

陈国庆：扫黑除恶专项斗争既要"治标"，更需"治本"。推动铲除黑恶势力滋生土壤，建立健全长效常治机制是检察机关义不容辞的责任。在推进扫黑除恶专项斗争过程中，全国检察机关克服就案办案思想，坚持"打治建一体发展"理念，不断强化综治参与能力，积极推动社会治理完善，最大限度挤压、铲除黑恶势力滋生的空间和土壤，充分发挥检察机关在推进国家治理体系和治理能力现代化中的职能作用。

从前期统计来看，全国检察机关在办理涉黑涉恶案件过程中发出检察建议共计 10850 余件。其中办理涉黑案件中发出检察建议 2540 余件，占起诉认定涉黑案件的 64.7%；办理涉恶案件中发出检察建议 8300 余件，占起诉认定涉恶案件的 35.7%。收到回复 9760 余份，收到回复率达 90%。各地检察机关也积累了一些好的经验做法。

比如内蒙古检察机关针对检察建议回复率不高的问题，开展全区集中督促检查清理活动，对未整改反馈的，逐案跟踪督促落实。同时综合运用刑事、民事、行政、公益诉讼手段，不断强化对生态环境、矿产资源领域的检察监督，突出对重点生态功能区、生态环境敏感区和生态脆弱区的司法保护。

典型案例传递依法严惩、不枉不纵信号

北青报：在强化刑事诉讼监督方面，检察机关是如何做的？

陈国庆：检察机关坚持在办案中监督、在监督中办案，把监督融入涉黑涉恶案件立案、侦查、审判、执行等刑事诉讼全过程，坚决纠正各类违法办案行为，保障当事人合法权益。

从专项斗争开展以来到今年 4 月底，全国检察机关对以涉黑涉恶移送审查起诉，检察机关依法不认定 9000 余件；未以涉黑涉恶移送的，检察机关依法认定 2140 余件。监督立案涉黑恶案件 1470 余件 3160 余人，撤案 140 余件 170 余人，纠正漏捕 9200 余人，纠正遗漏同案犯 8760 余人，纠正移送起诉遗漏罪行 12510 余人，书面监督纠正侦查活动违法 3030 余件。去年 7 月，我们还发布了检察机关"不放过、不凑数"的五个典型案例，起到了很好的法治引领作用。

案例发布后，社会各界均予以了积极评价，认为典型案例为地方检察机关依法准确办理黑恶犯罪案件，精准判定"涉黑涉恶"犯罪、"非黑非恶"犯罪统一了司法尺度和办案标准，向社会传递依法严惩、不枉不纵信号，体现了国家法律监督机关实事求是，坚持法治原则的担当精神。

云南省绥江县检察院开展扫黑除恶主题宣传活动

挂牌督办，提升扫黑除恶整体办案成效

北青报：哪些案件会被挂牌督办？今年还会有哪些部署？

陈国庆：一般来说，挂牌督办案件基于以下两个考虑：一是社会影响大、群众高度关注、媒体广泛聚焦的黑恶案件。二是具有重大典型示范意义，具有办成经典案例的基本条件，需要加大精细指导的重大黑恶案件。这些重大黑恶案件如果进展缓慢，"打伞破网"或者"打财断血"力度不足，需要被挂牌督办。

两年以来，挂牌督办的案件都是在全国或者当地有重大影响的案件。对这些案件实行领导包案督办督导，高位推动，有的放矢，以点带面，提升扫黑除恶整体办案成效。

从前两年专项斗争的实践看，采取了组成大要案督导组赴当地督导、领导包案督导等方式，如孙小果案、湖南"操场埋尸"案等，都取得了明显成效。既压实了地方党委和政法机关扫黑除恶的政治责任，又推进各部门协调配合、齐抓共管，对推进相关案

2019 年 10 月 14 日，云南省高级人民法院依照审判监督程序对孙小果案依法再审开庭审理

件重点难点问题的解决，回应了社会关切。

北青报：全国扫黑办挂牌督办了多少大要案？

陈国庆：专项斗争开展以来，全国扫黑办已挂牌督办 111 起大要案件，其中今年新挂牌 38 起。今年 4 月，全国挂牌督办案件推进会议上提出明确要求，一要实现"三个效果"，要讲求政治效果，彰显法律效果，注重社会效果。二要打好"十项举措"组合拳。大力破案攻坚；统一办案思想；突出依法办案；强化法纪协同；精准"打财断血"；建强专业队伍；把握时间节点，确保 7 月底侦查工作基本结束，10 月底前全部审结；加强宣传推动；用好特派督导；强化激励保障。三要严格落实全国扫黑办督办责任、省级扫黑办领导责任、办案单位主体责任、相关部门协同责任。

各省级扫黑办也要参照全国扫黑办挂牌督办案件工作模式，挂牌督办本省 30 ~ 40 起重点涉黑涉恶案件，形成"全国扫黑办挂牌百起、省级挂牌千起、带动全国万起"的案件攻坚格局。

下一步，重点在于加快推进挂牌督办案件的办理，促进"六清"行动如期完成，带动今年的"一十百千万"行动目标如期实现，确保实现为期三年的扫黑除恶专项斗争预期目标。

收官之年全力做好依法审查从严从快追诉

北青报：疫情期间，扫黑除恶专项斗争是否正常开展？

陈国庆：新冠肺炎疫情发生以来，全国检察机关实现了各项重点工作不停滞、不拖延、不等靠。今年1月至4月，全国检察机关共批捕涉黑涉恶案件1930余件4340余人，起诉3410余件21430余人。尽管专项斗争受到疫情的一定影响，但总体保持了依法严惩态势。

北青报：今年是专项斗争收官之年，检察机关如何安排工作？

陈国庆：今年，大量案件将陆续进入审查起诉环节，加之受到前期疫情的影响，检察机关的办案任务将十分艰巨。检察机关将围绕"案件清结"切实加强扫黑除恶办案攻坚。全国检察机关将在7月底前对第一季度包括之前受理审查起诉的涉黑和重大涉恶案件全部提起公诉，在9月底前对公安机关移送的重大、有影响的涉黑涉恶案件尽量提起公诉，以保证年底前起诉、审判取得良好效果。

对挂牌督办、重大疑难复杂敏感和存有认定分歧案件，省、市级院和承办单位将同步成立专案指导组与专案组，院领导担任专案组长的，要全程参与办案，带头解决重点难点问题，增强示范引领。各省级院对辖区内涉黑涉恶案件要做到底数清、进度明，确保案件不在检察环节梗塞。

为深入推进扫黑除恶专项斗争，天津市检察院第一分院检察官与公安干警商讨案情

山东省桓台县检察院检察官与公安干警召开联席会议，就涉黑涉恶案件办理进行交流

对于黑社会性质组织犯罪案件，检察机关一律提前介入，将介入侦查引导取证作为办理涉黑涉恶案件常态化的工作机制。切实加强实质性引导侦查，把证据确实充分问题优质高效解决在侦查阶段，把涉黑涉恶重大定性问题尽可能解决在侦查终结、移送审查起诉之前。

进一步加强对重大涉黑涉恶案件的督促督导，明确督办节点和责任人，明确案件请示报告、督办指导等事项，跟踪办案进度，确保督办效果。承办挂牌督办案件的省级检察机关，要件件落实领导包案，包案领导要尽快掌握情况，建立动态推进台账，挂图作战、逐个围歼。

北青报：如何发挥认罪认罚从宽制度的作用？

陈国庆：各地在依法办案前提下，对自愿如实认罪、真诚悔罪，愿意接受处罚的黑恶势力犯罪中初犯、偶犯、从犯、未成年犯，原则上都要适用认罪认罚从宽制度。

保障企业复工复产，检察机关
打出这套"组合拳"

于子茹　2020 年 3 月 29 日

疫情防控期间，检察机关如何保障企业复工复产？近日，最高检相关部门负责人作出回应，介绍了检察机关的做法。

从严追诉扰乱市场秩序犯罪最大限度帮助企业追赃挽损

检察机关在办理侵害企业合法权益、影响正常复工复产的案件时，主要体现的是从严、从快和最大限度帮助企业追赃挽损。

疫情期间，侵害企业合法权益、影响企业正常复工复产的违法犯罪类型有哪些？最高检第一检察厅厅长苗生明介绍，主要包括以防疫为名暴力阻碍企业复工复产，违法阻路阻工、敲诈勒索；制售假冒伪劣商品、损害商业信誉、商品声誉、强迫交易；诈骗、故意伤害、敲诈勒索、寻衅滋事等危害民营企业投资者、管理者和从业人员人身财产安全的犯罪。

"在维护疫情防控秩序的同时，企业开始有序复工复产，对防疫物资、生产物资的需求激增，让犯罪分子有了可乘之机。"苗生明说。

"为切实保障疫情防控期间复工复产工作，检察机关要依法从严追诉诈骗等扰乱市场秩序的犯罪，震慑犯罪，着力营造有利于企业正常生产经营的法治环境。"苗生明表示，如果涉案企业认为自身合法权益因案件查处受到影响的，也可以向检察机关申请监督。

检察机关认为公安机关不应当立案而立案或应当立案而未立案，有证据证明公安机关立案或不立案决定可能存在错误的，应当要求公安机关书面说明理由，认为公安机关立案或不立案理由不能成立的，应当通知公安机关撤销案件或立案。

山东省菏泽市检察院检察官深入企业，送去该院编写的《法治防护复工复产更安全》法律服务手册

妥善把握好涉案企业或企业负责人罪与非罪

"检察机关在办理涉及对企业复工复产有所影响的案件时，要依法妥善把握好涉案企业或企业负责人罪与非罪、捕与不捕、诉与不诉的问题，及时考虑政策上的调整和法律标准上的准确把握。"苗生明说。

他举例，有的企业家从被立案侦查到审查起诉较长时间处在被刑事追诉的状态，如果符合法律规定的不起诉条件，就应当及时作不起诉决定，让他们全身心投入生产经营。还有一些企业负责人本身没有社会危险性，可一旦被长期羁押，企业生产经营将受到很大影响且无法挽回，对于没有羁押必要的，只要不会影响诉讼的正常进行，能够做到随传随到，就可以依法变更强制措施，让他们出来尽快复工复产。

"对于涉嫌犯罪的民营企业法定代表人、实际控制人、核心技术骨干，综合考虑其主观故意、危害后果、违法情节，准确认定社会危害性和社会危险性，并依法积极推进认罪认罚从宽制度，对自愿认罪、真诚悔罪并取得谅解、达成和解，尚未严重影响人民群众安全感、社会危害不大的案件慎用逮捕强制措施。"苗生明表示，已经逮捕的应当及时进行羁押必要性审查，对涉嫌罪行不是特别严重、不会影响诉讼正常进行、没有继续羁押必要的，应当变更为非羁押强制措施；罪行较轻、依法可以不起诉的，应当作出不起诉决定。

对涉嫌犯罪的企业，就罚金刑提出量刑建议时要充分考虑企业的资产状况和经营需要，提出适度罚金刑量刑建议；对于缴纳罚金确实有困难的，可以建议法院裁定延期缴纳、酌情减少或者免除缴纳。

精准惩治金融犯罪　创造良好的金融环境

"准确地把党中央和国务院有关部门在疫情防控期间的金融支持政策贯彻落实到检察工作中，更好服务保障复工复产，是做好当前金融犯罪检察工作的重中之重。"最高检第四检察厅厅长郑新俭说，检察机关将准确把握疫情防控、复工复产与司法办案的关系，坚持严厉打击和精准保障、依法办案和防范风险相结合，为打赢疫情阻击战，推动经济社会发展提供有力司法保障，创造良好的金融环境。

他表示，一方面，检察机关对于假借复工复产之名实施非法集资、骗取贷款、金融诈骗等严重破坏金融管理秩序、损害人民群众和金融机构利益的犯罪，依法及时从严惩处，全力维护社会稳定和市场秩序。另一方面，充分考虑疫情防控期间金融法律政策的特殊性，严格区分罪与非罪、此罪与彼罪，不能机械办案、就案办案。

"准确把握金融诈骗犯罪中非法占有目的的认定标准，对于因疫情影响等客观原因无法及时归还贷款的企业，不规避还款义务、也未占有挥霍的，不能作为犯罪处理；对于个人、企业在融资过程中存在的不规范甚至违法问题，协同有关部门或引导相关主体综合运用政策指引、风险防控、行政监管、民事诉讼等手段妥善处理，慎重使用刑事手段。"郑新俭说。

此外，对于在维持企业正常经营的融资过程中涉及犯罪的企业，检察机关要依法慎重使用羁押性强制措施，加快办理案件进度，保障企业正常生产经营活动。积极运用认罪认罚从宽制度，对主动认罪悔罪、退赃退赔的企业和企业经营者，依法从宽处理。

湖北省十堰市张湾区检察院干警来详细了解企业复工复产中遇到的困难，宣讲检察服务

中国经济网
ce.cn

最高检出台服务保障
"六稳""六保"11 条意见

马常艳 2020 年 7 月 23 日

> 日前，最高人民检察院下发《关于充分发挥检察职能服务保障"六稳""六保"的意见》（以下简称《意见》），提出 11 条具体举措，对充分发挥检察职能服务保障"六稳""六保"作出细化要求。

《意见》指出，要落实在疫情防控常态化条件下加快恢复生产生活秩序的要求，重点惩治妨害复工复产、妨害疫情防控、网络犯罪、非法放贷、"套路贷"等破坏复工复产和经济社会发展的犯罪，为"六稳""六保"营造稳定的社会环境。要以学习贯彻民法典为契机，坚持运用法治思维和法治方式，积极推进涉疫矛盾纠纷化解，维护社会和谐稳定。

《意见》要求，依法保护企业正常生产经营活动，加大知识产权司法保护力度。依法严格追诉职务侵占、非国家工作人员受贿和挪用资金犯罪，综合考虑其犯罪行为对民营企业经营发展、商业信誉、内部治理、外部环境的影响程度，精准提出量刑建议。依法慎重处理贷款类犯罪案件，充分考虑企业"融资难""融资贵"的实际情况，合理判断借款人的行为危害性。依法慎重处理拒不支付劳动报酬犯罪案件，注意把握企业因资金周转困难拖欠劳动报酬与恶意欠薪的界限。严格把握涉企业生产经营、创新创业的新类型案件的法律政策界限，对于企业创新产品与现有国家标准难以对应的，应当进行实质性评估，防止简单化"对号入座"。依法着力保护与疫情防控相关的诊断检测技术、医用呼吸防护产品、疫苗研制等领域的知识产权。重点打击涉及高新技术、关键核心技术，以及网络侵权、链条式产业化有组织侵权等严重侵权假冒犯罪。加大对采用盗窃、利诱、欺诈、胁迫、电子侵入或者其他不正当手段侵犯商业秘密犯罪的打击力度。依法妥善办理科研人员涉嫌职务犯罪案件。

《意见》要求，依法惩治破坏金融管理秩序犯罪，维护有利于对外开放的

江苏省常州市武进区检察院提起公诉的被告人朱某职务侵占一案，在某民营企业厂区开庭，该企业200余名职工及管理人员参与旁听；庭审中，检察官对企业完善相关管理制度提出建议，以案释法开展警示教育

法治化营商环境。依法"全链条"从严追诉欺诈发行股票、债券，违规披露、不披露重要信息和提供虚假证明文件等犯罪，全面落实对资本市场违法犯罪"零容忍"要求。严惩不法分子借互联网金融名义实施的非法吸收公众存款、集资诈骗等犯罪，从严追诉组织者、领导者。加大惩治洗钱犯罪的力度。依法惩治侵害外国投资者和外商投资企业合法权益，以及扰乱投资秩序、妨害项目推进的各类犯罪，保障外商投资法顺利施行。依法惩治利用外贸合同诈骗，虚开出口退税、抵扣税款发票，骗取出口退税以及对外贸易经营活动中的走私、逃汇骗汇等犯罪。依法慎重处理企业涉税案件。

《意见》强调，突出对重点领域和弱势群体的司法保护，依法严惩侵害群众切身利益的腐败犯罪，加强扶贫领域涉案财物依法快速返还工作，符合快速返还条件的，依法作出决定并于五日内将涉案财物返还给被侵害的个人或单位。突出对困难群体的司法救助，对严重暴力犯罪造成被害人重伤、死亡的，或者被害人家庭因案致贫、因案返贫的，要结合具体案情及时、主动给予司法救助。突出对未成年人的司法保护，持续推进"一号检察建议"落实，加大对侵害农村留守儿童、困境儿童等犯罪打击力度。严惩"蝇贪""蚁贪"，从严追诉发生在基层的、影响恶劣的贪污贿赂犯罪尤其是吃拿卡要型索贿犯罪，严惩"村霸"和宗族恶势力，依法查办司法工作人员利用职权实施的侵害公民权利、损害司法公正的犯罪。

《意见》特别指出，落实"少捕""少押""慎诉"的司法理念，依法合理采取更加灵活务实的司法措施。坚持依法能不捕的不捕，注重将犯罪嫌疑人认罪认罚积极复工复产、开展生产自救、努力保就业岗位作为审查判断有无社会危险性的重要考量因素。积极探索总结非羁押强制措施适用经验，认真履行羁押必要性审查职责，减少不必要的羁押。坚持依法能不诉的不诉，逐步扩大酌定不起诉在认罪认罚案件中的适用，同时防止不起诉后一放了之。慎重适用涉财产强制性措施，对涉嫌犯罪但仍在正常生产经营的各类企业，原则上不采取查封、扣押、冻结措施。优化刑罚执行环节司法措施，扩大涉企服刑人员假释的适用，为接受社区矫正的民营企业人员从事相关生产经营活动提供必要便利，简化批准流程。妥善采取公益诉讼案件司法措施，慎用关停涉案企业等影响企业生存和正常生产经营的措施，探索通过分期支付、替代性修复等方法促使相关企业接受惩罚、守法经营、健康发展。

检察官现场为企业精准把脉、精准服务，为民营企业发展保驾护航

做成刚性、做到刚性，关键是提升检察建议的质量

——检察日报◎张羽

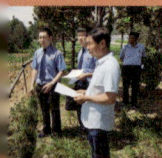

05

监督

焦点访谈

CMG
中央广播电视总台

社区矫正的监督之眼

CCTV13　赵丽颖　2020 年 12 月 22 日

节目主要内容

　　现在，在一些社区可能会有这样一些人，他们是罪犯，但是在遵守相关监督管理规定的前提下，可以在一定范围内生活和工作，他们是社区矫正对象。检察机关在社区矫正中发挥法律监督的作用，促进将罪犯改造成守法公民，最大限度地降低罪犯"又犯罪"比例，维护社会的和谐稳定。

▶ 视频观看地址

https://tv.cctv.com/2020/12/22/
VIDEmxNn0ODLb2DoMd6ECe1y201222.shtml

CMG
中央广播电视总台

男子眼睛被打成重伤长年申诉求重判
打人者　最高检副检察长主持
公开听证会解其心结

央广　孙莹　2020 年 12 月 7 日

今年 10 月，最高人民检察院发布《人民检察院审查案件听证工作规定》明确检察机关对于在事实认定、法律适用、案件处理等方面存在较大争议，或者有重大社会影响，需要当面听取当事人和其他相关人员意见的案件，经检察长批准，进行听证。

近日，最高人民检察院在河南郑州对孙某某、王某某申诉案进行"公开听证"，邀请全国人大代表、人民监督员等社会第三方人员共同参与。申诉人为何一直不服判决和申诉结果？如何进一步提高办案的透明度和司法公信力，解决群众的实际问题？如何有效化解矛盾纠纷，终结长年申诉上访案件？

最高人民检察院副检察长陈国庆主持的这场公开听证会，案发是在 7 年前。谁也没想到，一顿饭会改变多人的命运。2013 年 4 月的一天晚上，时年 22 岁的孙某某与工友张某某在郑州市中牟县一饭店吃饭，本是河北老乡的两个人却因言语不和发生矛盾，厮打过程中，张某某用拳头将孙某某的眼部打

在郑州市检察院举行的孙某某刑事申诉案听证会现场

伤，致其左眼球摘除，构成重伤。法院以故意伤害罪判处张某某有期徒刑6年3个月，赔偿孙某某人民币6万多元。孙某某与母亲王某某认为判轻了，多次对判决、申诉结果不服，最终向最高人民检察院提出申诉。

王某某说自己是农村人，不懂法律，好好的孩子被人打残了，打官司、申诉，最后都是驳回，母子俩越想越气，就不停申诉。没想到最高检对他们的案件会这么重视。最高检第十检察厅厅长徐向春分析："老百姓身边因为民事纠纷引起的伤害案件，在我们的司法办案中大量存在，申诉人一直在申诉，对于案件的事实认定、量刑，包括赔偿都不满意。"

最高检要求对疑难复杂、长期久诉不决的案件通过公开听证的方式来化解。陈国庆说："通过听证、示证的方式，公开听取各方意见，为检察机关依法公正办理刑事申诉案件提供参考。"

听证会开始后，承办案件的检察官、法官分别出示相关证据、阐述办案依据，申诉人孙某某、王某某及其代理律师也对他们提出申诉的理由进行了说明，之后，5 位受邀参加听证会的听证员开始履行自己的职责。

郑州市人民检察院人民监督员、河南润之林律师事务所主任韩富敏对原审判决中并没有以"特别残忍手段致人重伤造成严重残疾"对被告人进行定罪量刑发问，而案件承办人之一、原一审法官也对听证员提出的问题当即作出答复。原一审法官说，刑法规定的"特别残忍手段"，举例来说，比如以刀划、硫酸腐蚀性溶液严重毁人容貌等常人难以理解接受的手段，本案查明，被告人是用拳头将被害人的眼部打伤，所以没有认定"特别残忍手段"。

听证员们多次就案件情况向承办人、申诉人提问，充分了解案件实情，最后听证员韩富敏宣读听证员评议结果："经 5 位听证员评议，一致认为，原审法院判决认定事实清楚、证据确实充分、量刑及民事判决适当，申诉人的申诉理由不能成立，同时我们也注意到，孙某某家中确实困难，结合原审法院附带民事判决并未实际执行到位，该案符合司法救助的条件，建议检察机关对其给予司法救助。"

听证会现场播放了原审被告人张某某的视频短片，他表示非常后悔当年的冲动行为，不但伤害了被害人，自己也为此付出了沉重代价，刑满出狱后妻子和孩子都去世了，现在他没了亲人，生活非常困难。虽然目前没有偿还能力，以后会争取弥补被害人遭受的损失。徐向春分析："特别是我们怎么能让申诉人接受法院的判决，应该在释法说理上还是有难度的，让申诉人信服、接受，这个是难点所在。"

听证会最后，陈国庆对申诉人说，对母子二人一直坚持申诉的心情完全理解，希望公开听证能解开他们的"心结"。"应该说我们检察机关已经充分履行了法定职责，希望申诉人能理解和认可检察机关的工作。"

徐向春介绍，鉴于申诉人孙某某符合获得国家司法救助的条件，最高检已将孙某某申请国家司法救助案交办河南省检察机关。徐向春说："立足于我们的检察职能，做好帮扶工作，把案件事实讲清楚，让他接受，同时辅助以司法救助，既是对刑事案件被害人的关心，也是履行我们的检察职能，也有助于化解这样长期信访的老案。"

▶ 音频收听地址

https://www.ximalaya.com/toutiao/31666563/362609780

检察日报

检察建议的历史图景（上篇）

张羽　2020 年 11 月 24 日

- 回顾 66 年来检察建议的发展史，检察建议自诞生之初，就以法律监督之名，与社会治理密切相关。

- 黄火青检察长在退休多年以后曾留诗一句："共产理想曾有誓，岂能袖手壁上观。"这是老一代检察人的价值观，也是检察建议得以浴火重生的初衷。我们在办案中发现了问题就要指出来，不能也不应该视而不见、闭口不言。

- 检察理论专家王桂五认为："由于办案与检察建议相结合，因而把办案的能量扩散到力所能及的各个方面，最大限度地发挥了办案的社会政治效果，为克服孤立办案的转作风找到了一个好方法。"

- 最高人民检察院首次制发检察建议即向教育部发送了"一号检察建议"，引发社会高度关注，开启了检察建议发展史上的一个新时期。

- 民事、行政、公益诉讼领域法律制度完善带给检察建议工作发展的"法律红利"，变现之快，令人惊叹。

2020 年夏，太阳热情奔放。辽宁鞍山客运站，人海波动，再笨重的行李也能顷刻间隐没入人群，扫黑除恶的标识还挂在一角，一片宁和。一年多以前，这里还像一篇荒谬的故事会小说："黑老大"横行霸道，"地下执法队"招摇过市，乘客和司机苦不堪言。

2019 年 6 月 4 日，鞍山市检察院在审查罗某某等 23 人涉嫌组织、领导、参加黑社会性质组织罪，寻衅滋事罪，敲诈勒索罪一案时，发现了客运站的"黑秩序"问题，随后就客运交通管理问题向交通运输部门制发检察建议，一场轰轰烈烈的客运交通整治开始了。2020 年 8 月，这份检察建议被评选为"2019 年度全国检察机关社会治理类优秀检察建议"。

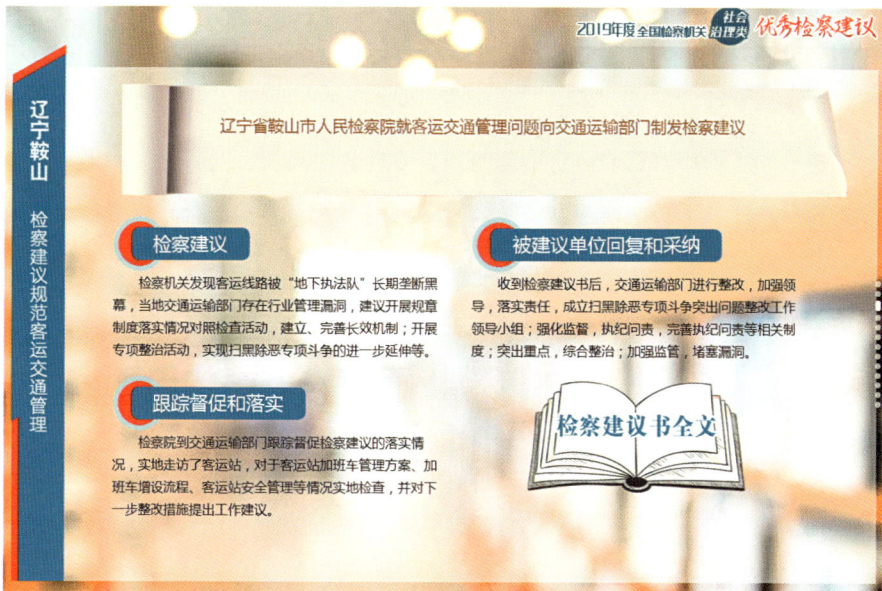

时任鞍山市检察院扫黑除恶综合治理组组长、辽宁省检察业务专家刘忠全程见证了这份优秀检察建议的出台、推进与后续跟踪监督。这位资深检察官手握一份长达 67 页的"检察建议的发展与实践"PPT 课件，其中有很多关于历史的内容。

回顾 66 年来检察建议的发展史，检察建议自诞生之初，就以法律监督之名，与社会治理密切相关。特别是党的十八大以来，检察机关深入贯彻习近平总书记关于法治建设的一系列重要指示，在检察建议工作中始终坚持以人民为中心，以解决法治领域突出问题为着力点，在法治轨道上推进国家治理体系和治理能力现代化，始终展现出一股蓬勃向上、生生不息的生命力。

这一切，是如何发生的？

引子：迟到的救济棉衣与王傻子之死

王傻子的死是怎么被发现的？没有人记得了，但这事在 1955 年的天津引起一场波澜。

王傻子是北郊区双口乡的一个单身汉，连个正式的姓名都没有，就靠政府救济过日子。村里打从半个月前就听说要发放救济棉衣，但一直没发下来。临近冬至，天寒地冻，王傻子穿着单薄，有时候夜宿门洞，有时候就躺在屋里地上睡觉。12 月 17 日也就是农历十一月初四，大雪没芦，王傻子终于拿到了乡政府发的救济棉衣，但他没能挺过这个冬天，被冻死了。

王傻子之死引来流言纷纷，穿冬越夏，引起了天津市检察院的注意。1956 年 9 月 29 日，市检察院指示北郊区检察院调查王傻子因冻致死的原因，一名叫靳秉奇的检察官接受了这项任务，在下乡调查之后，手写了一份《天津市北郊区人民检察院建议书》发给北郊区人民委员会民政科：

根据市民政局 1955 年加强冬天救济工作计划，救济棉衣要求在 11 月底基本发到被救济人手中，但你科于 12 月 17 日才发到被救济人手中，拖延廿（注：繁体字二十）日前后，发放后既不认真检查又缺乏对乡村干部认真负责的教育，虽然救济发出但从王傻子问题来看缺乏救济作用，为认真及时而有效地执行上级所颁发的政策指示，希你科认真检查处理，并将处理结果函复我院。

建议书发出一周之后，靳秉奇就拿到了北郊区人民委员会《关于函复王傻子冻死情况的检查》，文中先是说明了救济棉衣的发放情况，并表示：

我们认为双口乡在解决救济户棉衣的工作未能及时执行上级政策，因此与市、区的要求不相符合，这是值得检查和纠正的。

另外我们认为贵院的建议书中所指出的地区在发放后未能认真检查又缺乏对乡、村干部认真负责的教育，对下边缺乏检查，我会主观上对救济工作的重视是不够的，及时督促和帮助乡作好这一工作是做的很差，使工作造成了损失，这应引以为戒。我们除应该深刻检查这一工作以外，对于相关的救济工作已经抽调干部深入各乡去检查，并着重帮助和督促乡干部应作好这一工作，保证不再发生此类情况。

岁月倏忽，靳秉奇检察官已经故去，王傻子因冻致死案的档案一直沉睡，无人打扰。

然而，历史车轮滚滚向前，每一个被忽略的脚印，都曾推动社会前进的步伐。64年后，这两份泛黄的手写文件被北辰区检察院（北郊区后改为北辰区）发现，并上报天津市检察院。

每一个阅读过这份泛黄的手写档案的人都不由惊叹，这份检察建议展现了超越时代的法治观念、人文关怀和法律监督理念。

在人民检察博物馆馆长闵钤看来，这是一个20世纪50年代检察机关运用建议书纠正违法，维护群众权益，维护宪法和法律统一实施的典型案例。"在这个案例中，检察机关对王傻子非正常死亡背后的原因进行调查，发现了有关部门在救济工作中违反政策法令的情况，制发建议书，督促有关部门依法履职，改进工作。50年代的天津是北方最大、最繁华的工商业城市，检察制度和业务建设也开展得比较早，取得了不错的经验。这个案例可见一斑。"

穿越时间之墙，我们翻阅今天的北辰区检察院网站，依然可以看到诸多关于检察建议的工作内容。为服务大局，推进国家治理体系和治理能力现代化，检察建议始终如一地贡献着检察智慧。

那么，64 年前的检察机关为何要介入王傻子因冻致死这个事件？北郊区检察院向北郊区人民委员会民政科制发这份建议书的法律依据何在？

萌芽：鲜明的时代特征

每一项法律制度的起源，都源于内在的社会需求，建于规范的法律文本，归于法律机关的实践。

2019 年，中华人民共和国成立 70 周年，最高人民检察院新闻办开始发动各级检察院寻找 70 年来的优秀检察建议。然而，对于历史的追寻实在太难了。

中华人民共和国成立初期，除了革命根据地时期在司法实践方面的一些初步探索，检察工作可称得上一穷二白。共和国第一任检察长罗荣桓在上任伊始就指出："检察署（1954 年改署为院）的工作是一个全新的工作，首先应制定检察署工作组织大纲，从速建立机构，开始工作。"在这种情况下，借鉴意识形态、国情发展都有相似之处的苏联检察制度，成为主流观点。

检察建议书的历史渊源，可以追溯到 1954 年底，最高人民检察院发布的一份文件中，规定了三种监督形式，即建议书、提请书和抗议书。其中，建议书用于对本级国家机关或者部门提出纠正意见。

回顾 50 年代的建议书，都具有很强的探索性，其涉及的领域也相当广泛，同时具备相当鲜明的时代特征。

例如，1955 年 1 月 27 日，河北省检察院工作人员到定县听见有市民反映"粮食供应不足，不够食用，以及在供应标准上有所不一的现象……"，定县检察院遂派检察员王云山进行调查，并以检察长韩林三和副检察长李汉章、薛保树的名义向定县财委会提出了建议书。这与共和国成立初期需要保证百姓生产生活正常运行的时代背景相符合，其目的是保证粮食统购统销政策的实现和与破坏粮食政策的违法行为作斗争。

监督有关机关和国家工作人员依法办事，保障人民的合法权益是检察机关的重要职责。检察机关结合办案，对办案中发现的违法问题，也会以建议书的方式提出监督纠正意见。

例如 1956 年 3 月，宁夏回族自治区惠农县检察院发现乡村干部利用职权乱捕乱押公民，向该县人民委员会发出了建议书。县人民委员会非常重视，将建议书和逮捕拘留条例印发各区乡政府，纠正乡村干部的违法行为。这种坚决与违法违纪行为作斗争的态度，对巩固党的新生政权无疑发挥了重要作用。

监所检察也是较早运用建议书开展监督工作的业务领域，多个省份均有相关案例。譬如 1957 年陕西省石泉县检察院给石泉县公安局发送了一份建议书，其内容是针对看守所管理中存在的管教不严、管理混乱等突出问题，特别是在保护人权方面，依法提出建议，并积极督促整改。

……

不仅在内容上十分丰富，在形式规范性上，50 年代的建议书也不乏亮点。

辽宁省检察院宣传处闫晓东组织了该省的寻找历史上的检察建议工作，他们在辽宁省档案馆发掘出 4 份社会主义建设道路探索时期的建议书。相较于基层院的手写建议书，这 4 份分别制发于 1955 年、1956 年的建议书都采用了铅字打印，其中有 3 份都是竖排版，已经有了统一的格式规范。所有建议书标题写明"辽宁省人民检察院建议书"，抬头为"建议纠正某某违法活动由"，下方标明发文字号，内文则详细阐述了制发建议书的原因以及具体的建议内容，行文都长达 2000 字以上，结尾为"此致　某某发送对象"，最后为落款和制发时间，盖有"辽宁省人民检察院"印章。

一个值得注意的细节是，在辽宁省检察院 1955 年制发的两份检察建议中，落款均直接署名检察长阮途和副检察长汪列。阮途和汪列都是 20 世纪 30 年代末就入党参加过抗日战争和解放战争的老革命，作为当时辽宁省检察机关的

一、二把手，能够直接署名制发建议书，可见当时这项工作的受重视程度。

抚摸这些署名，穿越一甲子的隧道。2018 年，最高人民检察院首次制发检察建议即向教育部发送了"一号检察建议"，引发社会高度关注，开启了检察建议发展史上的一个新时期。

最高检向教育部发出第一号检察建议

或许，历史总是在不经意间互相印证。所谓"不忘初心"，从来不是一句空谈，而是深刻地烙印在一代代检察人的骨髓血脉里，代代相传。

尘封：特殊时期波折不断

1955 年至 1957 年上半年是新中国检察制度蓬勃发展的一段时期。

闵钐告诉记者："在 20 世纪 50 年代的检察工作中，建议书和提请书是被大量使用的。如陕西省人民检察院在 1956 年上半年共发出建议书 371 份，提请书 300 份，另有向党委的报告 107 份。适用情形包括工矿企业、基本建设单位违反劳动法令和操作规程的案件，农业合作社违反农业示范章程的案件和违反护林法令、保护耕畜法令的案件，公私合营企业违反税收法令和资本主义改造政策的案件，以及干部违法乱纪的案件等。"

"建议书和提请书构成了今天社会治理检察建议的前身，纠正刑事侦查活动和劳动改造工作中违法行为的建议书和提请书构成了今天纠正违法检察建议的前身。"闵钐总结说。

"从 1957 年下半年开始，在'左'的思想和法律虚无主义思想指导下，检察机关自身发展波折不断。""及至众所周知的浩劫来临，检察机关被撤销，人员被遣散，包括建议书在内的各项检察业务工作也随之彻底失去了存在的土壤和空间。"刘忠告诉记者。

"任何事物的发展都不是一帆风顺的。"这句马列主义的名言，在检察建议的发展史上得以验证。

重启：岂能袖手壁上观

河北省沧县检察院建议书第 3 号叙述了一起令人拍案惊奇的强奸案。

1986 年 4 月 11 日晚，李龙屯村因停电，妇女郭凤芹早早插好门睡觉。十点前后，她在朦胧中突然听到外屋门有响动，紧接着一条黑影蹿到里屋并朝她扑过来。此时，她在思想上已经做好了"拼"的准备。待到歹徒刚刚扑下的一刹那，她便与歹徒搏斗起来……第二天，公安机关根据郭凤芹提供的体貌特征，抓到了犯罪嫌疑人"黑铁锤"，他得知郭的丈夫外出未归，即生邪念，结果强奸未遂，落入法网。

耐人寻味的是，这份建议书对案件过程的描述十分鲜活生动，提出建议的部分则仿佛在与普通人拉家常：

一个农家妇女能抵挡一个中年壮汉的袭击，郭凤芹凭什么战胜了强奸犯？

我们认为，主要有以下几个原因：第一，当歹徒向她扑来的时候，她不惊慌，不惧怕，敢于拼死抗争。这样就弥补了体力上的不足，使犯罪的企图不能得逞。第二，她巧妙地运用了心理战术，即一边与歹徒搏斗，一边呼救，这样不但能引起周围的注意，取得支援，并且对罪犯也能构成一定的心理威胁。因为任何犯罪都心虚胆怯，害怕群众。第三，她敢于在体力不足、形势不利的情况下，果断地下手，攻敌致命部位，反败为胜。

为了进一步提高广大妇女同志同罪犯斗争的自觉性，出现更多的战胜罪犯的强者。我们建议：

一、要广泛宣传郭凤芹这一典型事例。大力提倡同罪犯做斗争的顽强精神，广大妇女学会用法律武器维护自己的合法权益，自尊自强，人人争当战胜罪犯的强者。

二、要使广大妇女掌握一些防卫的基本知识，懂得针对罪犯的薄弱环节进行防卫……

三、要教育广大妇女增强社会责任感，一旦遭到欺凌或受到侵害，要及时报案，积极协助政法部门抓获犯罪分子……

四、应在妇女节广泛进行法制教育，使广大妇女懂得，当公共利益、本人或者他人的人身和其他权利遭受不法侵害的时候，公民进行防卫性的阻止、抵抗、反击，是宪法赋予公民的正当权利。只有积极同罪犯做斗争，才能受到社会的尊重和推崇。

这种既鲜活又有理有据的叙述风格，是检察建议书，更是法治宣传书。**更令人惊叹的是，建议书中分析案件原因时体现的"法不能向不法让步"的精神，提出建议时凸显的"鼓励公民进行防卫"的理念，与近几年来我们激活正当防卫制度的法治理念是完全一致的。**

检察建议书，何以重生并释放出如此鲜活的生命力？

"1978年检察机关恢复重建以后，在打击严重危害社会治安的刑事犯罪案件和破坏社会主义经济秩序的经济犯罪案件中，为了实现对社会治安实行综合治理的现实需要，检察机关开始运用检察建议这种形式，对发案单位在执行政策、法律、规章制度等方面存在的问题提出改进的建议，堵塞漏洞，防止违法犯罪行为的发生。"闵钐介绍。

事实上，彼时历经十年动乱，人心对理性规则和安定秩序的渴求，使得法治重新成为社会综合治理的重要方式。最高人民检察院副检察长陈国庆曾在其论文中谈及检察建议得以重生的时代背景与价值："1981年中共中央提出对社会治安实行综合治理的方针，要求各地党委、政府和司法机关采取政治的、法律的、经济的、行政的、教育的等综合措施，防止和减少犯罪的发生。检察建议是其中的一项重要措施。"

这样的情形之下，1982年12月6日，共和国第三任检察长黄火青在第五届全国人民代表大会第五次全体会议上作最高人民检察院工作报告时，提到：

在整顿社会治安中，不少基层检察院还协同公安、司法等部门，加强基层组织和基层工作，支持广大干部、群众同违法犯罪作斗争。并且广泛开展法制宣传，帮助群众建立治安公约和乡规民约，使干部、群众自觉遵守国家法律和社会公德。各级检察机关还通过办案，对一些机关、企事业单位在管理上存在的漏洞，及时提出建议，帮助发案单位采取措施，健全制度，加强管理，对预防违法犯罪起到了一定的作用。

这是检察建议第一次被写入最高人民检察院工作报告并被提交给国家最高权力机关。

黄火青检察长在退休多年以后曾留诗一句："共产理想曾有誓，岂能袖手壁上观。"这是老一代检察人的价值观，也是检察建议得以浴火重生的初衷。我们在办案中发现了问题就要指出来，不能也不应该视而不见、闭口不言。

1983年，最高人民检察院曾出台文件规定了检察建议书的基本格式，说明当时检察建议的运用已经相当普遍到需要统一的规范。

检察理论先驱王桂五在其《论检察》一书中评价20世纪80年代的检察建议工作时指出："由于检察建议取得了较好的社会效果，促进了社会治安的'综合治理'，因而得到了社会上广泛的承认和好评，也引起了国家权力机关

中华人民共和国最高人民检察院
The Supreme People's Procuratorate of the People's Republic of China

| 首页 | 机构设置 | 检察新闻 | 工作信息 |
| 检察业务 | 检察院建设 | 12309中国检察网 | |

当前位置：首页 > 工作信息 > 工作报告

最高人民检察院工作报告
（第五届全国人民代表大会第五次会议 黄火青 1982年12月06日）

时间：2012-08-20   来源：最高人民检察院

的重视。"

时任全国人大常委会副委员长陈丕显在 1985 年 1 月 21 日全国政法会议报告中指出："检察院、法院要通过办案发现有关单位在工作上、制度上的问题，积极提出司法建议，推动整改，健全制度，堵塞漏洞。对不重视司法建议的单位，有的要运用社会舆论进行批评，造成严重后果的，要追究有关领导的责任。"有的地方人大甚至制定了增强检察建议的地方性法律文件，如浙江省绍兴市第一届人大在 1985 年出台了《关于重视发挥检察、司法建议书作用的决定》，要求有关部门对检察建议必须在一个月内书面答复。

此后至 2002 年，检察建议进入了一个相对稳定的发展期，悄然进入了社会治理的范畴。

发展：来源于个案，回归于社会公众利益

在检察建议的整个发展史上，总是逃不开一个质疑：政府部门、社会机构各司其职，为啥你检察机关偏偏建议多？

来源于个案，回归于社会公众利益，这是纵观 20 世纪末至 21 世纪初的检察建议书，可以总结得出的答案之一。

检察机关在履行法律监督职能，特别是检察官审查起诉案件时，能够深入了解社会的各个灰色甚至黑色领域及其潜规则，可以据此有针对性地向案发单位及有关部门提出整改建议。所以，相当一段时间里，检察建议被视为检察职能的一种拓展，将办案中发现的问题及时反馈、告知给相关政府部门和社会机构。

例如检察理论专家王桂五即认为："由于办案与检察建议相结合，因而把办案的能量扩散到力所能及的各个方面，最大限度地发挥了办案的社会政治效果，为克服孤立办案的转作风找到了一个好方法。"

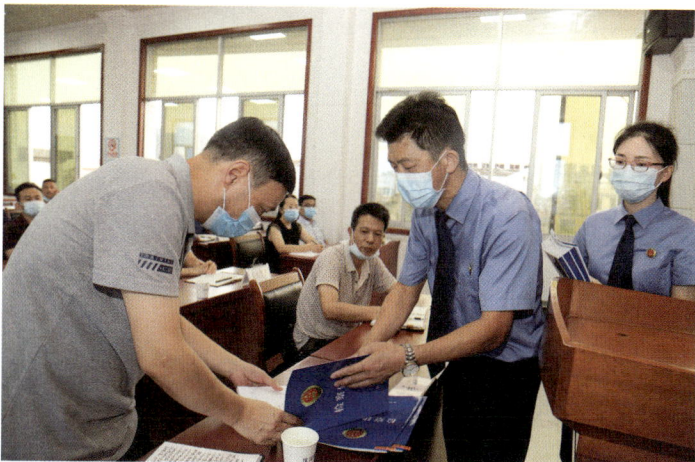

湖北省汉川市检察院对市农业农村局、自然资源和规划局以及相关乡镇场办事处负责人公开宣告送达 24 份检察建议

惩前毖后，以往鉴来，检察机关的这种角色也得到中央机关的认可。如 1998 年 8 月中央社会治安综合治理委员会《关于成员单位参与综合治理的职责任务的通知》就将结合办案"分析掌握各个时期、各个行业的职务犯罪、经济犯罪以及其他刑事犯罪特点，提出预防犯罪的建议；推动有关部门建立健全规章制度，堵塞漏洞，完善防范机制"作为一项任务进行部署安排给检察机关。

"检察建议植根于检察机关的司法职能，涉及的内容带有公共利益性质且经过法定程序产生，具有严肃性和权威性，理应在更广泛的领域发挥效能。"清华大学法学院教授张建伟接受采访时指出。

这种来自检察视角的观察与建议，在我国经济腾飞、社会高速发展的背景下，既有长期关注的重点领域，又呈现出鲜明的与时俱进特征。

◆ 之一：护航经济发展

改革开放以来，"以经济建设为中心"深入社会生活的各个角落。中国经济始终奔跑在快车道上，人们对于物质与金钱的渴望也空前强烈，但各项社会管理制度还在建立中。

从 20 世纪 80 年代起，偷税漏税、重大责任事故等与经济发展有关的刑事案件日益增多，极端的刑事个案背后经常存在制度方面的漏洞。

例如 1988 年，云南省昆明市检察院在办理一起偷漏税个案时，发现地方政策与国家政策有不一致的地方，遂提请省税务局明文解释疗养院征免建筑税政策界限划分的检察建议。在云南省检察院看来，"这种从个案预防扩展到建议税务机关对同类现象开展清理，是维护国家法制统一的典型案例，检察建议行文流畅、论证翔实、说理充分、对策精准，充分展现检察机关在社会治理大局中法律监督的价值。"

重大责任事故是众多检察院都关注过的问题。

譬如 1986 年江苏省沙洲县塘桥影剧院发生一起火灾，沙洲县检察院（张家港市检察院前身）在该案后向塘桥乡政府、电气安装队、影剧院发出了检察建议；

1995 年，内蒙古自治区甘河林业公司贮木厂发生"5·13"特大火灾事故，鄂伦春自治旗检察院在案件侦查终结后，发出检察建议，建议由甘河林业公司对 8 人分别予以党纪政纪处分；

2003 年 12 月 23 日，重庆开县（现开州区）罗家 16H 井发生特大井喷事故，造成 243 人死亡，4000 多人受伤，近 10 万灾区群众连夜疏散，给国家造成了巨大经济损失。在依法查处相关犯罪基础上，重庆市检察院向主管单位四川石油管理局提出进一步增强安全意识、健全各项规章制度、加强技术人员资格审查和培训考核等建议。

......

翻阅这些检察建议的原文，记者发现，不仅有发出，亦有反馈。如四川石油管理局收到检察建议后，及时组织开展主题安全教育活动，清理出不适应发展形势需要的标准、制度、规范 200 余个，修订完善制度规范 30 个，并对一线工作人员开展培训。

最高检法律政策研究室负责人认为，检察机关对重大责任事故的高度关注，反映了"把人民生命财产安全放在第一位"不是一句空话，检察机关不仅惩治犯罪，还努力预防犯罪、减少安全责任事故的发生。

◆ 之二：预防职务犯罪

1987年9月12日，《人民日报》发表了一篇名为《大贪污犯蒋正国落网记》的通讯报道。

蒋正国是江苏省常州市武进县（现已改为武进区）化肥厂财务科科长，他采用虚列专用基金和专项工程支出、虚增银行存款和支出、虚减银行存款收入以及涂改伪造票据等20余种手法，作案200多起，贪污数额将近130万元，这在30年前是个震惊全国的数字。

武进县检察院办理此案时，对武进化肥厂发出检察建议，建议该厂建立相关的规章制度，堵塞犯罪漏洞。值得一提的是，记者发现，这份检察建议的原始档案不仅包括建议原文，还包括20页相关的后续整章建制的过程。

20世纪八九十年代，贪污腐败问题逐渐成为社会焦点，检察建议成为检察机关职务犯罪预防工作的重要抓手。

特别是1992年10月30日，最高人民检察院发布《关于加强贪污贿赂犯罪预防工作的通知》，要求"结合办案，提出有针对性的检察建议，帮助发案单位总结经验教训，堵漏建制，改善管理，加强防范，特别是要采取措施推动在执法部门和直接掌握人、财、物的岗位，建立有效的预防贪污贿赂等犯罪的约束机制"。

在这样的背景下，当时全国各地检察机关高度重视把办理贪腐案件中发现的问题以检察建议的形式反馈给发案单位。

例如2012年，北京市检察院第一分院先是就办理卫生部人事司原副司长张闽元受贿案过程中发现的问题向卫生部发出检察建议，卫生部对此高度重视，当时的卫生部 3 位部级领导同时对该检察建议作出了专门批示。同一时期，该院又就办理的住建部建筑市场监管司原副司长刘宇昕等人涉及住建部系统职务犯罪的 8 起案件中发现的问题，向住建部发出类案检察建议，对其在业务管理、行业管理、干部管理及作风建设等方面，特别是建筑企业资质认证方面存在的问题提出整改建议。

◆ 之三：盯紧监管场所安全

"大墙"内的生活，对于普通公众来说一直带有十分神秘的色彩。而对于监所检察官来说，这是他们的日常战场，一切都需要透明而公开，为了监管场所安全甚至要采取"紧迫盯人"战术，"盯"的内容五花八门。

小到服刑人员吃什么。譬如江西省宜春新华地区检察院 1992 年在办理江西省第四劳改支队出纳章少洪贪污一案时发现，江西省第四劳改支队在财务档案和食堂采购管理上存在漏洞和隐患，于是向该支队发出一份加强财务档案管理和物资采购管理及对案件当事人调离财务岗位的综合治理检察建议。该建议由该院时任检察长周晓林亲自签发，江西省第四劳改支队支队长袁佳丽亲自签字回复。

大到涉及监狱等监管场所安全。譬如 2014 年初，广西壮族自治区柳州市鹿寨地区检察院监所检察官在对监管场所日常监管活动的监督检察中发现，桂中监狱个别监区服刑人员通过监外务工人员携带手机入监私藏。经调查核实后，鹿寨地区检察院结合 2013 年该院办理的 2 件监狱工作人员与监外人员共同贪污案件，向桂中监狱发出检察建议。检察建议发出后，桂中监狱迅速开展安全隐患大排查活动，及时"补漏"，完善了外来人员管理规定，加强对在押人员的监管，加强对监狱工作人员的职责教育和预防教育，确保监狱监管场所安全。

◆ 之四：回应时代考题，关注新经济形态

1999 年马化腾开始推出 QQ 聊天软件，2003 年马云建立了淘宝网，2013 年美团的外卖小哥横空出世，2018 年中国快递业突破 500 亿……在 21 世纪的最初 20 年里，互联网以迅雷不及掩耳之势席卷中国百姓的每一个生活细节，以互联网为载体的新经济形态则时刻考验着这个国家的经济管理与社会治理水平。

检察机关如何回应时代的考题？

2014 年，浙江省义乌市检察院在办案中发现，不法分子利用快递物流行业监管缺陷衍生出的涉枪涉爆、销售伪劣产品、贩卖毒品等犯罪案件逐年增多，利用快递物流作为暴恐工具运输渠道的可能性不断上升。

该院向当地物流办、电商办等 7 家单位发送社会治理检察建议，协同党委政府助推及时设立全国县级市首家快递物流监管部门邮政管理局，督促逐步建立严格的快递收寄验视制度和快递实名制。相关建议被中办国办出台的《关于加强社会治安防控体系建设的意见》吸纳，转化为 100% 的快递收寄验视、快递实名制和 X 光机安检制度，在 G20 峰会、世界互联网大会安保工作中发挥重要作用。

新经济模式对司法本身也产生着重要影响，如电子证据。2018 年初，上海市金山区检察院对该区两年来公安机关移送的涉及电子证据的案件开展专项检察，梳理分析电子证据收集、提取、移送、展示等环节存在的问题，并制作问题清单，结合具体案件共梳理 5 大类 30 余处问题。对发现的问题会同区公安局法制办分析问题产生的原因，并共同研究解决方案，在此基础上提出具有可行性、操作性强的解决建议。

可以预见的是，互联网语境下，新经济形态的不断涌现过程中必然伴随着各种各样的问题，检察建议还可以在其中体现更多的自身价值。

◆ 之五：关注未成年人

2015 年 2 月 4 日，全国首例民政部门申请撤销监护权案宣判，由此未成年人国家监护理念在司法实践中首开先河，而推动这一案件启动的就是来自于江苏省徐州市铜山区检察院的一份检察建议。

原来，铜山区检察院 2013 年受理了一起强奸案，一个不到十岁的小女孩，被她的亲生父亲性侵、猥亵、殴打……最终，法院以强奸罪判处这名父亲有期徒刑 11 年，剥夺政治权利 1 年。办案人张红却在想："法律只能做到这些吗？这个问题始终像一块石头压在我的心窝。"2015 年 1 月 5 日，铜山区检察院向区民政局发出检察建议，建议区民政局作为申请人向法院提起撤销小女孩父母的监护权。两天后，区民政局向区法院提交了诉状，申请依法撤销她父母的监护权，另行指定合适的监护人。

这个案件成功激活了撤销监护权的"僵尸条款"，被写入国务院新闻办《2014 年中国人权事业的进展》白皮书，先后获评中国未成年人司法保护十大事件、全国依法维护妇女儿童权益十大案例等，被称为我国未成年人保护进程中具有"里程碑意义"的事件。

事实上，未成年人权益保护一直是刑事检察部门工作的重要组成部分，还涌现出不少"未检小姐姐""未检妈妈"等典型代表。在最高检设立单独的未成年人检察厅之前，不少基层检察院都曾尝试在公诉部门设立"未成年人犯罪办案小组"，并对未成年人犯罪现象进行研判。

例如海南省定安县检察院在办理以杜某某为首的 11 人恶势力团伙犯罪案件中，未检部门发现该案犯罪嫌疑人除杜某某外均是"90 后""00 后"的青少年，其中 8 人作案时未满 18 周岁。检察院对 2017 年以来定安县未成年人犯罪情况进行统计分析，并向定安县教育局发出检察建议，以全面提高定安县中小学生法律意识，强化校园安全，预防未成年人犯罪。

◆ 之六：化身公共利益代言人

在检察系统，衡量一个案件办得成功不成功，检察官们通常有句口头禅：要达到"政治效果、法律效果和社会效果有机统一"。

社会效果在哪里？谁来评判？答案只有群众。而群众的评判从来不是用"嘴巴"，而是用衣食住行中的生活细节感受。

道路千万条，安全第一条。2014 年，黑龙江省七台河市桃山区检察院在办案中发现，市公安局缉毒支队正在依法执行强制隔离戒毒人员中，有 3 人持有市公安局交警支队颁发的机动车驾驶证而未予注销，后向七台河市公安局交警支队发出检察建议，建议履行注销"三类吸毒人员"驾驶证行政职责。该案 2015 年被最高检评为全国检察机关民事行政检察精品案件，检察机关通过开展行政执法监督，消除"毒驾"隐患，为人民群众营造安全的道路交通环境提供了有力保障。

健康是人民福祉。重庆市检察院在 2014 年全面总结了 2012 年 1 月至 2013 年 12 月全市检察机关起诉的 107 件危害药品安全犯罪案件，向重庆市食品药品监督管理局发出检察建议，深入分析了通过邮购、电话、电视、网络购物等渠道异地购买假药销售，通过承包医院科室、挂靠医药公司、租赁连锁药房柜台等方式为销售假药提供掩护，农村地区药房和游医生产销售假药以及以保健品冒充药品销售等危害药品安全犯罪的主要方式，提出了切实强化日常监管、强化农村药品监管、抓好专项整治、加强监管能力建设等 4 项具体建议。

绿水青山就是金山银山。在 2018 年中央"城市黑臭水体整治环境保护专项督查"工作中，上海市崇明区检察院发现本区 3 个乡镇政府履行河道管理不尽责，三镇内 10 条河道存在较为严重的水质油黑污染，水体中氨氮、溶解氧和透明度等指标明显不达标的情况，社会公共利益持续受到侵害，崇明区检察院依法启动公益诉讼程序，成立"8·06"黑臭河道办案组，由检察长带领

湖北省丹江口市检察院会同市场监督管理局等机关，对此前发出的关于食品安全检察建议落实情况开展"回头看"

河南省郑州航空港经济综合实验区检察院检察官依法向区规划市政建设环保局、银河办事处公开宣告送达检察建议书

公益诉讼检察官，及时查清乡镇在河道治理中的职责，确定履职主体，开展相关工作，向三镇制发诉前检察建议。通过诉前检察建议的方式督促行政机关履职，推进长江生态环境治理。

一桩桩一件件，两年来，从生态环境保护，到食品药品安全、文化遗产和国家尊严保护，老百姓的衣食住行，都成了检察机关的业务领域。

拓宽：变现的"法律红利"

从上述检察建议发展的类型可以发现，传统检察建议的内容以在刑事案件办理中提出的预防违法犯罪、提醒有关部门加强整章建制居多。而至2010年以后的案件，则涉及范围要宽广得多。

事实上，虽然2001年最高检颁布的《人民检察院民事行政抗诉案件办案规则》中将检察建议确立为民事、行政诉讼监督的一种方式，但因为缺乏全国性法律层面的支持，始终处于一种小心翼翼的探索状态。

这种状况在2012年得到彻底性改变。

2012 年修改的民事诉讼法，将"检察建议"正式确定为法定的监督方式，意味着民事诉讼监督中检察建议这一监督形式从实践探索转为法律制度。从数据表现上看，2013 年开始民事类检察建议出现爆发式增长，当年全国检察机关共发出民事类检察建议 64351 份，与之相比，同年刑事类检察建议为 36531 份，行政类检察建议为 4636 份。

2017 年 6 月新修订的行政诉讼法确立了检察建议在行政公益诉讼中的重要地位，标志着检察建议迎来了新的发展契机。行政检察建议从 2016 年的 3167 份爆发性增长至 2017 年的 35923 份，为历年来之最高。2018 年，行政公益诉讼诉前检察建议开始被单独统计，当年就达到了 23356 份，2019 年更是达到了 103076 份。

管中窥豹，数据说话，民事、行政、公益诉讼领域法律制度的完善带给检察建议工作发展的"法律红利"，变现之快，令人惊叹。其后，检察建议在运用领域上得到广泛拓展，终结了"单腿走路"的历史。2018 年，全国制发检察建议 25 万余份，几乎是 2017 年的两倍，并且刑事、民事、行政检察建议的数量几乎均等。

2020 年，一个新的历史交汇点。检察机关站在新的时代坐标上，深入贯彻落实习近平法治思想，充分发挥法律监督职能，把视野投向更为广阔的空间，去发现检察建议更多可塑性与可能性，将更多"法律红利"带给更广大的人民群众。

检察日报

提升，检察建议这两年（下篇）

张羽　2020 年 11 月 25 日

- 检察建议作为一种深植于中国特色司法文化土壤的法律制度，是检察机关"坚持在法治轨道上推进国家治理体系和治理能力现代化"的重要手段，是检察机关"坚持建设中国特色社会主义法治体系"的重要构件，是检察机关"坚持以人民为中心"的重要体现，是检察机关"坚持依法治国、依法执政、依法行政共同推进，法治国家、法治政府、法治社会一体建设"的重要工具。

- 2018 年 10 月，《中华人民共和国人民检察院组织法》正式将检察建议确立为检察机关行使法律监督职权的方式之一。相较于传统理念中，检察建议被视为检察机关办案职能的延伸或者补充，这无疑是检察建议性质的一次重要更新。

- "没有办法时，就想想检察建议能不能用。"这是记者采访多位一线办案检察官时得到的答案，他们涉及刑事检察、知识产权检察、未成年人检察等多个领域。时至今日，"能不能通过检察建议解决问题"已经成为很多检察官的"习惯思维"。

- "做成刚性、做到刚性，关键是提升检察建议的质量。对内要提升检察建议的制发质量，做到精准监督；对外要加强跟踪问效、跟进监督。"

2018 年被习近平总书记称为"全面贯彻中共十九大精神的开局之年"，全面依法治国的生动实践雕刻着新时代中国社会的每一个细节。

那一年，北京北河沿大街 147 号迎来了新一任最高人民检察院"掌门人"张军。

那一年，为适应修改后的人民检察院组织法赋予检察建议的新功能和新要求，最高人民检察院党组对加强和改进检察建议工作作出一系列谋划部署。

那一年，最高人民检察院首次向国务院部门提出社会治理类检察建议。

……

当历史的车轮驶向 2020 年，回望过去两年，我们可以发现，习近平法治思想深刻地影响着中国检察。检察建议作为一种深植于中国特色司法文化土壤的法律制度，是检察机关"坚持在法治轨道上推进国家治理体系和治理能力现代化"的重要手段，是检察机关"坚持建设中国特色社会主义法治体系"的重要构件，是检察机关"坚持以人民为中心"的重要体现，是检察机关"坚持依法治国、依法执政、依法行政共同推进，法治国家、法治政府、法治社会一体建设"的重要工具。

这无疑是中国法治史的重要一页，检察建议适逢其会，正可大展拳脚。

内源性撬动 + 外源性公众期待

2018 年 10 月，《中华人民共和国人民检察院组织法》正式将检察建议确立为检察机关行使法律监督职权的方式之一。相较于传统理念中，检察建议被视为检察机关办案职能的延伸或者补充，这无疑是检察建议性质的一次重要更新。

随后，两份有关检察建议的重要文件出台——《人民检察院检察建议工作规定》和《人民检察院检察建议督促落实统管工作办法》，其中前者将检察建议明确划分为 5 种类型，包括再审检察建议；纠正违法检察建议；公益诉讼检

察建议；社会治理检察建议和其他检察建议。

"此后，各级检察机关深刻把握新时代检察工作的新定位，坚持以人民为中心，大力更新法律监督理念，不断加强和规范检察建议工作，取得了积极成效。其中，社会治理类检察建议在推动改进社会治理工作，提升社会治理水平，推进国家治理体系和治理能力现代化方面发挥了积极作用。"最高检法律政策研究室主任高景峰如是说。

从综合运行的实际情况来看，再审检察建议和纠正违法检察建议，主要针对个案，被运用在民事、行政诉讼监督领域；公益诉讼检察建议和社会治理检察建议则更注重通过对个案或类案的分析，维护社会公共利益。

其中，公益诉讼检察建议多聚焦于生态环境与资源保护、食品药品安全、国有土地使用权出让、国有财产保护与英雄烈士保护、未成年人保护等领域；

江苏省盱眙县检察院发出诉前检察建议，督促相关部门对烈士纪念设施予以保护修缮

北京市房山区检察院联合北京军事检察院在对英烈纪念设施维护等问题发出检察建议前进行实地调查

而社会治理检察建议则着眼于帮助被建议单位堵漏建制，提升社会治理水平，例如最高检评选的"2019年优秀检察建议"就涉及艺术品评奖、交通客运管理、互联网个人信息保护、金融机构风险等问题，这些问题的解决有助于提升百姓日常生活的安全感、幸福感。

最高检对检察建议工作的大力推进也不是没有争议——

在系统内部，有人认为再审检察建议与抗诉职能重合，没有意义；也有人认为基层检察院本来就办案力量不足，发检察建议是多此一举，增加工作负担；还有人认为发检察建议是个"吃力不讨好"，还容易得罪行政机关、大型企业的苦活累活……

在系统外部，则有人认为公益诉讼和社会治理检察建议管得太多，检察机关手伸得太长、管得闲事太多，不愿意配合落实……

在吉林大学法学院教授侯学宾看来，检察机关广泛运用检察建议这种方式，既是由于内源性的改革机制撬动，也是满足外源性的社会公众期待。

"内源性方面，检察机关先是面临反贪转隶，再是进行内设机构改革，急于改变'四大检察'不均衡发展的现状、重新定位检察机关在国家治理体系中的地位。检察建议的磋商性、探索性等都更能适应这种迫在眉睫的重塑性改革，并灵活地解决一些问题。这就是习近平法治思想中所强调的'坚持中国特色社会主义法治道路'的体现。"

"外源性方面，改革开放满足了人们的生存需求之后，人们对生活品质的要求高了起来，目光所及要绿水青山，出行娱乐要舒适安全，遇到意外必须有公平正义。这时候就需要有大众信任、法律专业知识丰富的公共利益代言人，来解决这些问题。检察机关客观中立的立场、作为司法机关的社会公信力，都使得其非常合适充当这个角色。"侯学宾评价。

社会对于检察建议的需求，不是一句空话。

譬如2019年全国两会和上海市两会期间，部分人大代表、政协委员热议公民个人信息保护问题。上海市两会上，23名市政协委员联名提出《关于发挥检察机关在消费者数据隐私保护中作用的建议》提案，建议检察机关加强公民个人信息保护工作。为此，上海市检察院组织浦东、杨浦、静安等区检察院开展调查，查明涉及留学、育儿、就业招聘、理财、网购等与民生密切相关的10余款手机App存在违规获取用户授权、隐私政策文本不规范、信息保护机制不完善等问题，侵害公众合法利益，并向有关App运营企业和应用商店运营商制发检察建议书。

历史犹如一列风驰电掣的高铁，不恋来路，直奔前方。

"理念不同，天地就不同。"

"没有办法时，就想想检察建议能不能用。"这是记者采访多位一线办案检察官时得到的答案，他们涉及刑事检察、知识产权检察、未成年人检察等多个领域。时至今日，"能不能通过检察建议解决问题"已经成为很多检察官的"习惯思维"。

这种"习惯思维"，是怎样在两年间养成的呢？

答案只有一个字：变！

◆ 一变：从自下而上到自上而下

2018年6月11日，最高人民法院审委会会议室。这是张军过去工作的地方，这一次他却是作为首席大检察官，为一起关于小学教师性侵未成年学生的抗诉案件而来。张军在列席会议上，条分缕析地明确指出原审判决存在的错误，并从情节认定、法律适用、量刑建议等多个方面阐述了检方观点。最终，最高人民法院经审理采纳了最高人民检察院的全部抗诉意见，依法改判齐某无期徒刑。

个案结束，张军的内心却波澜不平。

2018 年 6 月 11 日，最高人民法院举行审判委员会第 1742 次会议，最高人民检察院检察长、首席大检察官张军依照法律规定列席，这是共和国首席大检察官首次列席最高人民法院审判委员会

　　习近平总书记说："要把体现人民利益、反映人民愿望、维护人民权益、增进人民福祉落实到全面依法治国各领域全过程。"

　　如何把未成年人检察工作做到起诉之前、延展到裁判之后，为每个家庭、每一所幼儿园和中小学校带来更实在的获得感、幸福感和安全感？

　　2018 年 10 月 19 日，最高检向教育部发送了检察建议，认真分析办理的性侵幼儿园儿童、中小学生犯罪案件，针对校园安全管理规定执行不严格、教职员工队伍管理不到位，以及儿童和学生法治教育、预防性侵害教育缺位等问题，提出 3 项具体建议。即我们通常所说的"一号检察建议"。

　　在此后的两年里，全国检察机关都以史无前例的热情投入"一号检察建议"的落实工作中去。他们走进学校，把生动的案例和惨痛的教训一遍遍掰开了揉碎了地讲述，他们甚至"笨拙"地录起了抖音视频、画起了公众号普法漫画，以一种接地气的姿态走近孩子、老师和家长。

以"一号检察建议"为起点，最高检两年来连发 4 份检察建议：

2018 年 11 月，最高检向最高法发出"二号检察建议"，建议法院进一步落实司法责任制，严格落实公告送达的相关规定。

2019 年 6 月，最高检围绕及时发现查处金融违法犯罪活动向中央有关部门制发了"三号检察建议"，推动相关部门进一步加强行政监管，强化源头治理，把违法犯罪风险和危害消除在萌芽状态或者初始阶段。

2020 年 4 月，针对"窨井盖吃人"向住房和城乡建设部发出的

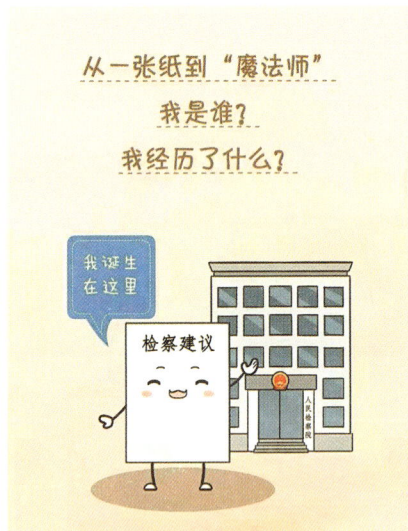

以漫画形式宣传检察建议

"四号检察建议"，则是以特殊的方式守护了老百姓"脚下安全"。

"检察建议以前都是基层发得多，通过个案体现对社会治理个别问题的推动。现在最高检制发检察建议，是从上至下的对法律制度、国家社会治理系统的促进。"最高检第八检察厅检察官邱景辉告诉记者他观察后得出的答案。

◆ 二变：从个案到类案

纵观检察建议发展史，多属于一案一发、以个案为出发点。这种"单兵作战"显然限制了检察建议的深刻性和影响力。

最高检第六检察厅工作人员就向记者毫不讳言地指出："有的检察建议仅停留于纠正表面问题和工作瑕疵，发现和纠正深层次违法问题不够；依托个案检察建议多，综合性检察建议少，检察建议发挥的作用较为有限。"

"办理一案，处理一片。"这是张军关于检察建议最经典的论述之一。

从"2019年度全国检察机关优秀社会治理类检察建议"中我们可以看到：

在审查起诉某协会副秘书长行贿受贿案后，北京市检察院就艺术品评奖和会员发展方面的管理漏洞向某联合会制发检察建议。

在办理一起黑社会性质组织霸占抢夺客运线路的案件后，辽宁省鞍山市检察院就客运交通管理问题向交通运输部门制发检察建议。

审查万某、邹某某等人组织、领导、参加黑社会性质组织案件中，江西省南昌市新建区检察院就宾馆、租赁房屋治安管理问题向公安机关制发检察建议。

……

上述鞍山检察建议的办案者之一、鞍山市台安县检察院检察长刘忠告诉记者，他1990年参加工作，先后在反贪、监所等部门工作，以前也制发过不少检察建议。这两年感受最深刻的变化就是这种"通过个案总结教训，然后通过

黑龙江省七台河市检察院检察官走访医疗机构

检察建议解决一类问题"的办案方式。

　　这种类案问题的解决甚至不局限于一个地区，还能延伸至社会治理层面。

　　2018年，黑龙江省七台河市检察院在开展工作中发现，一家个体废品收购部在没有资质的情况下非法收集、贮存、处置医疗机构使用后的一次性输液管、针头、输液瓶。而这样的情况并非个案，为此，他们针对医疗废物领域开展了专项活动，共办理了医疗废物公益诉讼案件12件，向卫计部门、环保部门下发检察建议12份。七台河市检察院还将相关内容进行梳理后，以立法建议的形式提交给市人大常委会，推动了《七台河市医疗废物管理若干规定》的出台。

　　检察建议的步伐未止步于此。2020年9月1日，《中华人民共和国固体废物污染环境防治法》开始正式实施，其中最高检提供的、被吸收的部分立法建议，就来源于七台河市检察院的检察建议。

　　从个案中看到共性，勇于破圈，检察人以无畏精神始终坚持中国特色社会主义法治道路，深刻促进着国家社会治理体系的形成与完善。

◆ 三变：从柔性到刚性

"受到办理程序、业绩考评、整体监督能力、督促落实措施不多等因素的影响，过去，检察建议制度的刚性不足，导致检察机关的法律监督作用发挥不充分。"山西省太原市小店区检察院副检察长刘丽娜告诉记者。

在记者的采访中，来自基层的类似反馈有很多。

对于这一点，张军最近两年间，大会小会地强调要把检察建议"做成刚性、做到刚性"。

那么，如何理解？

在民事领域，最高检第六检察厅负责人指出："做成刚性、做到刚性，关键是提升检察建议的质量。对内要提升检察建议的制发质量，做到精准监督；对外要加强跟踪问效、跟进监督。"

在行政公益诉讼领域，最高检第八检察厅负责人则指出："极少数检察建议不能落实，必须提起诉讼的，则努力将案件办成法治教育样本，达到办理一案、警示一片、教育社会面的效果。"

无论有多少种办法，在记者采访中，全国检察系统上下达成一致的观点是：**检察建议本身要足够专业、质量过硬。**

不够"专业"的后果是相当严重的。在记者对一线办案检察官的采访中，有语气激烈者甚至认为，个别人为了完成考核任务而敷衍制发检察建议，"如果非常肤浅地就案论案去制作检察建议，内容不够严谨，容易让制发对象对检察建议形成'外行指导点评内行'的认知，相应地也不会有整改和落实。很容易形成'劣币驱逐良币'的恶性后果，损害检察建议工作整体形象。"

"专业"二字说起来容易，做起来难。

"写一个检察建议，我要看几百个案子，总结出几十个机构都有这个严重疏漏，相关部门机构才会觉得，哇！真的好有道理。"一位不愿意透露姓名的上海检察官告诉记者，她在日常办案中一直接触的是知识产权、金融案件的检察建议。"这类建议的专业性、针对性、实效性是取得制发对象的认可和采纳的根本。仅对少数案件中呈现的浅层原因去分析，是难以形成有质量、权威性的检察建议的，还需要对相关专业领域的管理现状、行业发展动态做一个全面深度学习和提炼，才能真正慎重地挖掘出一类知识产权或者金融犯罪的案发根源。"

◆ 四变：从一发了之到落实反馈

过去，检察建议刚性不足的后果，是落实反馈不够。

"检察建议数量不是目标，关键是质量、是落实。"张军如是说。

从数据上看，2019 年 1 月至 2020 年 6 月，全国检察机关共制发各类检察建议 277482 份，已收到回复 192939 份，占 69.53%；已收到的回复中被采纳 186544 份，采纳率为 96.69%；另有 10754 份虽未按期回复，但经督查，被建议单位实际工作中已采纳检察建议。

事实上，最高检此次评选"2019 年度全国检察机关优秀社会治理类检察建议"的基本要求就是有反馈落实。每一个案子的评选文件，都包含基本情况、制发过程、被建议单位回复和采纳情况、跟踪督促和落实情况、效果和意义以及检察建议书全文。

落实中，最重要的是什么呢？

"秉持'双赢多赢共赢'的工作理念。"江苏省灌南县检察院检察长张立在"灌南县检察院就货运 App 监管问题向某科技有限公司制发检察建议"获得 2019 年优秀检察建议后，回答记者提问时总结。

2019 年，灌南县检察院在办理张某某等污染环境案件中发现，物流运输中存在无资质货车车主利用货运 App 下单运输危险废物的违法情形，反映了作为运营主体的某科技有限公司对货运 App 监管存在问题，存在违法犯罪隐患，有必要制发检察建议。

在办案过程中，他们与货车司机谈话、与该货运 App 的托运人交流，与交管部门、公司老板沟通，最后提出的安全隐患排除机制、事故及时处理机制以及对货运 App 使用人的安全培训等建议，符合企业经营实际，具有较强的操作性。检察建议发出后，承办检察官多次登录该公司开发的货运 App 查看整改情况和典型案例更新情况，还对该公司进行回访，发现该公司完成了入驻货运平台的客户审核系统与第三方诚信系统对接，对有不良历史记录的用户拒绝进入平台，扎紧了货物运输安全的"篱笆"。

司机安全、货运人安心、老板省心、交管部门放心……心心相印，大概就是"双赢多赢共赢"的另一种表达。

"坚持在法治轨道上推进国家治理体系和治理能力现代化。"

理念更新，仅仅是万里长征第一步。习近平总书记指出要"坚持在法治轨道上推进国家治理体系和治理能力现代化"。检察建议作为司法助推国家治理体系和治理能力现代化的重要手段，如何落实？怎样"不看口号看疗效"？

宏大命题的切入口，恰恰是"小"；仰望天空的梦想实现，从来都需要脚踏实地。

2019 年 5 月，四川省崇州市检察院办结了某镇村委会主任祝某以及罗某、陈某等 12 人黑恶势力团伙案。他们发现，"小小村干部"沦为黑恶势力保护伞，对当地社会秩序造成极为恶劣的影响。办案人员先后 2 次深入案发乡镇、村社区走访调研，并对 2016 年至 2018 年案发地镇域其他刑事案件进行统计分析，结论发人深省："随着我国城市化进程持续提速、市域经济的不断发展壮大，受虹吸效应影响，农村地区呈现出人口空心化、经济凋敝化、基层组织涣散化的特征，导致超大城市城乡接合地区基层政权效能减弱、经济发展'潜规则''亚文化'盛行，并滋生出黑恶势力犯罪，基层治理已经成为国家治理现代化的突出问题之一。"

原因找到了，具体怎么办？"刚性"二字怎么在这样一个具体而微小的村镇社会治理中得以实现？

崇州市检察院于 2019 年 10 月 23 日向该镇政府宣告送达检察建议。为了保证建议的"刚性"效果，检察机关先后 4 次到该镇政府回访并深入村、社区开展调查，了解到该镇优化 64 个廉情观察点，依规对 6 名基层组织干部作出组织处理，向 2 个"软弱涣散"村级党组织派驻第一书记，推动形成风清气正的基层政治生态；开展工程建设领域专项整治，该镇政府领导逐一包干化解涉工程项目纠纷 12 个；加强社会治安防控力度，新增视频监控点位 18 处、"慧眼工程"设备 19 组及照明设备 200 余组，接入社会视频资源 10 处；辖区内治安和刑事案件同比减少 38%，社会治安总体形势明显好转。

记者在采访中发现，在落实检察建议中，各级检察院结合各地实际，想尽、用尽了各种"接地气式"的方法：对上，释法说理，阐明要害，争取当地党委政府的支持；对被建议单位，哪怕吃了闭门羹也绝不放弃，与对方反复沟通，争取对方的配合；对建议落实情况，走访调查督促，写万字笔记行万里路。

湖南省衡阳市检察机关组织召开公益诉讼检察建议交办座谈会

"我们始终强调一个理念就是'双赢多赢共赢'。"高景峰告诉记者，检察建议不能只看一纸书面文件，要做到"不看口号看疗效"。

寻找"幸福"的无限可能

检察建议这两年，是变革的两年，是落实习近平总书记关于法治建设一系列重要指示的两年，更是努力给人民创造幸福生活的两年。

正如张军在 2020 年 11 月 17 日最高检党组会上，就贯彻落实习近平法治思想所讲的，要"把天理、国法、人情融入办案中，让人民群众真正感受到公平正义，感受到执法、司法的温度，多做人民群众欢迎、高兴的事，不做人民群众吐槽、撇嘴的事。"

特别是党的十九届四中全会明确提出：拓展公益诉讼案件范围。最高检及时将"等"外探索原则从"稳妥、积极"调整为"积极、稳妥"。这是国家治理体系和治理能力现代化的必然要求，旨在满足新时代人民群众美好生活需求。

譬如，吉林省松原市乾安县检察院针对外来入侵物种破坏草原生态问题制发检察建议，旨在解决环境保护面临的新问题；浙江省杭州市检察院针对无障碍出行制发的检察建议，旨在保障老年人、残障人、儿童等特殊群体平等参与社会生活的权利。

邱景辉告诉记者，关于新领域的检察建议方面的探索，出于审慎的态度，目前宣传得比较少。"但我们一直在努力，有效解决人民群众的操心事、烦心事、揪心事，不断增强人民群众的获得感、幸福感、安全感。"

幸福，就是我们深入贯彻落实习近平法治思想、不断提升检察建议工作质效所带来的无限可能。

新京报
BJNEWS.COM.CN

沉睡的正当防卫条款，
距完全激活还有多久？

王俊　2020 年 9 月 12 日

> 　　律师殷清利回忆，于欢案后，能感受到正当防卫的"松绑"趋势。对韦凤珍而言，昆山反杀案是一个重要的转折点，作为办案人员，他们开始重新思考，应该如何发挥正当防卫的价值导向？

　　近日，"两高一部"出台文件提出正当防卫的适用要把握"十个准确"，这一新的认定标准被认为是对正当防卫的"松绑"。

　　正当防卫的"松绑"有迹可循。2017 年聊城于欢案，引发公众对正当防卫的大讨论。随后，昆山反杀案、赵宇见义勇为案等涉正当防卫案件，陆续进入公众视野。最终，防卫人均认定为正当防卫，不负刑责。

2019 年 3 月 3 日，河北省涞源县检察院决定对王某某、赵某某不起诉；图为检察官向王某某宣读不起诉决定书

"法不能向不法让步"，2019 年 3 月，最高检检察长张军作最高检工作报告时提到上述两例典型案例时表示。代理过于欢案、丽江反杀案、涞源反杀案等多起热点案件的律师殷清利认为，这些案件"激活"了正当防卫，让正当防卫的适用开始"松绑"。

"沉睡"的条款

在刑检部门工作了 14 年的广西防城港市检察院第一检察部主任韦凤珍，曾经手一起在认定是否构成"正当防卫"上陷入胶着的案件。

渔民李某因不愿再向龙某续交管理费起了冲突，争执中李某将龙某手中的铁棍夺走，因害怕报复，李某举起铁棍朝龙某头上劈下，龙某倒地后又连续打了三棍。之后李某才将铁棍丢弃，打电话报警。

"案件办理过程中争议就很大，批捕后准备提起公诉时大家意见也不一致，后来上到检委会，对李某实施防卫的紧迫性和必要限度仍旧有很大分歧。"韦凤珍说。

从紧迫性来看，龙某此前举起铁棍要打李某但被避开，铁棍也被李某拿到手，但龙某未脱离现场仍言语威胁，这时是否属于不法侵害正在进行？

李某结合案前和当时情况以及对后续行为的预见性，能不能作为防卫的前提？

龙某倒地后，李某仍击打龙某是否有防卫必要，是不是属于防卫过当？

"正当防卫是基于对人自然本能的尊重而在任何社会都会被确认的权利，我国刑法也不例外。"北京大学法学院教授梁根林说。

"正当防卫"条款最早出现于 1979 年刑法，1997 年刑法全面修订时放宽了公民行使正当防卫权的条件，将防卫过当条件修改为"超过必要限度造成不应有的危害"修改为"明显超过必要限度造成重大损害"，并增加无限防卫权，对严重危及人身安全的暴力犯罪进行正当防卫，造成不法侵害人伤亡，不是防卫过当，不负刑事责任。

"逻辑是完美的。"法律工作者常成华（化名）在评价 1997 年刑法中正当防卫条款时如此说道。

"但在实践中应用困难。"他紧接着又说。

危险性、紧迫性和防卫限度的苛刻要求，让正当防卫在实践中遇冷，被称为"沉睡条款"。

2015 年一篇名为《正当防卫回归公众认同的路径》的研究论文中，研究者从全国各级法院公示的正当防卫案件中选取了 224 份判决书，并从中筛选出判决样本 100 份，最终数据显示，被认定正当防卫的判决比率为 6%。

常成华说，正当防卫适用过于苛刻，认定标准过于机械，尤其是对正在进行的不法伤害，"如果严格卡时间，那么在侵害人举刀时不能防卫，砍完后不能防卫，从举刀到砍下的时间才能防卫，人又不是机器，谁能算得那么准。"

谁死伤谁有理？

除却案件本身的难以认定，实践中被害人一方的压力也是掣肘因素。

韦凤珍坦言，被害者一方闹访会对办案产生一定压力，对办案秩序造成影响，也担心当事人因为对案件处理不服引发新的行政违法或刑事伤害案件，"这类风险不能不考虑。"

在双方对案件起因、防卫前提各执一词的情况下，适用存疑利于被告还是被害方，不同的办案人员会作出不同的抉择。

她以一起案件举例。2017年一对农村老夫妻跟邻居家两兄弟因砍竹子发生争执，两兄弟把60多岁的老头子按在地上打，老太太在旁干着急，就拿起扁担去敲打施暴者。弟弟手指被打骨折，后认定为轻伤。

"这个案件是否认定为正当防卫是有一些争议的，"她说，"双方对竹林地归属争议多年悬而未决，老夫妻砍竹子是否存在过错难以判断。而兄弟二人闹得很凶，从公安那边就开始闹，后来基层检察院做了起诉决定，开庭前请示我们量刑建议，我们建议适用缓刑。"

殷清利最近也接到一起旧案的申诉，死者生前多次持刀入侵住宅，后在冲突中被当事人反杀，在他看来理应为"正当防卫"，但最终判故意杀人罪。"我向案子之前的代理律师了解情况，他说，2010年二审时，被害人家属围攻法官、辩护律师，把法院都围了起来。"

"所有的案件，被害者一方的情绪表达，又哭又闹，捆绑司法部门，给司法机关施压，司法机关因惯有思维会倾向于死亡家属。"殷清利表示。

常成华说，事实存在争议时，司法机关在适用法律时会做价值判断。

殷清利曾代理过五六十起涉及正当防卫的案子，他表示，案发后能第一时间勘验现场、保护现场痕迹，包括拍摄照片，留存受伤者的血衣等，很难做到。"这样一来，司法办案人员判断的重要依据就是看伤情，所以会更倾向于伤亡者。"

韦凤珍也谈及，出现争论往往是因为加害人在后续过程中变成伤亡更为严重的一方。"正当防卫有不超过必要限度的要求，以往我们更多考虑伤亡者受到的损伤与其之前施加的伤害或造成的威胁是否相当，从而判断防卫是否超出了必要限度，是否应认定为防卫过当。"

唯结果论倾向使正当防卫的认定相当困难，出现死亡结果时尤其如此。

2017 年，有学者统计 722 份防卫案件发现，仅根据防卫行为所造成的损害后果来认定防卫过当的，占所有防卫案件的 83.24%。

转　机

认定难、唯后果论、"谁死亡谁有理"的惯性思维，让正当防卫条款处于"沉睡"状态。北京大学教授梁根林认为，"司法实务长期忽视了扩大正当防卫适用的立法原意，导致该条款未被真正激活，成为僵尸条款。"

2017 年，转机出现了。

当年 3 月，于欢案挑起公众神经，引发对"正当防卫"的全民讨论。有网民发问，"我会是下一个于欢吗？"

同年 6 月 23 日，山东省高院二审时认定于欢属防卫过当，构成故意伤害罪，判处有期徒刑 5 年。

最高法原常务副院长沈德咏曾撰文称，于欢案的审判无疑是一堂全民共享的法治"公开课"。次年，于欢案入选"2017 年推动法治进程十大案件"。

最高检发布第十二批指导性案例 明确正当防卫界限标准

发布时间：2018年12月19日

最高人民检察院12月19日印发第十二批指导性案例，涉及的四个案例均为正当防卫或者防卫过当的案件，社会普遍关注的于海明正当防卫案入选其中。

最高检下发的第十二批指导性案例分别是陈某正当防卫案、朱凤山故意伤害（防卫过当）案、于海明正当防卫案、侯雨秋正当防卫案。

最高检副检察长孙谦介绍说，近几年，正当防卫问题引发社会广泛关注，起因最是孤立个案，但却反映了新时代人民群众对民主、法治、公平、正义、安全的普遍诉求。对此，明确正当防卫的界限标准，回应群众关切，是当前司法机关一项突出和迫切的任务。最高人民检察院发布第十二批指导性案例，专门阐释正当防卫的界限和把握标准，进一步明确对正当防卫权的保护，积极解决正当防卫适用中存在的突出问题，为检察机关提供司法办案参考。同时，这4个案例既是正当防卫的指导性案例，也是检察机关以法治手段维护社会主义核心价值观的指导性案例。我们专门发布这些指导案例，目的就在于进一步惩恶扬善，弘扬正气，保护见义勇为，向社会释放正能量。

陈某正当防卫案针对的是一般防卫的问题，要旨在于"在被人殴打、人身权利受到不法侵害的情况下，防卫行为虽然造成了重大损害的客观后果，但是防卫措施并未明显超过必要限度的，不属于防卫过当，依法不负刑事责任"；朱凤山故意伤害（防卫过当）案涉及民间矛盾，这起指导性案例针对的是最防卫过当问题，明确指出在民间矛盾激化过程中，对正在进行的非法侵入住宅、轻微人身侵害行为，可以进行正当防卫，但防卫行为的强度不具有必要性并致不法侵害人重伤、死亡的，属于明显超过必要限度造成重大损害，应当负刑事责任，但是应当减轻或者免除处罚。于海明正当防卫案和侯雨秋正当防卫案，针对的是特殊防卫的问题，分别明确了"行凶"和"其他严重危及人身安全的暴力犯罪"的认定标准。

孙谦特别指出，第十二批指导案例除集中围绕正当防卫这一主题外，也体现了依法履行法律监督职能的检察特色，分别从介入侦查、审查逮捕、审查起诉和二审检察四个方面，体现了正在办案中监督，在监督中办案的理念和成效。

殷清利回忆，于欢案后，能感受到正当防卫的"松绑"趋势。

"在于欢案刚判完没多久，保定男子田丰为护妹打死妹夫，这个案子是以故意杀人罪起诉的，但一审法院判决有期徒刑6年。"他说，"当时法官曾向家属透露，受到于欢案判决影响，最终认定田丰为防卫过当。"

殷清利在该案二审时担任代理律师，案子改判3年，再审后改判无罪，此后田丰也获得了国家赔偿。

2018年，昆山龙哥反杀案、福建赵宇案、丽江反杀案、涞源反杀案等多起涉及正当防卫的案件接连曝光，这些案件当事人，在检察阶段认定为正当防卫，不负刑责。

对韦凤珍而言，昆山反杀案是一个重要的转折点。

"昆山反杀案从网络发酵，到后来被最高检确定为指导性案例，作为司法办案人员，我们开始思考从哪些角度去剖析这类案件。"韦凤珍说，从关注案件过程到关注双方当事人，开始的加害方、最后的死者刘海龙，开始的被害方、后来的杀人者于海明，到底哪一方责任更多？正当防卫条款的价值导向应该如何发挥？我们的理念也在逐步转化。

伴随着这些热点案件，对正当防卫的讨论不断往前推进。

殷清利分析，于欢案带给大家的思考是，持续性的不法侵害，包括言语侮辱、限制自由是否符合正当防卫的起因要件、时间要件？涞源反杀案，剑指的问题在于面对非法入侵住宅是否可以防卫？唐雪案带来更大的意义在于如何区分互殴和正当防卫。

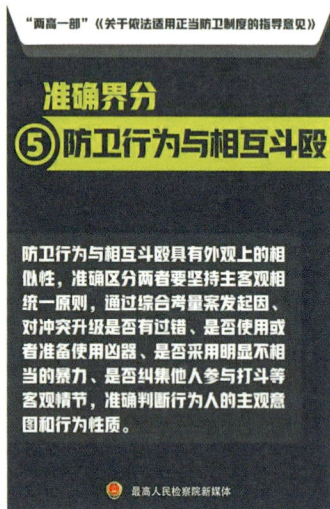

"两高一部"《关于依法适用正当防卫制度的指导意见》

准确界分
⑤防卫行为与相互斗殴

防卫行为与相互斗殴具有外观上的相似性，准确区分两者要坚持主客观相统一原则，通过综合考量案发起因、对冲突升级是否有过错、是否使用或者准备使用凶器、是否采用明显不相当的暴力、是否纠集他人参与打斗等客观情节，准确判断行为人的主观意图和行为性质。

最高人民检察院新媒体

松 绑

立法与司法之间的差距正在消弭。

近日，"两高一部"联合出台《关于依法适用正当防卫制度的指导意见》对上述案件的争议作出了回应：不法侵害既包括侵犯生命、健康权利的行为，也包括侵犯人身自由、公私财产等权利的行为；既包括犯罪行为，也包括违法行为。对于非法限制他人人身自由、非法侵入他人住宅等不法侵害，可以实行防卫。

对于互殴和防卫，《指导意见》明确，双方因琐事发生冲突，冲突结束后，一方又实施不法侵害，对方还击，包括使用工具还击的，一般应当认定为防卫行为。不能仅因行为人事先进行防卫准备，就影响对其防卫意图的认定。

"法律要综合考虑天理、国法、人情，为时而作，时代需要什么法律就回应什么，要回答时代之问。"常成华表示。

于欢案、昆山反杀案、赵宇案等对正当防卫的推动，无法忽视的是公众的关注与参与。

于欢案二审公开庭审，山东高院进行网上直播，先后发布 165 条微博，有 1 亿 7000 万次点击量。2019 年最高检副检察长孙谦在一次专题讲座中提到，于欢案的点击量超过 7 亿。

在赵宇正当防卫案中，赵宇见义勇为致不法侵害人重伤，该案的"见义勇为后被刑拘""检方回应制止侵害被拘"等新浪微博话题，总阅读量超 6 亿条，总讨论数超 26 万条。

最高检检察长张军曾在最高检公开日中提及"昆山反杀案"："一夜之间有 4 亿人在浏览、发表自己的意见。第三天，检察机关和公安机关一同认定这是一次正当防卫。"

"像这样的案件，以前社会公众不会了解，即使了解也不会强烈关注。这也反映了人民群众对民主、法治、公平、正义、安全、环境有了新的要求。"张军说，"大家在政治、民主法治方面，有了更加强烈的参与意识。"

在一线办案中，韦凤珍表示，现在会更重视对公众朴素正义观的回应，重视以办案引领社会正义和价值取向。"我们讲办案的三个效果，政治效果、法律效果、社会效果，之前强调比较多的是法律效果和政治效果，现在会更注重

最高人民检察院网上发布厅

最高检发布6起正当防卫不捕不诉典型案例

发布时间：2020年11月27日

11月27日，最高人民检察院发布6起正当防卫不捕不诉典型案例，进一步明确正当防卫制度的法律适用，统一司法标准，准确理解把握最高人民法院、最高人民检察院、公安部今年9月联合发布的《关于依法适用正当防卫制度的指导意见》，为促进严格执法公正司法提供有效指引。

此次发布的典型案例分别是甘肃省泾川县王某民正当防卫不批捕案、河北省辛集市聂某华正当防卫不批捕案、江西省宜春市高某波正当防卫不起诉案、湖北省京山市余某军正当防卫不起诉案、安徽省枞阳县周某某正当防卫不起诉案、湖南省宁乡市文某丰正当防卫不起诉案。6起典型案例具有以下特点：一是案件类型全面，包括不批捕案件2件，不起诉案件4件；二是指导意义典型，6起案例，虽然都是正当防卫，但突出的重点各有侧重；三是案件起因多元，既涉及故意伤害、强奸、非法侵入住宅等，也涉及道路行车纠纷、暴力拆迁、传销等多发或备受社会关注的情形。

其中，江西省宜春市高某波正当防卫不起诉案是关于对暴力传销的防卫。据悉，近年来，传销犯罪仍处于多发状态，从2019年数据看，全国检察机关起诉组织、领导传销活动9683人，位于所办理的刑事犯罪数第30位，略低于故意杀人罪。最高检有关负责人表示，非法传销往往伴随着对公民人身权利和财产权利的严重侵害，容易滋生聚众违法犯罪，防卫人往往具有与比明显失衡、面对不法侵害如不采取防卫行为将可能遭受严重侵害。对于伴随严重暴力的传销犯罪，一方面要依法严厉打击以震慑犯罪，遏制传销犯罪的蔓延；另一方面也需要通过案例和普法宣传，支持遭受传销组织不法侵害特别是暴力伤害的公民进行自救自卫。

最高检有关负责人表示，这批典型案例的发布有助于司法工作人员进一步更新司法理念、提升司法能力、强化司法担当，更精准地适用正当防卫制度，实现法、理、情有机统一。此外也回应了社会关切，进一步弘扬了"法不能向不法让步"的法治精神。检察机关提示，公民要坚持权利和义务的统一，不能滥用法律赋予的正当防卫权利，遭到不法侵害，具备条件的还应优先选择报警等方式解决矛盾、防范侵害，尽可能理性平和解决争端。

以人民为中心，以每一个案件的办理满足人民群众对法治、对公平正义、对安全的更高需求，将对社会效果的追求提高到相当的层次。"

渔民李某案，最终检察机关作出不起诉决定。"作出决定前我们召开了听证会，并专门走访了那一带的渔民询问他们的意见。渔民跟我们反映，龙某是个恶霸，都支持对李某不起诉。"韦凤珍说。

"有些案子，此前连防卫因素都认可不了，现在有可能会认定为防卫过当。"殷清利认为，正当防卫目前是一个大范围激活状态，但并未完全归位。

在激活到归位之间，惯有思维与司法理念的差距仍需要时间转变。

好的趋势是，根据最高检 12309 公开网文书统计，2017 年 1 月至 2020 年 4 月，全国检察机关办理涉正当防卫案件中，认定正当防卫不批捕 352 件、不起诉 392 件。2019 年不批捕件数和人数同比增长 105.4%；不起诉件数和人数同比增长分别为 107.9%、110%。

两年之间，涉正当防卫案件的不捕不诉翻了一番。

作为这一切起始的于欢案，最近也有了新进展。殷清利告诉新京报记者，于欢即将出狱，这次又迎来正当防卫新规，也算圆满注脚。

财新
Caixin

跨省监狱交叉巡回检察来了
效果有待检验

王梦遥　2020 年 11 月 13 日

常规的监狱派驻检察存在明显弊端，检察官容易被"同化"甚至发生司法腐败。跨省交叉巡回检察是工作机制层面的改革，有利于提高监督独立性，但也面临高昂的人力物力成本。

最高检部署开展的省内监狱交叉巡回检察刚刚结束，跨省监狱交叉巡回检察已经启动。最高检官网消息，从福建、河北、贵州省检察机关抽调人员分别对陕西省宝鸡监狱、广东省从化监狱、湖南省坪塘监狱开展跨省监狱交叉巡回

最高人民检察院第五检察厅召开全国检察机关全面推进监狱巡回检察工作座谈会

检察，近日巡回检察组已统一出发。有学者指出，这属于工作机制层面的改革，效果如何有待观察。

据最高检第五检察厅负责人介绍，这是最高检首次启动跨省监狱交叉巡回检察。检察机关是法律监督机关，对监狱刑罚执行和监管改造活动进行法律监督是检察机关的重要职能。长期以来，这项工作主要采取同级检察机关派驻检察、上级检察机关不定期巡视检察和针对突出问题开展专项检察等方式展开。其中，派驻检察是最主要的日常监督方式。

派驻检察制度存在明显弊端，主要是派驻检察人员相对固定，缺乏必要的交流轮岗，导致监督的敏感性不强，甚至被"同化"引发司法腐败，进而出现不愿监督、不敢监督，监督流于形式、缺乏实效的现象。

近年来，"纸面服刑"、违规减刑等事件引发了社会广泛关注。财新此前报道，呼伦贝尔市男子巴某某和在 1993 年因犯故意杀人罪获刑 15 年，但他却在此后成功办理保外就医，直至刑期结束也没到监狱服刑。"纸面服刑"期满后巴某某和先后入党、当选嘎查达（蒙语，即村主任）、旗人大代表（详见财新网：《内蒙古一杀人犯"纸面服刑"15 年 诸多谜题待解》）。

北京男子郭某某因感情问题杀害女朋友，2005 年 2 月 24 日被判处无期徒刑。从 2007 年开始到 2019 年出狱，郭某某先后获得 9 次减刑，实际服刑近 15 年，其减刑频度之密、幅度之大，引发了广泛质疑。此后官方通报的调查结果显示，郭某某服刑期间，其父多次直接或通过他人请托监狱系统、检察院、法院相关工作人员，谋求帮助郭某某快速减刑，其中一名请托对象是时任北京市清河检察院监狱检察处副处长赵某某。目前，赵某某已被移交司法处理（详见《北京市纪委监委关于"郭某某减刑案"中有关人员涉嫌职务犯罪问题调查情况的通报》）。

2018 年 5 月，最高检决定在山西、辽宁、上海、山东、湖北、海南、四川、宁夏等八个省份的部分地区开展为期一年的监狱巡回改革试点。试点方案要求，各试点检察院以现有派驻检察人员为基础组成若干个检察官办案组，代表该院对监狱执行刑事诉讼法、监狱法等法律规定情况，刑罚执行和监管改造活动是否合法进行全面检察。同年 10 月完成修改的《检察院组织法》正式确立对监狱实行巡回和派驻两种检察方式。

江苏省无锡市检察院聘请专业审计人员对无锡监狱进行常规巡回检察

经过一年多的试点，最高检宣布从 2019 年 7 月 1 日开始，全国检察机关将全面推进监狱巡回检察工作，"巡回 + 派驻"成为监狱检察的常态。截至 2019 年 5 月，全国检察机关共对 452 个监狱开展 1262 次巡回检察，共发现问题 7238 个，发出书面纠正违法和检察建议 2808 件，得到纠正 2008 件。时任最高检第五检察厅厅长王守安称，与以往仅实行派驻检察相比，巡回检察成效明显。巡回检察最大的优势和特点就是检察人员不固定，用"生面孔"深入查找问题（详见财新网：《监狱巡回检察将推向全国 防止"熟人熟事一团和气"》)。

　　巡回检察是对现有监狱检察人员重新进行布局与调整，组成若干个巡回检察办案组，实行不固定人员、不固定监狱、不固定时间的检察。其方式包括常规巡回检察、专项巡回检察、机动巡回检察、全面巡回检察、交叉巡回检察、专门巡回检察等。巡回检察办案组可以针对监狱改造活动中的单个或多个内容重点开展常规巡回检察，针对常规巡回检察发现的线索和突出问题，可以开展专项巡回检察。针对常规巡回检察发现的整改落实情况，可以开展机动巡回检察。

　　中国政法大学诉讼法学院副教授王贞会认为，巡回检察有助于解决派驻检察存在的问题，提高监督效能。他同时提醒，在检察官员额制改革的背景下，是否能够保障充足的巡回检察人员，能否得到足够的经费支持，这都会影响到巡回检察制度的最终效果。

最高检第五检察厅及部分地方业务骨干赴新疆开展"组团式"援疆工作；援疆工作组以案代训，结合实际案例进行针对性指导和答疑解惑

以往的监狱交叉巡回检察仅在省内层面，此次最高检启动了跨省交叉巡回检察。财新记者注意到，最高检要求，跨省交叉巡回检察重点突出对监狱刑罚执行、狱政管理、罪犯教育改造等工作情况进行检察。同时，还要求把巡回检察与发现、深挖职务犯罪线索和查处职务犯罪有机结合。

"理论上来说，跨省的巡回检察有利于提高检察质效和监督的独立性。"中国人民大学法学教授李奋飞表示，从全国抽调人员也可以提高组织人员的权威度。他提到，巡回检察消除了以往监狱检察人员与监狱监管人员长期身处同一空间形成的一体观感，使得监狱检察在具有明显的独立性，而跨省巡回检察也意味着人员之间的陌生化更高。

一位不愿具名的学者指出，这一行动仍在"派驻＋巡回"框架下，属于工作机制层面的改革，这种做法也面临着更高昂的人力物力成本，且透明度不高。监狱跨省交叉巡回检察成效如何，还需要时间检验。

『信访是个良心活』

——南方周末◎谭畅

06

温度

新华视点

新华社
XINHUA NEWS AGENCY

"检察院"这名儿谁定的，
小熊带你探秘最高检！

陈菲 等　2020 年 12 月 4 日

节目主要内容

　　考考你，"检察院"名字怎么来的，最高检大要案在哪里决定，你知道吗？

　　10 年来，有超过 260 万群众走进全国各级检察机关。第 7 个国家宪法日前夕，最高人民检察院举行第 37 次开放日活动，小熊带你走进最高检，一起去探秘！

和以往的裁判结果进行比对分析

大数据、人工智能、云计算这些高科技

人民检察署

▶ 视频观看地址

https://xhpfmapi.zhongguowangshi.com/vh512/
share/9590358?channel=weixin

解放军报

司法救助温暖军心

——全国检察机关办理涉军司法救助纪事

李建文 程振楠 王昱璇　2020 年 5 月 26 日

"谢谢，谢谢……"广西壮族自治区融安县一户二层小楼里，廖奶奶紧紧拉着前来看望她的融安县人民检察院检察官阳红斌的手，用浓重的方言表达谢意。

望着整饰一新的二层小楼，听着退役军人小廖怀中二宝的笑声，阳红斌知道，这个曾陷入困境的家庭已重获生机。

2017 年，一场车祸导致小廖的父亲去世，母亲双脚残疾，两岁的儿子也受了伤。巨额的医疗费用，使好不容易摘掉贫困户帽子的家庭重新返贫。

融安县人民检察院在办案中发现，小廖的家庭符合退役军人、残疾人、未

广西壮族自治区融安县人民检察院检察官和县人武部领导到退役军人家中调研，了解司法救助开展情况

成年人以及贫困户 4 种特殊情况。他们一边上报广西壮族自治区人民检察院、柳州市人民检察院，一边着手启动司法救助程序，同时迅速联系残联、医院，帮助小廖母亲办理残疾证，和当地乡镇政府确认小廖家再次返贫的实情。

去年 1 月，广西壮族自治区人民检察院党组书记、检察长崔智友来到小廖家中，代表检察机关将司法救助金送到这位退役军人手中。

你守护万家灯火，我护你后顾无忧。2018 年 4 月，全国检察机关统一启动"深入推进国家司法救助工作"专项活动。同时，最高人民检察院明确将退役军人纳入军人军属范围，一并作为重点救助对象。2019 年，最高人民检察院、国务院扶贫开发领导小组办公室《关于检察机关国家司法救助工作支持脱贫攻坚的实施意见》下发，进一步加大了涉军司法救助力度。短时间内，全国检察机关司法救助军人军属和退役军人百余人，发放救助金数百万元。

"我是上过战场的老兵，如今家庭遇到了困难，请人民检察院帮帮我！"去年，山东省广饶县人民检察院检察服务热线，接到 91 岁老兵刘老打来的电话。

办案检察官聂连斌了解到，刘老是参加过淮海战役、济南战役的老英雄，2013 年，刘老的妻子与邻居因土地归属权发生纠纷，腰部受伤。老人受伤后一直瘫痪在床，后又被确诊为抑郁症，生活不能自理。刘老虽有一些补助，但儿女没有固定收入，医疗费用难以为继。

"不能让英雄流血又流泪。"聂检察官判断，刘老家的情况基本符合司法救助条件，报上级批准后，立即启动司法救助程序。在协助刘老递交生活困难的相关证明后，考虑到该案是邻里纠纷，检察官便主动释法说理调解双方矛盾。最终老人邻居被法院适用缓刑，并主动赔偿，刘老和妻子对结果表示满意。拿到救助金时，在医院陪护老伴的刘老热泪盈眶："党和国家还记挂着我，我特别感动！"

这起案件是广饶县第一起涉军司法救助案件，县退役军人事务局了解到该案后，以此为契机，就涉军司法救助与检察机关进一步沟通，并会签相关文件，推动精准救助走上制度化轨道。

近年来，主动发现线索、加强部门沟通，实施多元化救助是检察机关开展涉军司法救助的显著特点。江苏省海安市人民检察院跨市联动救助让群众少跑路，同时与民政部门协调，开通低保审批绿色通道，实现对军人军属的多元救助；贵州省丹寨县人民检察院引入律师作为第三方力量，参与从救助申请到救助金发放的全过程，实现检律互补，提升了案件办理的社会效果……

一次，安徽省宿松县人民检察院在受理一名军嫂的维权案件时，主动与其户籍所在地的湖北省罗田县人民检察院联系，深入了解这名军嫂家庭的详细情况，最终争取到司法救助金。

据最高检有关领导介绍，下一步，各级检察机关控告申诉检察部门将建立统筹协调机制，强力推进涉军司法救助工作常态化，促进司法救助工作与拥军优属工作紧密衔接，共同维护军人军属和退役军人合法权益，将党的温暖和关怀送到他们的心坎儿上。

农民日报

假种子导致 4000 亩农田绝收
——经销商被诉生产、销售伪劣种子罪获刑七年

高雅　2020 年 3 月 26 日

当前，正值春耕春播关键时期，农资的优劣关系到农业生产能否顺利进行，更关系到农民一年的收成。受疫情防控影响，农资企业复工复产总体情况较好，但部分地区仍有缺口，给伪劣农资产品流入市场带来可乘之机。3 月 22 日，在国务院联防联控机制举行的保障春耕生产农资供应工作情况发布会上，相关负责人表示，农业农村部在全国范围内深入开展农资打假专项治理行动，严打违法违规行为，切实保障好农民群众的合法权益。近日，本报记者采访调研了一起生产、销售伪劣种子案，希望广大农资经营者引以为戒，也提醒广大农民在购买种子时擦亮眼睛，避免上当受骗。

生产、销售伪劣种子行为严重危害国家农业生产安全，损害农民合法利益，及时、准确打击该类犯罪，对保护农民权益、维护农村稳定意义重大。据统计，2019 年，农业农村部会同最高法、最高检、公安部等部门开展联合行动，共出动 107 万人次，查处问题 1.1 万起。

近日，最高人民检察院发布以涉农检察为主题的第十六批指导性案例。

最高检召开第十六批指导性案例新闻发布会，通报检察机关开展涉农检察工作的主要情况

其中，某种业公司区域负责人王某生产、销售 2 万多斤伪劣种子，农户播种后，禾苗未能按期抽穗、结实，导致 200 多户农户 4000 余亩农田绝收，造成直接经济损失 460 余万元。

经销商"偷梁换柱"被判刑

2017 年 3 月，江西省南昌县种子经销商郭某珍询问某种业公司设在丰城市种子经营部的闵某是否有"T 优 705"水稻种子出售，在得到肯定答复并报价后，先后汇款 30 万元用于购买种子。

随后，闵某找到所在公司区域负责人王某订购种子，王某却向公司申报了"陵两优 711"稻种销售计划，后闵某汇款 20 万元给王某作为订购种子款。

为了将"陵两优 711"种子变成"T 优 705"，王某找到一名包装公司员工，向其提供制版样式，印制了标有"某种业有限公司""T 优 705"字样的小包装袋 29850 个。

收到"陵两优 711"散装种子后，王某请闵某帮忙将散装种子装到此前印好的小包装袋内，并将分装好的 24036 斤种子运送给郭某珍，郭某珍收货后销售给农户。可是，200 余户农户播种后却发现，禾苗未能按期抽穗、结实，导致 4000 余亩农田绝收，造成直接经济损失 460 余万元。

在农业部门配合下，2018 年 5 月 8 日，南昌县公安局以王某涉嫌销售伪劣种子罪，将案件移送南昌县人民检察院审查起诉。7 月 16 日，检察院以被告人王某犯生产、销售伪劣种子罪向南昌县人民法院提起公诉。9 月 10 日，南昌县人民法院公开审理了此案。

王某被指控身为种业公司区域负责人，负有对销售种子的质量进行审查监管的职责，其将未通过江西地区审定的"陵两优 711"种子冒充"T 优705"种子，违背职责分装并销售，使农业生产遭受特别重大损失，其行为构成生产、销售伪劣种子罪。

2018 年 10 月 25 日，南昌县人民法院作出一审判决，以生产、销售伪劣种子罪判处被告人王某有期徒刑 8 年，并处罚金人民币 15 万元。王某不服一审判决，提出上诉。其间，王某及其家属向南昌县农业部门支付 460 万元用于赔偿受害农民损失。

2018 年 12 月 26 日，南昌市中级人民法院作出终审判决，维持一审法院对上诉人王某的定性，鉴于上诉期间王某已积极赔偿损失，改判其有期徒刑7 年，并处罚金人民币 15 万元。

以假充真绝不姑息

最高检发布的案件指导意义显示：以此种子冒充彼种子应认定为假种子。"种子是一类特殊的农资产品，如果中间环节经销商以假种子冒充真种子，以不合格种子冒充合格种子，以此种子冒充彼种子，不仅扰乱农资产品经营秩序，而且严重危害国家粮食安全，损害农民合法利益。"最高检检察委员会专职委员万春表示。

涉假农药、假种子类农资犯罪与食品安全等其他犯罪往往相互交织，不仅危害性极大，因农作物生产周期较长，案发较为隐蔽，办理难度大幅增加。

"很多农民使用了假种子，一年到头，辛苦耕种，投入大量成本，却血本无归，欲哭无泪。种子经销商、代理商等各类中间环节的经营者，应当从惠农利农的角度依法开展种子经销经营活动，'黑心钱'绝不能赚。"万春告诫广大农资经销商。

在本案审查起诉阶段，王某辩称自己行为不构成犯罪，不知道销售的种子为伪劣种子。经查，2010年5月17日广西农作物品种审定委员会对"陵两优711"审定通过，可在有条件区域进行种植，但在江西并未审定通过。

检察机关认为，王某作为种业公司区域负责人，具有对种子质量进行审查的职责，其明知所在公司不生产"T优705"种子，为了谋利，将"陵两优711"分装并标识为"T优705"进行销售，应当认定为具有以彼种子冒充此种子进行包装、销售的犯罪故意，构成生产、销售伪劣种子罪。

"犯罪嫌疑人往往抓住种子专业性强、农户识别能力低的弱点，以此种子冒充彼种子或者以不合格种子冒充合格种子进行销售。"最高检法律政策研究室主任高景峰说，对没有生产经营资质，未尽到质量注意义务，或者明知是不合格产品，而采用明示标明方式予以销售，造成农业生产遭受重大损失的，应依法以生产、销售伪劣种子罪追究相关人员刑事责任。

购买种子一定要保留小票

农民在购买农资交易过程中，往往处于弱势一端，很难具备甄别种子的专业知识与技能。"提醒广大农民朋友，假冒伪劣种子客观存在，在购买种子时，要擦亮眼睛，增强识别能力。购买了假种子，要及时向农业、市场监管等相关部门举报，维护合法权益。"万春表示。

在本案侦破过程中，公安机关充分听取辩护人及受害农户的意见，收集了受害农户购买谷种小票、农作物不同生长期照片、证人证言等，认定南昌县及其他地区受害农户合计 205 户，绝收面积 4000 余亩。结合南昌县往年晚稻平均亩产量，考虑到晚稻因品种和种植方式不同存在差异，产量评估以种子包装袋上注明的平均亩产 444.22 公斤为依据，并以当年晚稻平均单价每公斤 2.6 元计算损失，认定 205 户农户因种植假种子造成的经济损失为 460 余万元。

高景峰表示，伪劣种子造成的损失是涉假种子类案件办理时的疑难问题。实践中，可由专业人员根据现场勘查情况，对农业生产产量及其损失进行综合计算。具体可考察以下几方面：一是根据现场实地勘查，邀请农业方面专家，分析鉴定农作物生育期异常的原因，能否正常结实，是减产还是绝收等，分析减产或者绝收面积、产量。二是通过审定的农作物区试平均产量与根据现场调查的往年产量，结合当年可能影响产量的气候、土肥等因素，综合评估平均产量。三是根据农作物市场行情及平均单价等，确定直接经济损失。

"伪劣农药、种子类案件中，检察机关不仅要办好案件，而且要在办案的基础上，积极协调相关职能部门，推动共同督促被告人赔偿受害农户损失，最大限度保护农民群众的利益。"高景峰说。

中国青年报

可判故意杀人罪！偷的不是井盖是命

王钟的　2020 年 4 月 22 日

"拿起井盖我没法抱住你，放下井盖我没法养你。"这句调侃偷窃井盖者的段子，在互联网上流传多年。众所周知，盗窃、破坏窨井盖的行为，给公众出行安全造成了极大的威胁。近期，最高人民法院、最高人民检察院、公安部联合发布《关于办理涉窨井盖相关刑事案件的指导意见》（以下简称《指导意见》），其中明确盗窃破坏窨井盖致人伤亡可以故意伤害、杀人罪定罪处罚。

在最高检同期公布的案例中，就包括一起居民擅自移动窨井盖致邻居小孩溺亡的事件。被告人犯过失致人死亡罪，被判处有期徒刑 3 年，缓刑 4 年。类似沉痛的教训提醒人们，不管出于什么动机破坏窨井盖，都可能承担严肃的法律责任。

井盖虽然是城市公共设施的细枝末节，却关系到居民"脚底下的安全"。因为井盖安全问题，伤人、"吃人"的事件屡见不鲜。尽管缺少全国性的统计数据，但通过一些地方的报道足以窥见一斑。例如，早在 2006 年，就有报道称北京每年丢失井盖价值 1600 万元；山东济南媒体曾引用业内人士的话称，该市一年丢失 5000 多个井盖；江苏常州媒体曾报道，该市每年有 3000 个井盖丢损。尽管随着城市管理水平的提升和市民警惕意识的增强，近年来中心城区的公共井盖被相关部门纳入重点整治对象，但在一些偏僻地方和郊区，井盖丢损问题仍有不少。

一些违法犯罪人员盗窃井盖的行为，给公共安全埋下隐患。在过去一段时间里，对于盗窃井盖的法律后果，社会的认识并不统一。很多人还以为，对盗

江西省萍乡市安源区检察院检察官对窨井隐患排查整改工作进行跟踪回访

窃窨井盖行为都是按"盗窃罪"定罪量刑。其实，早在 2004 年，苏州市平江区人民法院就以危害公共安全罪，判处两名盗窃窨井盖（共 5 块，价值不足千元）者 3 年以上有期徒刑。此后，各地司法机关以危害公共安全罪处罚盗窃井盖的案例逐渐增多。

不过，由于盗窃、破坏井盖的案情复杂多样，有的是有组织有策划的"团伙作案"，有的是临时起意的犯案，有的可能只是行为人的"无心之失"，造成了一些案件罪名适用不准确，罪责刑不相适应，处罚过于宽缓。社会仍呼唤司法机关对涉窨井盖相关刑事案件的论罪量刑出台统一意见，制定相关司法解释文件。"两高一部"发布专门的《指导意见》，完善盗窃、破坏窨井盖的司法处置办法，是司法机关应有的担当。

值得肯定的是，《指导意见》凸显了对公共安全的保护，对盗窃、破坏公共场所尤其是人流、车流密集场所的窨井盖，不再简单地以盗窃罪或故意毁坏

河北省阜城县检察院检察官对县城窨井盖问题进行调查

财物罪来认定。这就打消了公众对这方面的疑虑，也强化了严肃打击盗窃破坏井盖的司法决心。

还须注意的是，有的井盖残损问题不是由特定人员造成的，而是由于机动车频繁刹车制动、自然锈损等客观原因逐步积累的，公交车站附近、道路交叉口等地方更容易出现井盖毁损现象。对此，《指导意见》也针对负有窨井盖管理职责的机构和个人提出了要求，根据管理职权的性质，可以玩忽职守罪、滥用职权罪，或过失致人重伤罪、过失致人死亡罪定罪处罚。在督促管理者加强对井盖维护和更新，保障公众出行安全方面，法治体现了强大的驱动力。

因为城市更新建设的频繁，井盖管理涉及多个部门和机构，因此在接到公民举报井盖残损问题以后，有时会出现管理者互相推诿的现象。现代城市的地下管道线路犹如复杂的毛细血管，专门建立统一的管理机构或许并不现实。但是，这并不意味着对井盖管理缺失问题就必然无所作为。如今，司法机关牢固树立以人民为中心的办案理念，坚决依法追究刑事责任，就为解决窨井"吃人"问题树立了精准的法律标尺。

"信访是个良心活"：对话最高检控告申诉检察厅厅长徐向春

谭畅　2020 年 6 月 12 日

> 如果老百姓对我们办结的申诉案件不满意，我们要求承办检察官一直做到底，一定要做到满意为止。谁办的案谁接访，终身负责制。大部分积案都还是正常的案件，是信访人存在认识错误。我们现在要求，对于最高检特别是我们第十检察厅办理的每一起申诉案件，老百姓不服的，我们必须要做释法说理工作。

"我要信访。"

打开 12309 中国检察网，实名注册后进入网上信访大厅，你就可以向检察院提出控告、申诉、国家赔偿等信访诉求，还可以就公益诉讼线索、未成年人司法保护、律师执业权利保障等进行线上反映。在"个人中心"页面，你能查询到提交的信访事项回复情况和办理进展信息，还可以对办理结果是否满意作出评价。

2020 年 6 月 8 日，"检访通"信访服务系统正式上线。在最高人民检察院 12309 检察大数据中心举行的记者见面会上，最高检第十检察厅厅长徐向春介绍，该系统可以实现群众信访实时查询反馈，"为群众提供更加高效便捷检察服

务的同时，也通过信访信息办理过程和结果的实时监控，倒逼信访工作质效的不断提高"。

为了解决群众来信"不回复"或"少回复"问题，2019 年 3 月，最高检作出承诺：群众信访件件有回复，7 日内程序性回复，3 个月内办理过程或结果答复。之后，最高检在全国检察系统推动了一系列改革，包括化解信访积案、推广公开听证、压实首办责任制、形成检察长接访和领导包案等。

徐向春说，2020 年 1 月至 4 月，全国检察系统共收到群众来信 30 万余件，均做到 7 日内"应回尽回""能回尽回"；先后有 4 万余件符合检察机关受理条件的案件满 3 个月答复期，答复率为 99.7%。

最高检第十检察厅又称"控告申诉检察厅"，主要负责受理向最高检的控告和申诉，承办最高检管辖的国家赔偿案件和国家司法救助案件。见面会后，厅长徐向春接受了《南方周末》记者的采访。

"一定要做到满意为止"

南方周末：昨天（6月7日）最高检发布公告，因为北京市突发公共卫生事件响应级别调整至三级，最高检从今天起恢复接待群众来访。今天来访群众多吗？

徐向春：今天是疫情以来，也是新春以来第一天接访。我一上班就到门口信访大厅那去看，还是有不少信访群众来了，还真是有点出乎我们的意料，因为我们公告也是刚刚才发，这说明老百姓的信访需求还是很大。

实际上信访的渠道有很多，实地到这来上访的叫"走访"，只是我们其中一个渠道而已。我们现在还是提倡老百姓能够就近访，就是去他自己家或者单位所在地（检察院），这样减少上访的成本。相应地我们提出"首办责任制"，就是群众就近访的检察院，对于第一次来上访的，一定要做到首次就能解决问题。

现在我们也大力推广网络信访，引导群众通过12309中国检察网、手机

最高检第十检察厅检察官在12309检察服务中心接待来访群众

App 等方式反映问题，这也可以大大减少老百姓的诉累。对于网上信访，我们也是要做到 7 日内程序性回复和 3 个月内答复，实际上与走访效果是一样的。

南方周末：今年"两会"最高检工作报告提到，2019 年 3 月至 2020 年 3 月，全国检察机关共收到群众来信 97 万余件，均在 7 天内程序性回复，3 个月内答复率为 99.3%。其实很多机关单位都有信访工作，99.3% 的答复率确实算其中比较高的了。你们是怎么做到的？

徐向春：我们这一年为这个事花了大功夫，其中一个手段就是我们厅派人下去督导，去全国各个省检察机关的控申部门检查调研，现场去翻他的台账，去给申诉人打电话，问有没有收到答复。

如果发现确实没做到 7 日内程序性回复，没做到 3 个月内答复，我们就在每个月一次的书面通报里面点名道姓，说哪个院没做到，这对他们来说是很大的一个压力。你点到哪个院，检察长面子是挂不住的。

中华人民共和国最高人民检察院
The Supreme People's Procuratorate of the People's Republic of China

| 首页 | 机构设置 | 检察新闻 | 工作信息 | 检察业务 | 检察院建设 | 12309中国检察网 | 2021年02月07日 星期日 |

当前位置：首页 > 重点推荐

最高检：群众信访一年答复率达99.3%

时间：2020-05-15　作者：刘家墉　来源：正义网　　　　字体：大　中　小

正义网北京5月15日电（见习记者刘家墉）7日内回复，3个月答复！2019年两会期间，最高人民检察院承诺落实"群众信访件件有回复"制度，一年来，最高检积极作为，以实际行动践行诺言，群众信访答复率达99.3%。5月15日，最高人民检察院第十检察厅厅长徐向春在做客"纵论'四大检察'新格局 畅叙'十大业务'新愿景"最高检厅长网络访谈时表示，2019年，第十检察厅全面落实群众信访件件有回复制度，紧紧盯住信访下发及时跟复这个"痛点"发力，要实每件信访，让申诉的群众吃下"定心丸"。

数据显示，2019年3月至2020年3月，全国检察机关共收到群众来信971400件，均在7日内"应回尽回""能回尽回"。先后有139934件符合检察机关受理条件的案件满3个月后答复期，答复力理结果或进展的138967件，答复率为99.3%。　徐向春称。

为打赢新冠肺炎疫情防控阻击战，第十检察厅采取了一系列工作措施，坚决既做到防控疫情传播，又依法保障人民群众合法权益。

徐向春介绍，疫情防控期间，第十检察厅及时认真回复每一件群众诉求，一如既往地努力提供优质的检察服务，尽最大可能降低疫情对工作带来的影响。"对群众来信一律先消毒再拆阅、分流和办理，采用微信、统计小程序等办公软件，做好信访案件、防控情况等统计报送，推进视频会议、远程接访等平台应用，减少人员聚集，全力做好疫情防控期间的各项工作。"

南方周末：那还有 0.7% 的信访案件没有在 3 个月内得到答复，原因是什么？

徐向春：地方上一开始重视不够。我们下去督导的时候也发现，有些地方忽视了这项工作，怠于处理信访案件。

最高检党组对信访是非常重视的。张军检察长去年写了一封很长的信给各个省院的检察长，提出一定要把这项工作做实了。今年落实"两会"精神电视电话会上张检又说了，如果做不到，就是没有履职到位。

但是不管怎么说，全国检察系统信访量还是太大了，一年能收到 97 万件群众来信，其中需要 3 个月内答复的实际上都是申诉案件。所以检察官们的压力也确实很大。

最高检第十检察厅厅长徐向春在四川省接访

南方周末：保证"件件有回复"是一方面，另一方面也要看信访人对你们的答复是不是满意。既然是信访案件，肯定有一些疑难杂症，如果信访人诉求没得到满足，最终还是不满意，怎么办？

徐向春：如果老百姓对我们办结的申诉案件不满意，我们要求承办检察官一直做到底，一定要做到满意为止。谁办的案谁接访，终身负责制。以前去接访的只有我们控告申诉厅的检察官，现在是其他业务厅的检察官，只要是他办的案子他必须接访。

信访是个良心活，我们就是想着力争为老百姓解决问题。有的单位可能把来信访的老百姓当成对立面，但其实老百姓绝不是对立面。

信访的满意率，我们现在还没有做完全的测评。我们下去督导的时候会打电话问满不满意，但那还不好统计。现在"检访通"开通了，我们专门设计了一个步骤，就是案件办完后让信访人填是否满意，如果不满意，原因是什么。

"还是要加强释法说理"

南方周末： 全国检察机关从 2020 年 3 月开始清理信访积案。目前，你们清理了多少件？其中年限最长的案件已经积压了多少年？

徐向春： 我们对信访人长期信访 5 年以上的积案逐个排查，目前总共清理出 348 件，其中年限最长的有将近四十年了。

南方周末： 这些积案是怎么形成的？

徐向春： （积案）形成有很多的原因，比如说有些案子是案件本身没有特别大的问题，不是一个错案，但是确实因为当初执法不规范导致有一些瑕疵，让申诉人对于司法机关产生不信任感。他本来应该开始新生活了，结果长期陷入上访的泥潭里，家庭生活很不幸，无法解脱。

还有一种是我们释法说理没有说到位，过于简单化地把结果告诉申诉人，由于他也是不信任司法机关，就长期上访。还有一类是司法救助没有完全到位。

南方周末： 案件本身有瑕疵造成的信访积案多不多？

徐向春： 大部分积案都还是正常的案件，是信访人存在认识错误。比如今年 4 月，新疆维吾尔自治区检察院检察长李永君接待了八十多岁的信访人高某天，他的儿子是犯了故意伤害罪（致人死亡），2008 年 7 月被自治区高院二审裁定维持原判，并核准死刑缓期两年执行。高某天不服，认为儿子的行为是正当防卫、见义勇为。李永君检察长借用《三国演义》中曹操误杀吕伯奢的故事，向他讲解正当防卫和假想防卫的区别，指出他儿子以为对方绑架而持刀捕人，但现实中并没有发生不法侵害，是他认识错误，这属于假想防卫，不是正当防卫。经过一个多小时的释法说理，高某天表示理解，接受了检察机关作出的结论。

这给我们一个启示，就是还是要加强释法说理。我们现在要求，对于最高检特别是我们第十检察厅办理的每一起申诉案件，老百姓不服的，我们必须要做释法说理工作。原承办检察官必须得和他（申诉人）见面，如果他不来，我们就打电话和他说。不然的话，本来是一起简单的事情，他要是心结解不了，越积越长，就变成一个信访老案了。好多信访老案都是这样形成的。今年，我们把清理积案作为深化"群众信访件件有回复"制度的一个重要的措施来做。

"案件确有瑕疵，能补救就补救"

南方周末：信访积案如何化解？

徐向春：主要措施有这么几种。一是我们要按照"能听证尽听证"的原则来做这项工作，我们觉得，公开听证是引入第三方来与司法机关一起做老百姓工作的一个非常有效的载体。用张军检察长的话说，公开听证就是"检察开庭"，实际上是为案件办理增加透明度，让大家一起来帮着我们做群众工作。这一个月来我们已经化解了 24 件信访积案了，其中有将近 1/3 的案子，我们都搞了公开听证，效果都很好。

二是通过"一把手包案"来做信访人的思想工作。大家总说，信访是一个老大难的问题，但是老大难、老大难，老大关注了就不难。检察长带头办案也是最高检党组的要求，要办那些疑难复杂、久诉不决的钉子案、骨头案。因为在一个检察院里面，和普通检察官相比，检察长的法律、政策水平还是要更高一些，多措并举的能力要强一点。由他们包案，去接访，去组织公开听证，也更加容易取得信访人的信任。从实践来看，检察长接访和检察长公开听证的效

检察开放日活动中媒体记者和律师在最高检信访大厅参观

果都比较好，基本上都能够顺利地化解信访积案。

三还是要多措并举，既要做释法说理工作，同时也要力所能及做好司法救助工作。过去这一年，我们的司法救助发挥了很大的作用，在救助人数和救助金额上都比往年有比较大的上升。但是我觉得还是做得不够，特别是对那些常年信访导致家庭生活比较困难的上访人，我们如果有更多帮扶手段让申诉人能够放下他的心结，对于化解这样的信访积案也是有比较大的好处的。

还有对于确实有瑕疵的案件，我们一定要做到能补救就补救，让申诉人真正地能够认可我们司法机关的决定。

南方周末：你们会选择什么类型的信访案件举行公开听证？

徐向春：主要还是对那些疑难复杂的、久诉不决的信访案件，我们主张尽量要做公开听证。

我上周就去宁波慈溪市检察院主持了一个公开听证，也是一个上访了十年的信访老案。其实就是各方讲道理，特别是第三方，比如人大代表来做评议员，一起给他（申诉人）评议，帮助我们一起做释法说理工作，效果很好。他当时就表示不再为这个事上访了。他个人生活很困难，受害后有残疾，我们协调宁波市和慈溪市两级检察院给他一些救助，钱不多，但是让申诉人觉得比较温暖。

强化协同治理万峰湖共识，为解决『上下游不同行，左右岸不同步』这一普遍性问题提供范本

——中国环境报◎陈媛媛

07

公益

为了黄河的安宁

CCTV1　吕莹　关宏怡　杨帆　2020 年 5 月 21 日

节目主要内容

　　2018 年 4 月，陕西省榆林市府谷县人民检察院接到群众举报，黄河的生态环境遭到严重破坏。府谷县检察机关率先入手，查实了一系列危害黄河生态安全的顽疾，进而引发陕西、山西两省检察机关共同携手在黄河流域开展了一次生态保护的检察监督行动。

▶ 视频观看地址

https://tv.cctv.com/2020/05/21/
VIDEJcfwlDN8Y2IZVtO6W6Cz200521.shtml

法治在线

CMG
中央广播电视总台

三清山 600 万元环境公益赔款的背后

CCTV13　曾晓蕾　祝田夫　白晓晗　2020 年 6 月 2 日

节目主要内容

　　江西省上饶市的三清山风景区是世界自然遗产地，风景区内有著名的巨蟒峰。三年前，3 名攀岩爱好者违反景区的规定爬上了巨蟒峰，而这样的行为让他们付出了 600 多万元赔偿的代价。

视频观看地址

http://tv.cctv.com/2020/06/02/
VIDEWP8azFCaRUGfvvbWk2tf200602.shtml

CMG
中央广播电视总台

最高检：万峰湖专案凸显
"办理一案　治理一片"

CCTV13　左力　2020 年 9 月 16 日

24 小时

节目主要内容

　　万峰湖专案是最高检直接立案办理的第一起涉生态环境保护公益诉讼案。2019 年 12 月 11 日，最高检决定对万峰湖流域生态环境受损情况立案调查，并成立专案组。经过各办案机关的努力，万峰湖水质已明显改善，专案保护万峰湖生态环境公益的直接目的已基本实现。

▶ 视频观看地址

https://tv.cctv.com/2020/09/16/
VIDEiCv7Q1uEtTY5HpRBoPN8200916.shtml

CMG
中央广播电视总台

热线 12

全面禁食野生动物
——最高人民检察院发布野生动物保护
公益诉讼典型案例

CCTV12　徐大鹏 等　2020 年 3 月 10 日

节目主要内容

　　野生动物保护一直是检察机关开展公益诉讼的重要领域。滥捕滥杀野生动物，触犯刑事法律的应当承担刑事责任，对环境公共利益造成损害的，检察机关有权提起民事公益诉讼，要求环境破坏者进行生态损害赔偿。如果相关行政机关存在一些违法行为、不作为的，检察机关可以提起行政公益诉讼，来督促行政机关尽职履责。

▶ 视频观看地址

http://tv.cctv.com/2020/03/10/
VIDEGqLgPH4A6DYAWtSNrve8200310.shtml

光明日报

当文物保护迎来刚性监督

陈慧娟　2020 年 12 月 12 日

公益诉讼是为维护公共利益而设置的一种诉讼制度。2017 年民事诉讼法、行政诉讼法修改，检察公益诉讼全面施行，明确检察机关可以代表公众利益，在生态环境和资源保护、食品药品安全、国有财产保护、国有土地使用权出让四大与社会民生直接相关的领域提起公益诉讼。这一范围后拓展至英烈权益保护。

党的十九届四中全会强调"拓展公益诉讼案件范围"，文物和文化遗产保护正是检察机关在上述五大领域之外新的探索领域。截至 2020 年 11 月，全国 23 个省级人大常委会作出加强检察公益诉讼工作的专项决定，其中有 17 个明确将文物和文化遗产保护纳入公益诉讼新领域案件范围。

一年来，检察机关在文物和文化遗产保护领域聚焦了哪些问题、解决了哪些问题，又遇到了哪些新问题，本文进行关注。

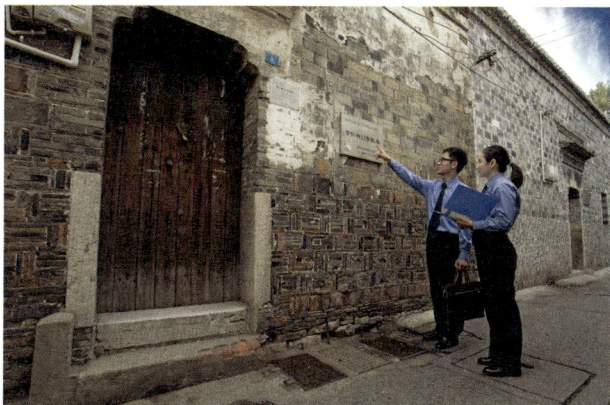

江苏省南京市高淳区人民检察院检察官开展高淳老街不可移动文物保护公益调查，让"活起来"的文物唤醒历史记忆

职能部门失职怎么办

尽管十多年已经过去，但提起文物保护不力的问题，很多人仍会想起梁思成、林徽因故居"维修性拆除"的事件。尽管法律规定明确，保护部门明确，但在持续两年多的"拆迁"与"保护"的拉锯战后，故居最终没能逃脱碎为瓦砾的命运。

文物建筑带着诸多历史信息，连接着现实与历史，塑造着我们的文化与精神，一旦损毁几乎无修复可能。应该说，文物保护不缺职能部门。除了文物局之外，实际工作往往还涉及住房和城乡建设部门、自然资源部门、农业农村部门等。但历史文化资源遭到成规模破坏，大多与行政机关乱作为或不作为有关。"文物保护迫切需要刚性的力量参与监督，督促行政机关更好履行保护文物的法定职责。" 2020 年甘肃省人民检察院开展了甘肃国有文物保护检察公益诉讼专项监督活动，第八检察部主任石占全是专门负责专项监督的检察官之一，在这个过程中他深有感触。

该状况或将发生转变。

检察机关将文物保护纳入公益诉讼的探索范畴，意味着相应的行政部门在未尽职履责的情况下，将可能被起诉。检察机关先发出诉前检察建议，行政部门如仍未落实，将作为被告被检察机关起诉。

检察机关的介入有效激活了政府对文物保护的主体责任，增强了文物保护意识，但也面临着更复杂的问题。

日前，最高人民检察院发布了10起文物和文化遗产保护公益诉讼典型案例，其中敦煌莫高窟行政公益诉讼案引起广泛关注。

敦煌莫高窟建设控制地带内分布着5个石料厂，虽然不在核心区，但采石的过程、引起的粉尘等都可能危及三危山景区和千年洞窟。三危山下的石料，符合道路建设工程石料要求，从1982年敦煌机场初建时就有人开采。由于原国土资源局等部门未及时掌握《敦煌莫高窟保护总体规划（2006—2025）》发布信息，导致现在仍有5个石料厂在敦煌莫高窟建设控制地带经营，并且所有手续齐全，承担着国家级和省级重点建设项目的石料供应任务。同时，这些工厂的存续也事关工人的就业、生活。文物要保护，企业合法权益要维护，民生要稳定——怎么办？检察机关发挥平台作用，通过圆桌会议、公开听证等方式，督促相关行政机关厘清职能，把各自的困难摆出来，商讨解决方法。

石料厂一定要迁址，但限定时间较一般整改延长，检察机关对搬迁场地、存货出售、新建厂各类手续审批等都进行了协调。石料场将于今年12月底搬迁至新址。"工厂肯定是有一些损失的，同时要负责恢复地貌，但是在厂商可接受的范围内。"石占全说。

对于检察机关在文物保护工作中的定位，最高人民检察院公益诉讼检察厅负责人在接受采访时表示，主要是起到撬动巨石的支点或者杠杆的作用，督促行政机关等主体更好地履行法定职责。一方面，在文物保护中，行政机关肩负着第一顺位的首要责任。另一方面，通过公益诉讼的依法介入，可以借助检察监督力量和诉讼程序的权威性，补足相关行政机关执法手段和力量不足的问题，双方可以优势互补，增强合力，提升治理效果。

不可移动文物保护难点在哪里

文物建筑按照级别分为全国重点文物保护单位、省级文物保护单位、市级和县级文物保护单位以及未核定为文物保护单位的不可移动文物。全国重点文物保护单位共 5058 处，而在第三次全国文物普查中，全国登记不可移动文物已达 766722 处，建筑遗产占比达到一半以上。

未核定级别的不可移动文物数量庞大，往往涉及民生问题，保护难点更多。比如产权问题就是检察机关在调研中普遍遇到的。

2019 年 2 月，江苏省苏州市吴中区人民检察院从一起市级文保单位被盗掘的刑事案件中察觉到，历史文化资源保护工作可能存在一些隐患。吴中区古墓葬集中，被纳入文物保护单位的古墓葬就有 16 处，因此吴中区检察院以田野调查的方式，对古墓葬保护现状进行了摸排。

吴中区人民检察院第五检察部副主任毛宽桥在调研中了解到，古墓葬虽属于国家所有，但划定保护范围与建设控制地带范围内的土地往往是集体所有的农用地，已经分配给村民使用。以王鏊墓为例，其保护范围内种植了几十棵枇杷树、橘树，产权归十几人所有，每棵树每年都能带来几千元的收入。"我们调研时发现，有位村民家中几代人都在保护王鏊墓，他们对古墓很有感情。但现在去砍伐村民的树并不可行。"毛宽桥说，虽然文物保护法规定，文物保护单位的产权不受土地所有权或者使用权的影响，但是对古墓葬进行保护与修缮会因影响村民利益而受到抵触，还有可能违反土地管理法规。"当地政府虽然早就有计划启动整修，但因与村民的补偿诉求存在差价，仍在进行磋商。目前的解决办法是不再种植新树，同时请承包这块土地的村民帮助维护王鏊墓，遇到形迹可疑的人向政府报告。"

而对于一些目前还有人居住的不可移动文物来说，权属问题更加复杂。传统古建筑房间众多，一些大院子里现在可能住着十几户人家。"其中可能有两户是私有产权，有些是集体产权，有些是国有产权。这种情况下没法整体修缮。"苏州市文物保护管理所高级工程师赵婷解释，按照文物保护法的规定，国有和非国有不可移动文物负责修缮、保养的责任人不同。

按照历史建筑原状进行修缮所费不赀。普通居住者没有修缮动力，而财政拨款也力有不逮。以甘肃为例，这里有世界遗产地 7 处，全国重点文物保护单位 152 处，省级 532 处，市县级 4726 处。"国家级和省级文保单位有专项拨款，保护情况相对较好。而到市、县一级，大多数市县政府未依法依规将文物保护经费纳入本级财政预算，少数列入本级财政预算的也数额不大，远远难以满足文物保护的刚性需求。"石占全说。尚未核定级别的不可移动文物数量更为庞大，也更无专项资金覆盖。

文物活化利用方式应更多样

文物保护不止于文物本身短时间内不至灭失，如何活化利用也是检察建议中会思考的问题。

在采访中，毛宽桥、石占全都提到了旅游开发价值对于文物保护力度的影响。据此前媒体报道，有"古建商"非法购买古建筑及构件，甚至整座拆卸运走、异地倒卖，其中一个出口正是有的地方政府热衷打造的仿古街。

"吴中区古墓葬的知名度普遍不高，不是很利于开发成为旅游景点，因此保护不到位。"毛宽桥说，古墓葬破败失修较普遍，侵占现象亟须整治，"有的标识说明都不健全，坐落地址寻访困难，在地图上都找不到。"

与此同时，文物的活化利用也不仅有开发为旅游景点、作为展示场所等方式。不适合大规模发展旅游的地方怎么办？"对于建筑来说，最好的保护就是合理利用，如果把人都迁出来不使用，建筑很快就会衰败。"赵婷说。

但活化利用仅依靠行政部门履职、政府财政支出是远远不够的。

　　"应该引入社会资本、民间力量。"一位多年从事城乡规划工作的专业人士认为，现在社会有不少热爱文物且有能力进行修缮的人，他们愿意购买、修缮不可移动文物作为工作室、画室、咖啡厅等，但不可移动文物的产权归属复杂，容易使得他们白白"奉献"。

　　"文物保护不仅涉及文物保护法，还会涉及其他方面的政策。特殊问题应该特殊对待。"他进一步解释，"我国大量不可移动文物在农村，而我国农村土地的大政策是一户一宅，一家人只能申请一块宅基地，然后在该宅基地上建房。如果这块宅基地上有文物建筑，新建一个房子可能几万元就够，但按照文物保护的规定修缮也许要几十万元。一方面村民修不起，另一方面维持文物内部结构可能使居住者生活不便。因此出现了村民将文物建筑构件卖掉，甚至整体拆卸、卖往异地重建的灰色产业。对于这类文物建筑，其产权能否和土地产权分离，能否对住在文物建筑中的村民有特殊政策？如何促进文物保护办法更贴合实际、不搞'一刀切'是必须要考虑的问题。"

三年间立案办理行政和民事公益诉讼案三十二万余件，在环境保护领域积极作为

陈媛媛　2020 年 10 月 29 日

"随着公益诉讼观念的深入人心，随着时代赋予公益诉讼的使命越来越重要，健全完善公益诉讼立法已经具备提上议事日程的条件了。"在中国法学会行政法学会的年会上，最高人民检察院副检察长张雪樵透露了关于公益诉讼的最新动向。

从 2017 年 7 月民事诉讼法修改实施至今，全国检察机关共立案办理行政公益诉讼近 30 万件，办理民事公益诉讼两万余件，其中一批有影响力的案件，为推动立法提供了实践样本。

取证难，检察机关调查程序处于立法空白状态

2019 年 4 月 24 日，一纸诉前检察建议分别寄至海南省琼海市人民政府、海南省自然资源和规划厅。这份诉前检察建议是由海南省人民检察院第一分院发出的，建议依法履职，及时纠正违法颁发林权证的行为。

在 2009 年海南省林权改革工作中，琼海市人民政府违规给位于上溪和尖岭两个自然保护区的村集体和个人颁发林权证，导致占地毁林合法化，增加了保护区管理机构监管执法的难度，造成原有天然森林植被的灭失和生物多样性生态系统功能破坏等问题。而负有监管责任的原海南省林业厅长期以来未协调琼海、万宁两市纠正越界颁发林权证的违法行政行为，也存在怠于履行法定职

责的问题。

本案是海南省首起监督地方政府行政违法的行政公益诉讼诉前案件。因涉及农村维稳等复杂敏感问题，有较高的办案风险和难度。检察机关行使调查核实权，积极与多个行政机关沟通协调，全面掌握违法发证形成的原因，查明行政违法主体，对地方政府纠正违法的具体措施提出分步骤解决的方案，最大限度实现推动行政机关依法履职实现保护公益的目的。

天津大学法学院院长孙佑海对此评价道："检察机关用足调查核实权，及时查明事实，对及时合法地解决行政违法问题发挥了十分重要的作用。"

公益诉讼中检察机关的调查核实权，是指检察机关在办理公益诉讼案件中，基于履行法律监督职责的需要，为查明案件事实、核实相关情况，向案件当事人或者案外人进行证据调查和案情核实权。

长期以来，检察机关的调查取证程序几乎处于立法空白状态。检察院是法律监督机关，现实中往往需要被监督的行政机关配合提供一些证据，行政机关本身又是属于被监督的对象，证明自己行为的违法，现实中会遇到一些

河南省许昌市魏都区检察院检察官到辖区内开展公益诉讼线索排查

抵触情绪。

"在检察机关调查权方面，法律规定的不是特别具体，属于难点问题。"华东政法大学法律系教授江利红说。

起诉难，公益诉讼不能完全适用一般程序

公益诉讼在提起诉讼、出席庭审、诉讼监督、判决执行等方面都具有一定的特殊性。如果完全适用一般诉讼程序，将不符合公益诉讼的目的和规律。

3月27日，河南省邓州市破获了非法猎捕、收购、出售国家珍稀濒危野生动物——鹰隼重特大系列犯罪案件，共查获苍鹰、游隼47只，立案13起25人。受理该系列案后，邓州市人民检察院决定提起刑事附带民事公益诉讼，但在举证犯罪行为的危害后果以及评估价值损失方面陷入了困境。

鉴于该案的专业性，承办该案的邓州市人民检察院检察官田永师来到郑州市自然博物馆，向该馆馆长、郑州师范学院教授李长看请求协助办理此案。最后，结合专家意见，量化生态修复方案，确定了放生鹰隼的赔偿数额。

围绕线索发现难、调查取证难、司法鉴定难等突出问题，全国检察机关不断创新办案机制，通过建立"工具箱"、用好公益损害观察员、运用司法鉴定机构库和专家库等形式，以破解难题，寻求对策。

7月，小小的万峰湖牵动着最高检副检察长张雪樵的心，网箱养殖造成水质严重污染，因为横跨黔、滇、桂三省（区）五县（市），实际起诉过程中难度重重。

最高检决定直接立案办理这起公益诉讼案件。在四级检察机关一体化办案模式下，万峰湖专案取得了积极成效，得到了三省（区）各级党政领导的大力支持，进一步强化了协同治理万峰湖的共识，为解决"上下游不同行，左右岸不同步"这一普遍性问题提供了范本。

2020 年 12 月 24 日，"万峰湖专案"检察听证会召开

　　在江西省龙南县人民检察院督促龙南县文化广电新闻出版旅游局依法履行客家围屋保护监管职责案中，检察机关聚焦文化和文化遗产保护，积极稳妥地拓展公益诉讼的案件范围，以诉前精准监督，实现保护公益目的，以个案整改推动客家围屋整体保护工作。

　　目前，各地检察机关本着积极、稳妥的原则，在生态环境、安全生产、文物和文化遗迹、特殊群体、公民个人信息保护等一系列群众反映强烈的领域开展了实践探索。这些等外案例的探索，为下一步完善立法提供有力地支持。

呼声高，检察公益诉讼办案规则出台在即

　　"5 部法律 5 个法条，对检察公益诉讼规制只有寥寥几句，没有那么多现成的法律指引我们严格按照法律规范去做。"最高检第八检察厅厅长胡卫列说。

　　2019 年，党的十九届四中全会审议通过的决定就公益诉讼提出两项新要求，在第四部分提出"拓展公益诉讼案件范围"，在第十部分提出"完善生

态环境公益诉讼制度"。这充分表明了党中央对公益诉讼特别是公益诉讼检察制度设计、制度成效、制度定位、未来发展以及重点工作等重大问题有明确规划。

改革创新需要制度来保障，机制建设依赖体系来完善。公益诉讼实践面临的困难和问题难以通过碎片化的机制创新进行破题，公益诉讼立法供给不足的问题越来越不适应形势发展的需要。

为更好满足人民群众在环境方面更高质量的需求，建立完备的公益诉讼法律规范体系日显迫切。多位人大代表和政协委员就完善检察公益诉讼相关立法提出意见和建议，认为不宜将公益诉讼规定于一般的民事诉讼和行政诉讼法律中，建议制定公益诉讼专门法。

最高检高度重视代表委员的建议提案，并于今年7月与全国人大监司委就公益诉讼专门立法问题进行了沟通并形成初步共识，即单独制定检察公益诉讼法更符合公益司法保护实践需要，也更契合检察公益诉讼的制度初衷和发展方向。

甘肃省天祝藏族自治县检察院就发现的生态环境破坏问题送达检察建议

　　为加强司法规范，最高检会同最高法发布司法解释，近期将出台检察公益诉讼办案规则，不仅规范办案程序，更重要的是严格规范公益诉讼检察权的依法行使，确保公益诉讼在法治的轨道上健康发展。

南方都市报

上千万鉴定费卡住检察公益诉讼之路

刘嫚　2020 年 12 月 9 日

　　污染造成公私财产损失及生态环境恢复费超 1600 万元，评估鉴定费超 1000 万元……环境公益诉讼案件中，鉴定费少则几万元，多则上百万元甚至上千万元。

　　公益诉讼是检察机关为公共利益代言，替公众维权的一个制度设计，但有不少官司却卡在了高昂的鉴定费上，导致"检察机关打不起官司"。南都记者关注到，针对这一问题，地方正在积极探索破局。

　　近日，安徽省人大常委会公布的一份公益诉讼相关文件规定，各级人民政府应当将检察公益诉讼案件所需的办案经费以及公益案件线索举报奖励费用纳

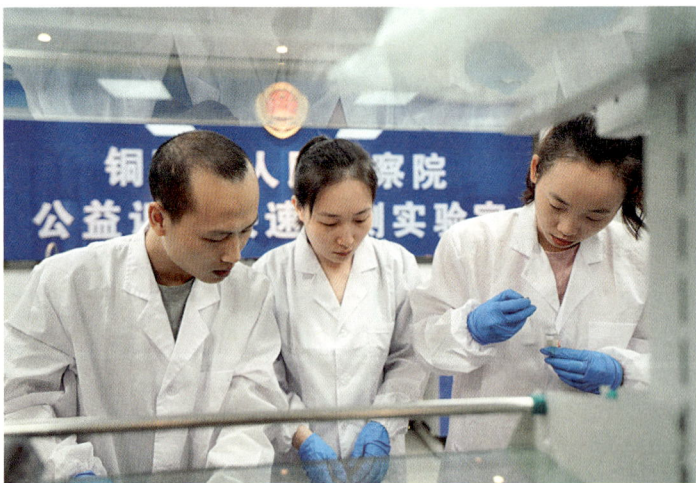

安徽省铜陵市人民检察院检察官就某公益诉讼线索进行鉴定

入财政预算予以保障。

在多位检察系统工作人员看来，安徽的上述举措为公益诉讼"减负"提供了新思路。

"千万鉴定费"难题

2018年3月29日，安徽省池州市贵池区原前江工业园环境污染事件被曝光，由于案件影响重大，最高检、公安部、生态环境部均对该案挂牌督办。4月2日，池州市公安局贵池分局对该污染事件立案侦查，同年7月，池州市贵池区人民检察院就此案提起公益诉讼。

该案造成污染导致公私财产损失及产生生态环境恢复费超1600万元，而公益诉讼环节超千万元的评估鉴定费也引发外界关注。

安徽省检察院第七检察部主任赵杰直言，高额的公益诉讼鉴定费已成公益诉讼办案之痛。他举例称，除上述千万元鉴定费案件外，芜湖市"10·12""1·26"跨省倾倒固废环境污染刑事附带民事公益诉讼系列案件中的鉴定费均超250万元，且均为案发地政府垫付。

巨额鉴定费让检察机关，尤其是预算较少的基层检察院难以负担。有检察系统人士形容，以前检察官遇到公益诉讼鉴定环节几乎是"寸步难行"。

"市、县区检察院碰到类似案件实在有心无力，如不支付巨额鉴定费，则可能

安徽省六安市检察院干警在履职过程中携带快检设备现场采样检测

面临案件无法办理的情形，即便最终想方设法支付鉴定费，办案周期也会很长。"赵杰称，更为严重的后果是，鉴定费缺乏常常导致线索和证据灭失，无法全面反映公共利益受损情况。

为破解公益诉讼高昂鉴定费的难题，安徽省人大常委会于11月份作出《关于加强检察公益诉讼工作的决定》，将检察公益诉讼案件所需的办案经费以及公益案件线索举报奖励费用纳入财政预算予以保障。

上述文件还提到，司法行政部门应当加快公共法律服务体系建设，推进生态环境损害等领域司法鉴定机构建设，依法规范司法鉴定行为，积极探索建立检察公益诉讼案件"先鉴定后收费"的保障机制。

赵杰告诉南都记者，将检察公益诉讼办案经费纳入财政预算予以保障，可免除基层检察院办案"后顾之忧"，使检察机关在办案中的技术鉴定、专家咨询、办案设备采购等环节有经费保障，将主要精力用于办案。也能使公益诉讼取证更及时完整，提高鉴定质量。

"先鉴定，后收费"改革

南都记者了解到，检察公益诉讼是在党的十八届四中全会之后探索建立的一项制度。2015年，全国人大常委会授权检察机关试点开展提起公益诉讼工作，检察机关开始探索公益诉讼"新职能"。

这项改革意味着，作为公共利益的代表，检察机关可以就损害国家利益或公共利益的行为提起诉讼。检察机关可以提起公益诉讼的案件类型涵盖生态环境和资源保护、食品药品安全、国有财产保护、国有土地使用权出让、英烈权益保护等。

2017年7月1日，新修订的民事诉讼法和行政诉讼法正式施行，公益诉讼检察工作全面推开。司法鉴定是公益诉讼中取证的关键环节，但在实践中，"鉴定

云南省昆明市西山区检察院干警对滇池治理情况进行巡查

贵"却成为公益诉讼发展的"绊脚石",不少案件因交不起鉴定费用而"搁浅"。

有司法鉴定业内人士告诉南都记者,公益诉讼鉴定费高源于鉴定程序专业复杂。以环境公益诉讼为例,一起土壤污染案件中,要鉴定被污染的泥土是废土,以取 100 个样品,每个样品鉴定需 2500 元计算,仅土壤鉴定费一项就要花费 25 万元。此外,鉴定设备的运转和维护也是一笔不小的费用,评估环节中,往往需要定期取样分析,人员差旅费支出也要涵盖其中。

收费标准不统一也成为公益诉讼鉴定费高昂的一个重要原因。

一篇发表于《中国司法鉴定》2019 年第 2 期的《民事公益诉讼环境损害司法鉴定收费制度研究》文章显示,各地虽然根据司法部要求均已制定了地方的司法鉴定收费标准,但大多仅限于传统"三大类"司法鉴定,目前依然没有针对环境损害司法鉴定的专门收费标准。我国目前司法鉴定收费主要采取政府指导价和市场调节价进行管理,但环境损害司法鉴定并没有在上述政府指导价中,即对于环境损害司法鉴定并没有在已有的指导收费标准里面。到目前为止，环境损害司法鉴定还主要以委托方和鉴定机构协商收费为基准。

为解决公益诉讼鉴定贵问题，2019 年 8 月，在最高检及司法部推动下，全国 58 家环境损害司法鉴定机构在检察公益诉讼中可不预先收取鉴定费用。南都记者从这份鉴定机构名单中看到，58 家环境损害司法鉴定机构涵盖全国 27 个省份，海南有 17 家，江苏有 6 家，有 18 个省份仅 1 家鉴定机构。

谈及"先鉴定后收费"的改革初衷，司法部公共法律服务管理局副局长舒国华介绍，改革旨在鼓励引导综合实力强、高资质、高水平环境损害司法鉴定机构在不预先收取鉴定费的情况下，能够及时受理检察机关委托的环境公益诉讼案件，依法依规开展鉴定活动，出具鉴定意见，未预先收取的鉴定费待人民法院判决后由败诉方承担。

但这项改革能否落地及能否发挥实效也引发争议。"理想很丰满，现实很骨感。"有检察系统人士告诉南都记者，鉴定评估机构作为独立第三方机构和有企业性质、需要经营的机构，要"以钱养人"，有些鉴定机构担心案件办理周期过长，鉴定费无法收回，存在拒绝接受检察机关委托的情形。

探索设立专项资金进行补助

为解决公益诉讼鉴定费用问题，除将公益诉讼资金纳入财政预算外，各地也不乏其他创新探索。

早在 2011 年 9 月，海南省高级人民法院与省财政厅联合印发了《海南省省级环境公益诉讼资金管理暂行办法》，对国家机关、其他法人组织及公民提起环境公益诉讼涉及的诉讼费用设立专项资金进行补助，其中包括案件受理费、申请费、调查取证费、鉴定费、勘验费、评估费以及其他诉讼产生的费用，该笔省级环境公益诉讼资金的来源为省级财政拨款，实行国库集中支付。

距海南 2000 多公里外的江苏省昆山市也有类似探索。2018 年 12 月，设立在江苏省昆山市检察院的江苏省首个"维权资金"专项账户正式启动运行，首例9.8万元环境损害评估费作为"公益诉讼维权专项资金"完成审批并投入使用。该维权资金的独立账户设在昆山市检察院，开户500万元。当账户余额少于100万元时，该市财政部门将根据申请补足资金缺口。

江苏省灌云县检察院建立公益诉讼快检中心，为提高公益诉讼工作效率插上科技"翅膀"，成为助推公益诉讼工作的新动力

"以往像这类案件产生的前置调查费用，缺乏专项资金保障，常常采取延期支付、第三方或政府先期垫付，一案一协调、一案一申请的传统做法，导致前置调查的资金保障十分不稳定。"昆山市检察院副检察长陈珺介绍，江苏首个"维权资金"专项账户将确保公益诉讼维权效益。

与此同时，2019年青海省检察机关还探索综合运用专业机构出具报告、邀请报价以及依据专家意见等方式推行低成本、高效益、多样化的生态环境损害定损索赔机制，督促修复涉案林地、草原17584亩，节约鉴定费用3.1亿元。

全国政协委员汤维建曾对此建议，应建立国家性和公益性的鉴定机构，凡符合条件者均可免费获得鉴定，其成本由财政统一支付。全国统一的环境公益鉴定机构建立后，公益诉讼"鉴定贵"的难题就可以迎刃而解。

48847：103

公益诉讼实践中，让检察官陷入困境的除高昂鉴定费外，还不乏鉴定难、鉴定慢的问题。

一般而言，鉴定机构分为两类，一类属于各自系统内的行政机关，负责行政机关承办案件的鉴定，另一类属于实行市场化运作的社会鉴定机构。

2005 年 2 月，全国人民代表大会常务委员会《关于司法鉴定管理问题的决定》通过，取消了法院和司法行政部门的鉴定机构，侦查机关鉴定机构也不得面向社会接受委托。

与检察公益诉讼发展形成对比的是，全国专业鉴定机构数量并不多。

北京市人民检察院 2019 年发布的《关于公益诉讼检察工作情况的报告》提及，公益诉讼存在环境专业鉴定机构少、鉴定成本高、鉴定周期长、委托鉴定主体不明确等问题。

以 2018 年为例，检察机关共办理生态环境和资源保护领域公益诉讼案件 48847 件，是试点期间的 7.5 倍。但据司法部发布的数据，截至 2018 年 12 月底，全国经省级司法行政机关审核登记的环境损害司法鉴定机构为 103 家。

也就是说，环境资源公益诉讼案件数与环境损害司法鉴定机构之比接近 500∶1。

悬殊的案件与机构之比，直接影响到公益诉讼鉴定环节的效率。"环境案件时效性非常强，污染或破坏状态会随着时间的推移发生快速变化。如无法及时找到鉴定机构进行鉴定，则可能导致证据灭失，进而影响案件办理。"赵杰称。

南都记者了解到，在江苏泰州环保联合会起诉 6 家化工企业的公益诉讼案件中，鉴定机构接受委托开始工作时，被告倒入河流中的废酸随河流的流动、自净，已不能检出，只能使用虚拟成本法进行鉴定评估，严重影响到公益诉讼办案效果。

探索

破解"排队"鉴定难题

如何通过改革提高鉴定环节效率，是检察机关要越过的一道坎。

褚建新，在浙江省检察院从事司法鉴定工作已有 30 多年，曾长期从事杀人等严重暴力刑事案件的司法鉴定工作。检察机关开展公益诉讼业务后，褚建新对司法鉴定之难深有体会。

"公益诉讼是一项新业务，我们人员少，检测设备数量少、品种也不全。"褚建新观察到，社会鉴定机构动辄就有上千万元的检测设备，人员充足，但检察系统内部的鉴定中心达不到社会鉴定机构的水平。他考虑，借助"外脑"或可快速补足司法机关鉴定短板。

2019 年 5 月 13 日，浙江省人民检察院、浙江省生态环境厅公益诉讼（环境损害）司法鉴定联合实验室挂牌成立，这是全国首家检察机关与生态环境部门联合建立的司法鉴定实验室。

浙江省人民检察院第八检察部检察官在余杭塘河对河水进行采样

褚建新是成立该联合实验室的推动者，联合实验室有两处办公点，分别设在浙江省检察院检察技术处（司法鉴定中心）和浙江省环境监测中心。浙江省检察院司法鉴定中心主要承担全省各级检察机关程序内案件的司法鉴定，以及技术性证据的提取、固定和专门性审查工作。

浙江省检察院检察技术处处长董梁介绍，2019 年 7 月到 2020 年 6 月，浙江省检察机关办理生态环境资源保护公益诉讼案件为 2679 件，在公益诉讼案件中占比近半，成立环境损害司法鉴定联合实验室，有望解决以往公益诉讼中司法鉴定慢、鉴定难的问题。

"联合实验室相当于开了绿色通道，检察机关遇到环境公益诉讼案件不用再去社会鉴定机构'排队'等待鉴定，联合工作机制可以保证案件能实现快速办理。"董梁称。

褚建新也表达了类似看法，"有了联合实验室，检察办案能'叫得应'，我们能高效办案。"

为能让公益诉讼案件线索实现快速"初步筛查"，浙江还探索以"勘查箱+"的模式建立"快速检测实验室"。"公益诉讼案件中，违法事实的认定是检察机关立案的基础，快检实验室建立后，因配备了取证勘查箱和检测仪器设备，可快速取证，实现对违法事实初步认定，进一步提高了公益诉讼案件的办案效率。"董梁称。

快速检测实验室已在浙江多地投入使用，在一起河道污染案件中，因配备"快速检测实验室"，检察机关仅用 3 小时即完成检测，根据检测结果提出合理的修复方案，检察机关通过检察建议告知有关部门，督促其在 10 天内完成河道周边企业排污排查、河道清淤疏浚和垃圾处置。

> 建议

寻求司法鉴定的"替代方案"

增加鉴定机构数量无法一蹴而就，缓解办案与鉴定机构之间的"供需矛盾"成为当务之急。

赵杰就此建议，可以在保证公益诉讼办案质量的前提下，将鉴定行业准入门槛降低，在市级环保、自然资源等部门建立鉴定机构。"当前环境公益诉讼的案件绝大多数都是在基层院办理，一些环境污染证据容易灭失，比如河流污染，下一场雨证据就没有了，导致无法进行鉴定。如果市级层面有鉴定机构则可以快速及时鉴定。"

寻找司法鉴定的"替代方案"成为改革的另一种思路。

2014年12月底，江苏省高级法院二审审理了一起环境民事公益诉讼案件，该案判6家被告企业共同赔偿1.6亿元相关损失。值得一提的是，这起"天价环境公益损害赔偿案"邀请相关专家出庭发表意见，这在传统环境公益诉讼中并不多见。

专家辅助人东南大学能源与环境学院吕锡武教授在庭审中发表意见称，向水体倾倒危险废物的行为直接造成了区域生态环境功能和自然资源的破坏，无论是对长江内河水生态环境资源造成的损害进行修复，还是将污染引发的风险降至可接受水平的人工干预措施所需费用，均将远远超过污染物直接处理的费用。

一审法院采信专家意见，专家的观点还被写入法院判决，专家辅助人或专家证人在案件事实认定中发挥了重要作用。

2015年2月，最高人民法院通过《关于审理环境侵权责任纠纷案件适用法律若干问题的解释》，其中明确具有专门知识的人在法庭上提出的意见，经当事人质证，可以作为认定案件事实的根据。

在外界看来，承认专家辅助人在公益诉讼中的作用，为司法鉴定提供"替代方案"，可以极大减轻公益诉讼原告在司法鉴定方面的压力。

褚建新也对此建议，一些公益诉讼案件事实清楚、污染小的案件，可以请2~3名专家对污染出具专家意见。"司法鉴定需要严格规范的流程，专家意见可以在和被告沟通损害赔偿时作为参考，如被告愿意主动进行环境修复，则案件没有必要再向法院提起诉讼，也可以节约司法资源。"

检察机关这样保长江经济带发展

彭瑶　2020 年 12 月 14 日

践行"绿水青山就是金山银山理念"第三届服务保障长江经济带发展检察论坛 11 日在浙江省湖州市召开，会上发布《服务保障长江经济带发展检察白皮书（2020）》（以下简称《白皮书》），介绍检察机关服务保障长江经济带发展成效。

2020 年 12 月 11 日上午，第三届服务保障长江经济带发展检察论坛在浙江省湖州市召开

对破坏生态环境资源犯罪案件批捕 3335 人

　　《白皮书》显示，2020 年 1 月至 11 月，长江经济带 11 省市检察机关对破坏生态环境资源犯罪案件批准逮捕 2140 件 3335 人，提起公诉 13358 件 22543 人。检察机关严惩高发多发破坏生态环境资源犯罪，加强对非法采矿、污染环境和非法收购、运输、出售珍贵、濒危野生动物、珍贵、濒危野生动物制品等破坏生态环境资源犯罪的打击力度，办理案件数占总案件数的 77.36%。开展破坏生态环境资源犯罪专项立案监督。坚决纠正有案不立、有罪不究、以罚代刑、降格处理等问题，共受理监督立案 637 件，要求公安机关说明不立案理由 571 件，公安机关主动立案 478 件 611 人，监督公安机关立案 521 件 662 人。

贵州省毕节市七星关区检察院检察官与该区河长制办公室工作人员对辖区部分河段进行查看

　　检察机关加大生态环境资源领域公益诉讼办案力度。2020 年 1 月至 11 月，长江经济带 11 省市检察机关共立案办理生态环境和资源保护领域公益诉讼案件 30930 件，同比增长 15.38%；向行政机关发出诉前检察建议督促依法履职 21526 件，同比增长 1.82%；对破坏环境资源的单位或个人单独提起民事公益诉讼 372 件，同比增长 1.34 倍；提起刑事附带民事公益诉讼 2361 件，同比增长 91.33%；对不依法履职的行政机关提起行政公益诉讼 247 件，同比增长 1.15 倍；支持有关机关组织提起诉讼 118 件，同比增长 51.28%。

督促修复被污染破坏、违法占用的林地等 17.74 万亩

围绕长江流域禁捕工作要求，检察机关加大了对长江流域非法捕捞犯罪行为的打击力度。2020 年 1 月至 11 月，长江流域 14 个省市检察机关受理审查逮捕案件 915 件 1470 人，同比分别增长 78.36%、69.35%；受理审查起诉 6276 件 10052 人，同比分别增长 126.08%、109.11%。重点打击在禁渔期、禁渔区采取"电、毒、炸"等毁灭性方式，尤其是职业化、团伙化以及黑恶势力在长江流域实施非法捕捞水产品犯罪。对非法捕捞和违法销售等行为实施全链条打击，尤其对以"销"促"捕"的行为，依法认定为共犯，斩断利益链条。

此外，践行恢复性司法理念，推进生态环境修复与生产发展转型。通过办案共督促修复被污染破坏、违法占用的林地、耕地、湿地、草原 17.74 万亩，消除污染隐患、治理恢复被污染水源地 133.4 万亩，整治造成污染环境企业、养殖场等 4437 个。

推动长江流域跨区划司法管辖制度改革

《白皮书》还介绍了检察机关推动机制建设、提升服务保障长江经济带发展能力水平的情况，包括加大办案督导指导力度、加强跨流域生态环境协同治理和跨部门协作、完善生态环境公益保护机制等。

《白皮书》指出，检察机关服务保障长江经济带工作仍须进一步做实、做深、做精。检察机关将对涉嫌生态环境的犯罪，根据犯罪情节、危害后果等做到轻重有别，既有力度又有温度，把保护生态环境和促进发展、服务"六稳""六保"结合起来。发挥多方协作的枢纽功能，将检察监督与联动协作相结合，推动长江流域跨区划司法管辖制度改革。凝聚公益保护共识，构建公益保护横向协作机制，加强检察机关内部协作配合，努力打造服务保障长江经济带发展共同体。

"把法治课讲到孩子心坎里"

——光明网◎陈畅 等

08

守护

北京二中法治副校长张军的
开学第一课

陈畅 张悦鑫　2020 年 9 月 7 日

　　这堂法治课的主题是什么？如何保护未成年人权益？为何赢得全国人大代表、政协委员、听课师生的点赞？

　　9 月 4 日下午，北京二中的报告厅里掌声不断，在同学们满满的期待中，北京二中法治副校长，最高人民检察院党组书记、检察长张军第三次走上该校讲台，为同学们带来一堂生动的"开学第一课"。

张军检察长与学生合影

一部未成年人的护身宝典

今年 5 月 28 日，十三届全国人大三次会议审议通过民法典，明年 1 月 1 日起正式施行。从摇篮到死亡，从柴米油盐到衣食住行，民法典可谓是一部社会生活的百科全书。

从 1954 年首次起草民法典算起，中国民法典编纂之路历时整整 66 年。作为新中国成立以来第一部以"法典"命名的法律，它并没有像未成年人保护法、教育法等法律一样命名为"法"，虽只有一字之差，但却凸显了民法典的庞大与厚重，又强化了体系化的思维方式。

民法典如何保护未成年人权益？在张军检察长近一个半小时的授课中，穿插了不少"小案例"，以案释法，让不少学生、家长、老师都找到了答案。

"未成年人巨额打赏网红主播怎么办？""未成年人见到老人倒地扶不扶？""青春期的小秘密该如何守护？"……一个个生动的发生在未成年人身边的小案例被详细剖析，学生们听得津津有味。

"这堂法治课让我更加深入地了解了许多民法典知识，法律保护我们的人身自由和人格尊严、财产权、隐私权等权益，以后能更好地保护自身权益。"高三学生华慕宽告诉记者，她体会最深的一点就是民法典将社会主义核心价值观写入其中，并倡导了诚信、节约等美德，引导人们向上向善。"我的理解是，民法典把对道德的倡导变成了对法律的遵守，这是法治的进步。"

"生活即教育，社会是课堂"

2020 年，极不平凡。这一年，举国抗击疫情，同学们度过了有史以来最短学期和最长假期。历史教人成长，这些"准大人"们，也有了不一样的领悟。

"在这之前，民法典对我而言一直是遥远且陌生的。"高一学生陈庭轩课后感触颇深，课堂上的详细举例，让她切实了解到了更多民法典内容。"其中，疫情期间未成年人监护问题让我感受到了国家对我们的关爱和珍视。"陈庭轩告诉记者，法治课上的一个个小案例，让她知道民法典与每一个未成年人的成长保护息息相关，需要大家共同拥护。

"我之前一直觉得民法典内容非常庞杂，今天感觉是跟我们的生活十分贴近。"高三学生肖政谕告诉记者，课上提到的基因编辑事例等都是与当下科技发展相结合的，能切实感受到法治发展与时俱进。

"不能重蹈案例中那些未成年人的覆辙。"高二学生钱堃一对法治课上的案例有不小的触动。"民法典其实很贴近我们的生活，这些案例也告诉我们，民法典既是护身宝典，也给我们日常行为规范提供了指导。"钱堃一说，可以感受到这部法典凝结了几代人的心血，展现出的是法治进步和智慧。

张军检察长给学生们赠书

钱堃一的妈妈作为家长代表，也在现场聆听了这堂法治课。"最大的感受就是家长要做好孩子学法、懂法、守法的榜样。家长作为帮助孩子扣好第一粒扣子的人，更要在日常生活中以身作则。"

"这堂法治课特别好！"作为一名儿童教育工作者，钱堃一的妈妈在这堂课上，收获了不少新体会。她告诉记者，作为家长，感受到了检察机关对青少年健康成长的关心爱护，对青少年法治教育的亲力亲为和身体力行，通过这堂课，感受到民法典对保护青少年的合法权益和健康成长的重要意义。

"生活即教育，社会是课堂。"这或许也是每一个法治课听众的真切感受。

"把法治课讲到孩子心坎里"

"不是照本宣科，不是走过场，是专门针对孩子们的理解和接受能力精心准备，作为家长十分感动。"高三学生家长张彦为这堂法治课点赞。

"深入浅出，法条结合案例，作为法律人受益匪浅。"作为一名律师，张彦在这堂法治课上产生了不少共鸣，他说，检察机关从案件中提炼出有针对性、与孩子们有关的典型案例，教会孩子们如何自我保护，如何敬畏法律，如何依法行事，让孩子们产生新鲜感同时乐于接受，这样的法治教育事半功倍。

"聆听了一堂生动专业的民法典法治课。"政治老师张莹告诉记者，这堂课让同学们深刻了解民法典如何保护未成年人权益。"我也会在今后的课程中，将民法典融入教材中、融入课堂中，让民法典真正走进学生的心里。"

"我们每一年都期盼着法治副校长来给学生上法治课。"德育老师冀红杰告诉记者，这堂课让老师和学生都明确了在日常生活中如何运用民法典保护未成年人权益。"今天学完之后，我们要继续组织民法典学习，让校园充满法治氛围，实现依法治校、依法治教，更好建设平安校园。"

"通俗易懂，思路清晰。"全国人大代表、北京急救中心南区分中心副主任医师班宇侠这样评价这堂法治课。"重视未成年人法治教育，是为依法治国打下了基础。"班宇侠说，以民法典为载体，法治课讲的深入浅出，让学生们在学习中懂得自我保护，爱人爱己，要学会尊重遵守社会公德、爱民爱党爱国。

"重视法治教育，是为立德树人打下了基础。"班宇侠说，"以民法典为载体，让学生们在学习中懂得自我保护，爱己爱人，遵法尚德。"

"民法典刚刚出台，检察机关就对未成年人保护做了很好的解读，这是一个非常好的典范。"全国政协委员、全国政协社会和法制委员会委员、北京市天达共和律师事务所主任李大进告诉记者。"送法进校园，是实实在在将依法治国这个概念从孩子抓起，我为这个事点赞。"

全国人大代表，全国政协委员，全国妇联、共青团中央、教育部等部门有关负责人与北京二中师生代表聆听授课

"法治教育课内容丰富，特别是对民法典的解释与时俱进。"全国人大代表，北京市保安服务总公司海淀分公司企业管理部主任、纠察大队大队长、特勤保安大队大队长李勇接受记者采访时表示，法治进校园意义非常重大。"希望检察机关多开展线上线下课程，多带孩子们体验爱国主义教育，让孩子对法律有敬畏之情。"

瞭望

"一号检察建议"护航未成年人健康成长

屈辰 2020 年 5 月 23 日

◆ "一号检察建议"已成为撬动检察机关开拓未成年人检察工作的重要杠杆，成为促进未成年人保护社会治理的重要牵引。检察机关要把"一号检察建议""没完没了"地抓下去

◆ 对成年人拉拢、迫使未成年人参与犯罪组织的一律从严追诉，从重提出量刑建议

◆ 建立家庭教育指导、罪错未成年人分级处遇、"一站式"询问救助等制度，防止对未成年被害人造成"二次伤害"

◆ 持续推进未成年人"双向、综合、全面"司法保护，既注重维护涉罪未成年人合法权益，也切实维护未成年被害人的权益

　　未成年人司法保护工作一直备受全社会关注。4 月底，聚焦人民群众反映强烈的未成年人保护热点、难点和痛点问题，最高检印发最高人民检察院《关于加强新时代未成年人检察工作的意见》，新时代未成年人检察工作方向已定。

　　"人民群众对做好未成年人司法保护工作期望很大，未成年人检察工作没有止境。"接受《瞭望》新闻周刊记者专访时，最高人民检察院党组副书记、副检察长童建明说，2019 年全国两会期间，最高检工作报告中首次提到"一号检察建议"，其内容正与未成年人司法保护工作密切相关。

北京市西城区检察院检察官采用互动形式为孩子们授课

为了推动未成年人保护的法律法规落到实处，2018 年 10 月，最高检向教育部发出了"一号检察建议"，这是历史上首次以最高检名义发出的检察建议。

"检察机关是国家的法律监督机关，也是参与未成年人司法保护全过程的政法机关。"童建明说，检察机关将进一步强化与相关部门的协作配合，凝聚全社会力量，推动形成未成年人保护大格局，更好地促进未成年人健康成长。

关注涉未成年人案件上升趋势

《瞭望》：近年来，涉未成年人案件呈现怎样的趋势？检察机关加强未成年人司法保护的成效体现在哪些方面？

童建明：党和国家高度重视未成年人健康成长。近年来，检察机关深入开展未成年人检察工作，特别是以最高检成立专门的未成年人检察厅为契机，对未成年人的司法保护有了新的加强。

但从检察机关办案情况看，涉未成年人的犯罪案件总体仍呈上升趋势，未成年人保护形势不容乐观。

一方面，未成年人犯罪数量连续多年下降趋于平稳后又有所抬头，犯罪形态更加复杂多样。比如，在惩治涉疫情犯罪中，一些未成年人利用网络发布虚假销售口罩等防护物资信息。还有一些未达刑事责任年龄的未成年人实施严重犯罪，引起社会广泛关注和担忧。

另一方面，侵害未成年人犯罪案件数量呈上升态势，性侵害未成年人犯罪多发，暴力伤害、驾车冲撞无辜学生等重大恶性犯罪仍有发生，引起全社会强烈愤慨。

为了及时惩治侵害未成年人犯罪，有效帮教涉罪未成年人，检察机关重点抓了以下几项工作：一是着力教育挽救涉罪未成年人，促"浪子回头"。坚持依法惩治与教育挽救未成年犯罪嫌疑人并重，把精准帮教贯穿办案始终，努力实现"保护、教育、管束"有机统一。

二是注重保护救助未成年被害人，帮助恢复健康。在严厉打击侵害未成年人犯罪的同时，更加注重关爱救助未成年被害人。为避免反复询问造成"二次伤害"，推动"一站式"询问救助办案机制建设，目前已建立"一站式"办案区 478 个。加强未成年人司法救助，2018 年，最高人民检察院《关于全面加强未成年人国家司法救助工作的意见》印发，各地检察机关联合相关部门，及时提供经济救助、身体康复、复学就业等多元综合救助。

三是推动加强未成年人全面综合司法保护。自 2018 年起，最高检部署开展了未成年人刑事执行、民事、行政、公益诉讼检察业务统一由未检部门办理试点工作，两年来共开展羁押必要性审查 5969 人，对监护侵害行为支持起诉 216 件，发出公益诉讼诉前检察建议 749 件。

四是促进提升未成年人法治意识。深入开展为期三年的"法治进校园"全国巡讲、"法治进校园"全国巡讲团走进"三区三州"、检察官担任法治

担任中小学校法治校长和法治辅导员的检察官课后和学生们在一起

副校长等活动，制作法治节目和预防校园欺凌 MV，出版《大检察官法治课》《法治进校园精品教程》等系列法治图书，提升未成年人法治意识和自护意识。

五是促进未成年人保护社会治理。狠抓"一号检察建议"监督落实，积极推动校园安全建设、预防和减少性侵未成年学生犯罪。积极参与农村留守儿童、困境儿童、事实孤儿等保护救助工作，联合民政部等部门出台加强事实无人抚养儿童保障工作的意见。加强未成年人权益检察监督，重庆、江苏、北京、海南等地检察机关就治理营业性网吧、娱乐场所和宾馆违规接待未成年人等问题发出检察建议 1186 份，一批违法经营场所被整顿、关停。

构建未成年人保护"安全阀"

《瞭望》："一号检察建议"发出后，落实情况如何？下一步发力点聚焦在哪里？

童建明："一号检察建议"发出后，全国检察机关上下一盘棋，在党委领导、政府支持下，与教育主管部门联合进行实地督导、明察暗访，检查中小学校、幼儿园 3.86 万所，监督整改安全隐患 6600 多个。最高检会同教育部赴 8 个省区市进行了督导。陕西、河北、河南省委、省政府主管领导部署开展专项督导、到寄宿学校夜查暗访，有力推动了校园安全制度的落地落实。一年多来的实践表明，"一号检察建议"已成为撬动检察机关开拓未成年人检察工作的重要杠杆，成为促进未成年人保护社会治理的重要牵引。

按照最高检部署，检察机关要把"一号检察建议""没完没了"地抓下去，

新疆维吾尔自治区特克斯县检察院未检检察官检查县中学女生宿舍安全状况，确保"一号检察建议"落到实处

督导落实再落实。我们将牢牢扭住这个"发力点",充分发挥"杠杆""牵引"作用,持之以恒地抓个三年五年,努力抓出更大成效。

一是引导各地检察机关深刻把握督导落实"一号检察建议"的本质要求,把未成年人保护有关法律法规不折不扣地落到实处。

二是立足检察职能,坚持督导而不替代,推动各有关部门共同落实各项保护措施,形成未成年人保护大格局。

三是督导未成年人保护措施往深里做、往实里做。比如,落实好日前最高检会同有关部门联合下发的侵害未成年人案件强制报告制度、教职员工入职前查询性侵违法犯罪信息制度,努力构建更加牢固的未成年人保护的"安全阀""防火墙""保护网"。

从严从重打击组织未成年人犯罪行为

《瞭望》: 打击成年人拉拢、迫使未成年人参与犯罪组织和强化法律监督方面,检察机关采取了哪些具体举措?

童建明: 近年来,特别是开展扫黑除恶专项斗争以来,未成年人涉黑恶犯罪问题比较突出,背后往往有成年人的影子。

不少成年人利用未成年人易于控制和指挥的特点,有意诱骗、吸引、强迫未成年人加入犯罪组织,把未成年人当"炮灰",一些犯罪组织甚至专门利用刑法关于不满 16 岁的未成年人非严重暴力犯罪不负刑事责任的规定,达到规避刑事处罚的目的。这类犯罪,不仅严重损害未成年人身心健康,而且给社会和谐稳定带来很大危害。

经分析,成年人拉拢、迫使未成年人犯罪主要有以下特点:一是利用未成年人社会阅历较浅、易于哄骗等特点,诱骗、吸引、强迫未成年人加入黑恶犯罪组织。比如,安徽省灵璧县黑恶势力团伙李某在诱骗未成年人加入时,承诺加入团伙保证吃香喝辣、不受欺负，用违法犯罪所得为组织成员提供住宿、吃喝、上网、娱乐等活动。

二是利用未成年人法治意识淡薄、易冲动等特点，教唆、引诱未成年人实施黑恶犯罪，逐步发展成为骨干分子、生力军。比如，2018 年某省检察机关认定未成年人参与的 30 个恶势力犯罪组织中，以未成年人为首要分子或纠集者的达 11 个，占 36.7%。

三是利用法律对未成年人减免处罚的规定，专门将低龄未成年人作为发展对象，以此规避处罚。比如，福建宁德市蕉城区谢某某刑满释放后，先后拉拢、招募、吸收 18 名未成年人加入黑恶犯罪组织，其中未满 16 周岁的未成年人达 16 人。

四是利用辍学、失学、闲散未成年人易于指挥和控制等特点，实施重点拉拢。比如，重庆检察机关对 171 名涉嫌黑恶犯罪的未成年人进行调查，发现 94 人初中辍学，另有 8 人在小学阶段就已辍学。另外，有的还专门挑选没有

四川省若尔盖县检察院"格桑梅朵"双语法治巡讲团前往占哇乡、嫩哇乡开展"双牵手"法治夏令营活动；图为检察官以情景模拟方式，让孩子们在游戏中学习自我保护和相关法律知识

家庭管束的未成年人参加，以达到方便实施违法犯罪的目的。比如，在浙江苍南县人民检察院办理的柳某某组织领导黑社会性质组织案中，柳某某组织物色成员时，明确要求发展对象是无父母、亲属监管的外地未成年人。

为了严厉打击和坚决遏制利用未成年人实施黑恶犯罪，最高检明确提出对成年人拉拢、迫使未成年人参与犯罪组织的一律从严追诉，从重提出量刑建议，并且要作为一条司法检察政策落实。

近日，最高检会同最高法、公安部、司法部联合下发了《关于依法严惩利用未成年人实施黑恶势力犯罪的意见》，以司法解释性质文件的形式明确规定了这条司法政策。下一步，我们将积极抓好这条司法政策的贯彻落实，在绷紧"对涉罪未成年人依法惩戒和精准帮教"弦的同时，也要绷紧对实施拉拢、迫使未成年人犯罪从严的弦，通过有效打击，形成震慑，让未成年人成为有组织犯罪不可触碰的"高压线"。

推进未成年人"双向、综合、全面"司法保护

《瞭望》：在推动未成年人保护和犯罪预防机制和制度建设层面，检察机关探索出哪些实践经验？对保护未成年人有何意义？

童建明：近年来，检察机关积极推动未成年人保护和犯罪预防机制和制度建设，取得较明显成效。

一是推动加强未成年人全面综合司法保护。在做优未成年人刑事检察的同时，积极推进未成年人刑事执行、民事、行政、公益诉讼检察业务统一集中办理试点工作，把对未成年人的保护贯穿刑事检察全过程，同时扩大到民事、行政权益，各地办理了一大批有影响的案件。

二是建立侵害未成年人案件强制报告制度。为破解侵害未成年人犯罪案件发现难、报案不及时等问题，湖北、浙江、江苏、江西等地检察机关在司法实

践中积极探索建立强制报告制度，取得不错的效果。比如，2019年，湖北省人民检察院联合相关部门出台省级层面的侵害未成年人权益案件强制报告制度。相关文件下发不久，湖北枣阳检察机关根据学校教师提供的一条未成年学生疑似遭受性侵害线索，监督公安机关立案查处了一起强奸十余名未成年女生的重大恶性案件。

近日，最高检会同公安部、教育部、国家卫健委等8部门出台了《关于建立侵害未成年人案件强制报告制度的意见（试行）》，明确了报告的主体，需报告的情形，报告的程序、责任等内容。

建立并落实强制报告制度，有利于在第一时间发现未成年人遭受侵害的线索，及时有效惩治违法犯罪，将不法伤害程度降到最低，也有利于让遭受侵害的未成年人得到及时救助保护，还有利于提高相关单位和人员的责任意识和未成年人保护意识，在全社会营造更加浓郁的关爱保护未成年人氛围。

三是建立性侵害未成年人信息库和从业禁止制度。针对性侵害未成年人犯罪重犯率高、熟人作案比例高的特点，浙江、江苏、上海、重庆等地检察机关会同有关部门对这项工作进行了积极探索。截至2019年底，上海已查询27万人，对26名具有性侵害违法犯罪前科人员予以辞退或者不予录用。

最高检在对各地相关经验进行认真总结的基础上，经与公安部、教育部沟通和研究，于近日会签下发了《关于建立教职员工准入查询性侵违法犯罪信息制度的意见》。落实好这个意见，对于拒"大灰狼"于校门之外，保护好孩子不受伤害，将发挥积极作用。

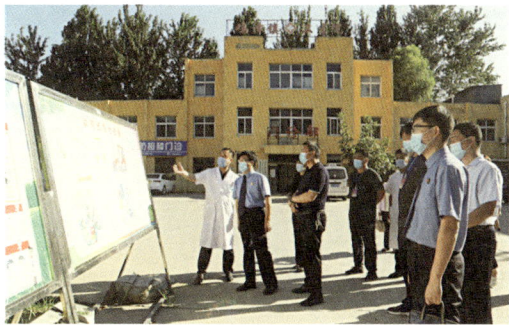

河北省鸡泽县检察院与县教体局、公安局等工作人员，实地调研督导强制报告制度贯彻落实情况

四是建立家庭教育指导、罪错未成年人分级处遇、"一站式"询问救助等制度。比如，四川省人民检察院在全省范围内推行家庭教育指导制度（亲职教育），2019 年全省未成年人检察案件家庭教育指导覆盖率已达 90%。

司法办案实践中，未成年人遭受犯罪侵害后，为查明真相，固定证据，常常在侦查、检察、审判等阶段接受多次询问、反复询问，给被害人造成"二次伤害"。同时，性侵害未成年人犯罪客观存在取证难、打击难、修复难等问题，实践中缺少专门的未成年人警务办案队伍，一定程度上存在证据提取固定不及时、不全面等问题，因时过境迁造成审查起诉阶段难以补充完善，给指控、打击犯罪带来一定影响。

为此，不少地方检察院与有关单位合作，建立"一站式"询问取证场所，最高检将这一做法推广，并在近日下发的最高人民检察院《关于加强新时代未成年人检察工作的意见》中明确要求，2020 年底各地市（州）要至少建立一处集未成年被害人接受询问、生物样本提取、身体检查、心理疏导等功能于一体的"一站式"办案场所。这对于保护救助未成年被害人，有力惩治侵害未成年人犯罪具有重要意义。

《瞭望》：检察工作如何实现涉罪未成年人和未成年被害人"双向保护"？把未成年人检察工作做到审查起诉之前、延展到审判之后的关键是什么？

童建明：对涉罪未成年人和未成年被害人实行双向保护，这既是未成年人检察司法应有的理念，也是未成年人检察办案的基本原则。但在过去的司法实践中，受司法理念、人员力量等影响和制约，的确存在对未成年犯罪嫌疑人往往关注较多，而对未成年被害人有时关注不够的问题。

近日下发的最高人民检察院《关于加强新时代未成年人检察工作的意见》明确提出，要持续推进未成年人"双向、综合、全面"司法保护，把双向保护摆在了司法保护的优先位置。这就要求办案检察官，既要注重维护涉罪未成年人合法权益，也要切实维护未成年被害人的权益，维护好社会秩序和公共利益，努力实现两方面的平衡、协调，确保办案"三个效果"有机统一。

当案件双方都是未成年人时，无论是惩治还是预防，无论是刑事追诉还是民事处罚，都注意充分保障未成年被害人合法权益。对符合法定条件的轻

黑龙江省齐齐哈尔铁路运输检察院检察官走进辖区一中学开展模拟法庭活动

微刑事案件，积极发挥检调对接平台作用，用好司法救助，让未成年被害人及其家属感受到检察司法温暖，促进双方当事人达成和解，有效化解矛盾，也有助于涉案罪错未成年人更好改恶向善。

检察机关是国家的法律监督机关，也是参与未成年人司法保护全过程的政法机关，在涉未成年人刑事诉讼中形成了"捕（审查逮捕）、诉（审查起诉）、监（法律监督）、防（犯罪预防）、教（教育矫治）"一体化工作机制，明确同一案件的审查逮捕、审查起诉、法律监督、犯罪预防、教育挽救等工作由同一检察官办案组或者独任检察官负责，以更好地实现精准帮教、教育挽救。

实践中，除审查逮捕外，检察官还可以通过提前介入侦查等方式把未成年人检察工作做到审查起诉之前，通过审判监督、刑事执行监督等方式把未成年人检察工作延展到审判之后，进而实现全程、全面司法保护。

不论向前还是往后延展，检察机关延伸的是责任，而不是权力。未成年人检察工作是围绕"未成年人利益最大化"这个关键开展的，最终体现的是检察机关的社会责任和担当精神。

法治深壹度

CMG
中央广播电视总台

强制报告制度：强势保护
未成年人（上、下）

CCTV12　唐高宽 等　2020 年 9 月

节目主要内容

　　近年来，涉及侵害未成年人的犯罪案件逐年增长，极少数案件更挑战人们的道德底线。2020 年 5 月 7 日，最高人民检察院与国家监察委员会、教育部、公安部等九部门会签发布了《关于建立侵害未成年人案件强制报告制度的意见（试行）》，启动强制报告制度建设。本节目为您解读什么是强制报告制度，如何织密"防护网"让未成年人健康成长。

一个案件"催生"一个制度，强制报告制度全国推行

强制报告制度：强势保护未成年人（下）

▶ 视频观看地址

https://tv.cctv.com/2020/09/05/VIDEJ3CdJ1lvhO2hkfZUytiG200905.shtml

https://tv.cctv.com/2020/09/12/VIDEOPRHQ4pW1XHhnj9JwEV0200912.shtml

工人日报

这些人员学校不得招录为教职员工

卢越　2020 年 9 月 19 日

　　为加强对性侵未成年人犯罪的源头预防，最高检、教育部、公安部近期联合发文，要求在全国建立入职查询制度，对具有性侵违法犯罪记录的人员，中小学校、幼儿园不得录用，教师认定机构不得认定教师资格。

　　近年来，全国发生了多起有性侵犯罪前科人员继续性侵学生案件。最高检第九检察厅厅长史卫忠 18 日在最高检新闻发布会上指出，这些案件造成了恶劣的社会影响，也表现出性侵未成年人犯罪的成瘾性、重犯率高等特点。"对于此类犯罪，单靠日常教育和事后惩处难以实现预防目的。只有限制其接触未成年人，才能从源头上最大限度地防止再犯。"他说。这份《关于建立教职员工准入查询性侵违法犯罪信息制度的意见》（以下简称《意见》）规定，以下情况应当进行查询：一是中小学校（含中等职业教育和特殊教育学校）、幼儿园新招录教师、行政人员、勤杂人员、安保人员等在校园内工作的教职员工，在入职前应当进行性侵违法犯罪信息查询。二是教师资格认定机构在认定教师资格前应当对申请人员进行性侵违法犯罪信息查询。三是教育行政部门应当做好在职教职员工相关违法犯罪信息的筛查。

9月18日，最高人民检察院召开新闻发布会，对《关于建立教职员工准入查询性侵违法犯罪信息制度的意见》进行解读

此外，由于高校的学生大多已成年，校外培训机构管理体制比较复杂，因此《意见》规定，对高校教职员工以及面向未成年人的校外培训机构工作人员的性侵违法犯罪信息查询，参照本意见执行。

基于行为性质和防范重点，《意见》暂把查询的违法犯罪信息限定为狭义的性侵行为：一类是因强奸、强制猥亵、猥亵儿童犯罪被作出有罪判决的人员，以及因上述犯罪被人民检察院作出相对不起诉决定的人员。另一类是因猥亵行为被行政处罚的人员。

据了解，近年来，浙江、上海、重庆、广东、贵州等地检察机关会同有关部门，探索建立性侵违法犯罪信息库及入职查询制度，取得了明显效果。但随着各地工作的逐步深入，也出现了一些问题。

如查询范围、方式不规范、不统一，相关的违法犯罪信息库多数只包含本地办理的案件，信息数量少，查询不到涉案人在外地的违法犯罪行为。

"这在当前人员大量流动异地就业的情况下，很难有效发挥预防作用。"最高检第九检察厅副厅长李峰在新闻发布会上介绍，建立全国层面的制度后，能够在全国统一规范地适用该制度。尤其是依托公安部建设的全国性侵违法犯罪人员信息系统，能够实现信息共享，有效解决漏查等问题。

据悉，教职员工入职查询制度在经过一定实践完善后，三部门还将推动逐步适用于所有与未成年人密切接触的行业，同时扩大查询违法犯罪信息的范围，全面构建预防侵害未成年人犯罪的"防火墙"。

中国妇女报

保护妇儿权益　公益诉讼大有可为

王春霞　2020年1月15日

最高人民检察院、全国妇联《关于建立共同推动保护妇女儿童权益工作合作机制的通知》（以下简称《通知》）日前发布，引起社会各界广泛关注。

就业歧视公益诉讼体现国家重视就业性别平等

《通知》规定，针对国家机关、事业单位招聘工作中涉嫌就业性别歧视，相关组织、个人通过大众传播媒介或者其他方式贬低损害妇女人格等问题，检察机关可以发出检察建议，或者提起公益诉讼。

"这是检察机关在民事诉讼法和行政诉讼法的授权下，对公益诉讼职能的积极探索，坚持和完善促进男女平等与妇女全面发展机制的创新之举。"西南财经大学法学院反歧视法研究中心主任、副教授何霞告诉记者。

何霞长期关注就业性别歧视问题。她认为，此举体现了国家对就业性别平等的重视，认识到性别平等不仅仅是保护妇女权益，更是涉及社会、经济和文化可持续发展的问题。

在北京市第三中级人民法院法官邓青菁看来，"女性劳动者在面临就业性别歧视时往往很难通过诉讼来维权。劳动者诉讼成本高，收益低。劳动者个人力量弱小，难以与用人单位形成平等对抗。"而《通知》规定由检察机关对就业性别歧视以及贬损妇女人格问题提起公益诉讼，在我国司法史上还是首次。此举彰显了用公益诉讼反就业性别歧视的司法价值取向，意味着今后在保护妇女权益的实践中，公益诉讼将有更大作为。

何霞也认为，检察机关提起就业性别歧视公益诉讼，能克服公民或社会组织以个案形式推动解决就业歧视案中遇到的问题，比如原告主体资格适格、原告被诉"恶意诉讼"、举证难等。"有的公务员招考出现不适当限制性别的规定，如果公民提起诉讼要解决主体适格问题，必须证明自己在招聘环节实际遭受到限制或排斥的后果。在法律上胜诉，原告还需要在证明招考行为违法之外，同时证明性别和工作机会受损之间存在因果关系。而检察机关提起公益诉讼，则不存在公民必须要先成为受害者的主体资格适格要求。"

《通知》将公益诉讼的范围限定在国家机关、事业单位。何霞认为，国家机关和事业单位更多的是承担行政管理和社会服务职能，很大程度上依赖公共财政支持，符合公益诉讼的对象条件。将它们作为公益诉讼的对象，其实也在强调，国家机关和事业单位应当做好表率，带头消除就业性别歧视。

在何霞看来，经过一段时间的探索，针对就业性别歧视提起公益诉讼的范围可以依次逐步扩展到国有企业、具有一定规模的其他类型企业。"国有企业本身就承载着社会责任。一定规模的其他类型企业虽然以营利为目的，但是招聘行为涉及公民的劳动权利，属于公民的基本权利。一般来讲，基本权利和其他利益相冲突时，基本权利应处于更高的位阶。虽然我国没有具体制度规定个人基本权利具有优先性，但毕竟经济和社会发展的最终目的是要实现人的发展。"

对于相关组织、个人通过大众传播媒介或者其他方式贬低损害妇女人格的问题，邓青菁认为，追究相关组织和个人的法律责任同样存在困难，比如，起诉难，受侵害的妇女囿于社会观念不愿宣扬，恐对其名誉等造成进一步损害；

取证难，如不雅视频通过社交网络等进行大规模传播后，难以找到源头；诉讼耗时长；诉讼收益小。"检察机关提起公益诉讼，能大大提高通过诉讼维权的比例，达到以公益诉讼来遏制贬低损害妇女人格的社会效益，同时给恶意通过大众传播媒介或者其他方式贬低损害妇女人格的相关组织和个人带来警示作用。"

合作机制有助于切实维护妇女儿童权利

《通知》规定，各级妇联组织发现妇女儿童被家暴、性侵或者民事、行政合法权益被侵害等线索或涉检来信来访的，应及时将案件线索或涉检信访材料移送同级人民检察院。受理的检察院应当及时处置，快速办理，并将处理结果反馈妇联组织。

检察机关对严重侵害妇女儿童合法权益的案件，应提前介入引导侦查取

山东省济南市莱芜区检察院积极构筑"捕诉监防帮"一体化办案工作机制，逐渐形成独具特色的未成年人检察工作体系和模式；图为未检案件不起诉公开宣告现场

证。其中，对性侵未成年人的案件，应当监督公安机关及时立案，实行"一站式"取证，保障有效惩治犯罪。

暨南大学少年及家事法研究中心教授、博士生导师张鸿巍认为，检察机关与妇联通力合作，实行案件线索及时共享，这将有助于进一步依法、及时、有序、有效拓展检察机关相关案件受理范围，提升未成年人检察等业务部门办案的法律效果与社会效果，也将进一步助力妇联切实维护妇女儿童权利，提升后者专业化水平，提高部门间合作的畅通渠道。在实施过程中，可能需要检察机关对妇联相关具体部门加强业务引导和指导。

《通知》规定，推动涉案未成年人司法保护制度落实。检察机关在办理涉未成年人案件时，可以根据案件需要，委托或者会同妇联组织或者妇联组织推荐的专业力量开展四项工作。

这四项工作包括：选择合适成年人参与诉讼；开展针对未成年犯罪嫌疑人、被告人的社会调查、附条件不起诉考察帮教、法庭教育、社会观护等工作；为涉案未成年人及其监护人等提供心理咨询、心理疏导等心理健康服务；开展对涉案未成年人家长的家庭教育指导等。

张鸿巍认为，《通知》的相关规定是进一步落实现有法律规定，将检察机关围绕案件办理的相关职权逐项落地，有助于提升检察机关办案的专业化和细致化程度。

"对于未成年被害人而言，检察机关尤其需要注意依法维护其隐私和尊严，注重与家长或其他监护人的顺畅沟通，加强与妇联等相关部门的通力合作，避免'二次伤害'。"张鸿巍说。

《通知》规定，检察机关与妇联组织共同配合，积极推动未成年人教育培训和看护行业等与未成年人密切接触行业从业人员的入职查询和从业限制制度的落实与完善，加强源头管理，预防利用职业便利侵害未成年人的违法犯罪。

"未成年人教育培训和看护行业等从业人员的入职查询和从业限制，是借

未成年犯罪人在检察官的陪同下接受心理辅导

鉴域外有益经验及各地成功试点基础上所推行的未成年人保护制度，具有鲜明的进步性。"张鸿巍告诉记者。

张鸿巍认为，在具体落实时，可能需要进一步强调教育行政、工商行政等业务主管部门的行政监管责任，特别是行业准入及任职资格审查；家长或监护人在为子女报名、参与等过程中，应主动提出对从业人员资格审查。相关教育培训及看护行业机构负责人及具体经营者，也需知悉法律规定，切实做到入职查询及从业禁止。

联动机制是落实四中全会精神的创新实践

《通知》规定，最高检与全国妇联建立定期会商机制，了解工作动态。建立联络员制度，及时解决日常工作中涉及的妇女儿童权益保护问题。建立培训机制，提高妇女儿童权益维护工作能力和水平。探索建立人员交流机制，优化队伍结构，提高履职能力。

"这种常态化的机制建设对没有执法权的人民团体非常重要。"中华女子学院法学院副教授张荣丽认为，一方面最高检可以在涉及妇女儿童权益的案件中，获得人民团体在调查、家庭教育辅导、心理问题疏导方面对当事人提供的帮助，提升办案效果；另一方面，妇联在基层获得的侵害妇女儿童权益信息也有了快捷的反映渠道。

张荣丽告诉记者，全国妇联在长期工作中已经形成妇女儿童维权工作专家智库，与最高检建立培训机制，可以充分发挥妇联系统的维权培训力量，有助于检察系统妇女儿童维权工作能力和水平的进一步提升。

"人员交流机制可以在司法机关和人民团体之间搭建起人才培养的桥梁，通过人员互派，彼此了解，相互促进，进一步提高履职能力。"张荣丽说。

中华女子学院教授、中国法学会婚姻家庭法学研究会副会长李明舜认为，《通知》以明确的目标任务、具体的合作内容和有效的工作制度，建构了检察机关与妇联组织良性互动的有效机制，深化了专业化办案与社会化保护配合衔接的创新实践。

按照我国妇女权益保障法、未成年人保护法的规定，保护妇女、未成年人合法权益是全社会的共同责任。

"共同责任的落实，既需要不同主体各自担当尽责，更需要不同主体之间相互联结而织密妇女儿童权益保护网，发挥'一加一大于二'的功效。"李明舜说。

在李明舜看来，《通知》在检察机关和妇联组织之间强化合作并形成良性互动机制，既体现了检察机关在严格依法专业化办案过程中积极依靠群众和社会组织，有利于检察机关的法律监督工作得到社会的支持和认可，同时也畅通了妇联组织依法维护妇女儿童合法权益的司法渠道，提升了妇联组织维护妇女儿童权益的专业化、权威性和法治化水平。

党的十九届四中全会决定明确提出，完善党委领导、政府负责、民主协商、社会协同、公众参与、法治保障、科技支撑的社会治理体系。

"这是一项重大制度创新，核心理念就是共建共治共享。"李明舜说，《通知》所构建的妇女儿童权益保护联动机制，是检

天津市河北区检察院与区妇联签署了《关于进一步加强合作建立健全妇女儿童权益保护协作机制的实施意见》；图为该院检察官向妇联工作人员介绍检察工作

察机关和妇联组织落实党的十九届四中全会精神的创新实践。

在李明舜看来，《通知》所构建的妇女儿童权益保护联动机制确立了检察机关和妇联组织要在保护妇女儿童合法权益方面实现案件线索及时共享、信息相互通报、矛盾共同化解、人员兼挂交流、平台互通共用、工作彼此配合、资源充分整合。这充分体现了共建共治共享的理念和要求。该机制的构建将有力推动妇女儿童权益保护社会治理体系和治理能力现代化建设。

最高检教育部公安部联合下发意见预防性侵未成年人犯罪　严守教职员工准入资格关口

石杨　郭凯　2020年9月18日

18日，记者从最高人民检察院召开的新闻发布会上获悉，今年以来，各地公安机关先后破获强奸、强制猥亵、猥亵儿童等侵害未成年人案件1.2万余起，抓获一批犯罪嫌疑人，有力震慑了犯罪分子。为加强对性侵未成年人犯罪的源头预防，近日公安部与最高检、教育部联合下发了《关于建立教职员工准入查询性侵违法犯罪信息制度的意见》（以下简称《意见》）。

　　近年来，公安机关持续加大对性侵未成年人犯罪的惩治和打击力度，不断完善办理性侵未成年人案件的工作机制，有力维护了未成年人人身权益。公安部要求各地公安机关对性侵未成年人犯罪有案必查、有罪必惩，依法从重从快从严打击。特别是对非法侵入中小学和幼儿园等学前教育机构侵害儿童人身安全的案件，坚持"零容忍"态度，快侦快破，及时抓捕犯罪嫌疑人。但是，由于此类犯罪具有熟人作案比例高、重新犯罪率高、成瘾性等特点，单纯打击并不能有效遏制犯罪，必须关口前移，加强源头预防，构建对未成年人更加有力的社会保护网络。

　　《意见》明确规定，中小学校、幼儿园新招录教职员工前，教师资格认定机构在授予申请人教师资格前，应当进行性侵违法犯罪信息查询，对具有性侵违法犯罪记录的人员，不予录用或者不予认定教师资格。此外，规定了入职查询范围、适用入职查询的人员范围、查询方法、查询结果的应用及追责等，从源头上把"大灰狼"挡在校园之外。

　　公安部刑事侦查局二级巡视员王永明表示，公安机关将继续完善"全国性侵违法犯罪人员信息系统"，部署各地公安机关切实落实教职员工入职查询有关工作要求，进一步加强情报研判，全力防范此类犯罪发生。同时，继续保持对此类犯罪的高压严打态势，密切关注犯罪发展趋势，主动研判分析，切实维护未成年人合法权益和社会治安稳定。

　　公安机关提醒广大未成年人和家长，未成年人体力智力发育不成熟，认知能力、辨别能力和反抗能力较弱，为有效避免受到不法伤害，要加强监护和关爱，增强未成年人保护意识；要警惕打着"个性交友""童星招募"等幌子，诱骗、胁迫未成年人进行"裸聊"或发送"裸照""裸体视频"等方式进行"隔空"猥亵的网络侵害；未成年人一旦遭受性侵害要及时向公安机关报案，配合公安机关取证，利用法律武器保护自己的权益。

凤凰早班车

最高检：慎重对待未成年人黑恶犯罪

刘君竹 陈琦 2020 年 1 月 20 日

节目主要内容

　　全国检察机关未成年人检察工作会议 1 月 19 日在北京召开，最高人民检察院检察长张军表示，要推动未成年人检察司法保护工作更加扎实深入地展开，把国家法律保护全面落实到位，真正形成全社会的合力保护。张军在会上强调，各级检察机关要切实履行司法保护职责，对犯罪未成年人实行教育、感化、挽救的方针，特别是对认定未成年人构成黑恶犯罪的要尤其慎重。

▶ 视频观看地址

http://v.ifeng.com/c/7tOCBBUT0i0

从"检察建议"到"不能等"
——张军疾呼严惩性侵未成年人

张素　2020 年 1 月 19 日

———————

　　2018 年，中国最高人民检察院针对校园性侵问题等发出"一号检察建议"。如今，中国最高人民检察院检察长张军提出"两项工作不能等"。

　　两项工作即：建立性侵害未成年人违法犯罪信息库和入职查询制度，建立侵害未成年人案件强制报告制度。

　　张军在 19 日举行的全国检察机关未成年人检察工作会议上说，针对性侵犯罪重犯率高的问题，浙江、上海、重庆、广东等地检察机关会同有关部门，探索建立性侵害未成年人违法犯罪信息库和入职查询制度。其中，仅上海就已筛查出 26 人。针对未成年人遭受侵害发现难、发现晚的问题，湖北、福建、河南等地建立侵害未成年人案件强制报告制度，明确教育、医疗、民政等部门发现未成年人遭受或疑似遭受不法侵害的，都有报案义务，不报案就要追责。

　　"这两项工作不能等，要向党委政法委报告，协同有关部门一体推进落实。"张军对在座的大检察官们说。

　　他如此急切，是因数据显示性侵未成年人犯罪案件连年上升。公益组织"女童保护"发布称，2013 年至 2018 年，媒体曝光的性侵儿童的案例有 2096 起，受害人数超过 3924 人。根据性侵害案件隐案比例，1 起性侵案件被曝光意味着至少 7 起性侵案件发生。

　　"性侵未成年人案件，受害人几无报案，犯罪嫌疑人多不认罪。"张军在会上再谈"齐某强奸、猥亵女童最高检抗诉案"。该案历经 6 年，在事实认定、

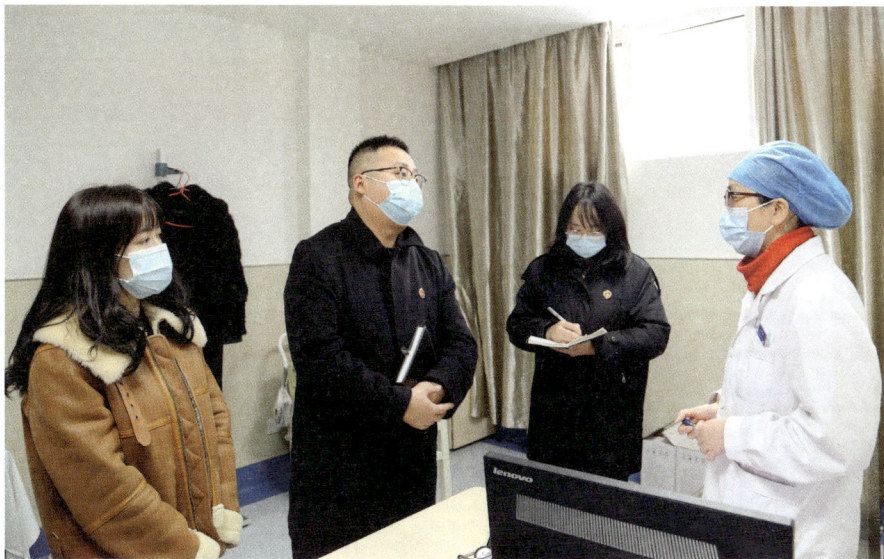

未检部门联合纪委监委有关部门对侵害未成年人案件强制报告制度落实情况进行督查

证据采信、法律适用等方面存在不同认识，直接影响了对齐某能否适用加重处罚的量刑情节。最终，最高法采纳最高检抗诉意见，认为齐某奸淫幼女行为属于"情节恶劣"，将 6 年有期徒刑改判为无期徒刑。

"名师"竟有性侵前科
最高检：培训机构入职查询不容监管空白

杨月　2020 年 9 月 18 日

　　性侵害是未成年人遭受犯罪侵害的主要犯罪类型，且呈现持续上升态势。9 月 18 日，最高人民检察院召开新闻发布会，对最高检与教育部、公安部联合下发的《关于建立教职员工准入查询性侵违法犯罪信息制度的意见》（以下简称《入职查询意见》）进行解读，旨在有效推进未成年人保护社会治理体系现代化建设，加强对性侵未成年人犯罪的源头预防，把"大灰狼"挡在校园之外。

　　《入职查询意见》规定的入职查询制度，是指中小学校、幼儿园新招录教职员工前，教师资格认定机构在授予申请人教师资格前，应当进行性侵违法犯罪信息查询，对具有性侵违法犯罪记录的人员，不予录用或者不予认定教师资格。

　　最高人民检察院第九检察厅厅长史卫忠介绍，《入职查询意见》目前把查询的违法犯罪信息限定为狭义的性侵行为：一类是因强奸、强制猥亵、猥亵儿童犯罪被作出有罪判决的人员，以及因上述犯罪被人民检察院作出相对不起诉

决定的人员。另一类是因猥亵行为被行政处罚的人员。

最高检发布的典型案例中介绍了"三部门联合专项清查揭穿'名师'真面目"的案例。王某曾于 2012 年对被害人李某（女，7 岁）以隔衣摸大腿、臀部等私密部位的方式进行猥亵，后王某被公安机关抓获归案，扬州市广陵区法院以猥亵儿童罪判处王某有期徒刑 8 个月。刑满释放后，王某隐瞒前科，进入常州市一所以面向青少年开展英语培训为主要业务的学校从事英语教学工作，并在该学校网站"环球名师"栏目作教学推介。2020 年 4 月，常州市检察院、教育局、公安局在联合开展教师资格专项清查活动中，发现王某的上述前科，教育主管部门当日责令培训机构对其予以辞退，并在 3 日内取消了王某的教师资格。

最高人民检察院第九检察厅副厅长李峰分析该案处理情况时介绍，2020 年 3 月，常州市检察院与市教育局、市公安局联合出台《常州市教师资格认定及教职员工聘任动态联动机制管理办法》，要求当地教育部门、学校、培训机构在教师资格认定、教职员工招聘录用等环节进行违法犯罪记录核查。2020 年 4 月，检察机关与教育部门、公安机关联合对全市 5 万余名教师开展教师资格全面清查专项行动，查出了上述案例中的王某等 13 人属于法律规定的应当撤销教师资格人员，其中 2 人曾被判处 10 年以上有期徒刑。13 人中，包括王某在内的 5 人仍在持证继续从事教育职业。后常州市教育部门对该 5 人均作出辞退处理，并在 3 日内对 9 名在本市获得教师资格证人员全部取消了教师资格。

"江苏省常州市检察机关依托'教师资格认定、教职员工入职和退出动态联动机制'，联合教育、公安部门开展教师资格专项清查行动。同时，针对大量培训机构处于监管空白情况，进一步将该行动拓展到校外培训机构。通过联合行动，打破教育与司法部门之间的信息壁垒，实现违法犯罪信息的互通，通过对全市教职员工、培训机构从业人员逐一比对、复核，并建立教育从业人员基础数据库，使学校、校外培训机构涉案人员'有人可找、有责可究'，最大限度降低未成年人受侵害风险。"李峰说。

最高检公布的数据显示，2017 年至 2019 年，检察机关起诉强奸、强制猥亵、猥亵儿童等性侵未成年人犯罪分别为 10603 人、13445 人、19338 人，分别占当年起诉侵害未成年人犯罪总人数的 22.3%、26.5%、30.7%，后两年同比分别上升 26.8%、43.8%。"公安司法机关对性侵未成年人犯罪一直保持严打高压态势，但是实践证明，单纯打击并不能有效遏制犯罪，必须加强源头预防。"史卫忠说。

《入职查询意见》规定对三类人员进行查询：一是中小学校（含中等职业教育和特殊教育学校）、幼儿园新招录教师、行政人员、勤杂人员、安保人员等在校园内工作的教职员工，在入职前应当进行性侵违法犯罪信息查询。二是教师资格认定机构在认定教师资格前应当对申请人员进行性侵违法犯罪信息查询。三是教育行政部门应当做好在职教职员工相关违法犯罪信息的筛查。

"由于高校的学生大多已成年，校外培训机构管理体制比较复杂，因此规定，对高校和面向未成年人的校外培训机构的教职员工、工作人员的性侵违法犯罪信息查询，参照本意见执行。"史卫忠表示，教职员工入职查询制度在经过一定实践完善后，将推动逐步适用于所有与未成年人密切接触的行业，同时扩大查询违法犯罪信息的范围，全面构建预防侵害未成年人犯罪的"防火墙"。对于此前已建立的其他密切接触未成年人行业入职查询机制，仍然可以按照原有方式继续实施。

教育部教师工作司副司长黄伟表示，地方教育行政部门未对教职员工性侵违法犯罪信息进行查询，或者经查询有相关违法犯罪信息，地方教育行政部门或学校仍予以录用的，由上级教育行政部门责令改正，并追究相关教育行政部门和学校相关人员责任。教师资格认定机构未对申请教师资格人员性侵违法犯罪信息进行查询，或者未依法依规对经查询有相关违法犯罪信息的人员予以处理的，由上级教育行政部门予以纠正，并报主管部门依法依规追究相关人员责任。

最高检等四部门：利用未成年人实施黑恶势力犯罪的九种情形从重处罚

谢青　2020 年 4 月 23 日

未来网 新闻　首页 > 特别关注 > 正文

最高检等四部门：利用未成年人实施黑恶势力犯罪的九种情形从重处罚

举报维权　　　　　　　　　　2020-04-23 11:26:18　　　　　　来源 未来网

未来网北京4月23日电(记者　谢青)今日,最高检、最高法、公安部、司法部联合发布《关于依法严惩未成年人实施黑恶势力犯罪的意见》(以下简称《意见》),指出对利用未成年人实施黑恶势力犯罪的九种情形、五类人员从重处罚。

今日,最高检、最高法、公安部、司法部联合发布《关于依法严惩利用未成年人实施黑恶势力犯罪的意见》(以下简称《意见》),指出对利用未成年人实施黑恶势力犯罪的九种情形、五类人员从重处罚。

《意见》规定利用未成年人实施黑恶势力犯罪,具有下列情形之一的,应当从重处罚:

1.组织、指挥未成年人实施故意杀人、故意伤害致人重伤或者死亡、强奸、绑架、抢劫等严重暴力犯罪的;

2.向未成年人传授实施黑恶势力犯罪的方法、技能、经验的;

3.利用未达到刑事责任年龄的未成年人实施黑恶势力犯罪的;

4.为逃避法律追究,让未成年人自首、做虚假供述顶罪的;

5.利用留守儿童、在校学生实施犯罪的;

6. 利用多人或者多次利用未成年人实施犯罪的；

7. 针对未成年人实施违法犯罪的；

8. 对未成年人负有监护、教育、照料等特殊职责的人员利用未成年人实施黑恶势力违法犯罪活动的；

9. 其他利用未成年人违法犯罪应当从重处罚的情形。

此外《意见》还明确，黑社会性质组织、恶势力犯罪集团利用未成年人实施犯罪的，对犯罪集团首要分子，骨干成员，起组织、策划、指挥作用的纠集者，主犯，直接利用者五类成员从重处罚。

发布会上，最高人民检察院检委会副部级专职委员万春表示，一些黑恶势力利用刑法关于刑事责任年龄的规定，有意将未成年人作为发展对象，以此规避刑事处罚，严重损害未成年人身心健康，无论是对社会和谐稳定还是对未成年人成长都危害极大。因此，《意见》的制定，是对严惩利用未成年人实施黑恶势力犯罪的行为，更好地保护未成年人合法权益作了全面、系统的规定。

这份写进最高检工作报告里的20年的刑事数据回顾，不仅是『成绩单』，更是司法政策的新风向标

——澎湃新闻网◎沈彬

09

自强

光明日报

从"小试验"到"双千计划"
——聚焦专家学者挂职司法机关机制运行

陈慧娟　2020 年 7 月 11 日

7 月 2 日，三位专家——北京大学法学院副院长、教授车浩，清华大学教授劳东燕，航天科工集团二院资产运营总工程师袁茵挂职最高人民检察院。专家学者挂职司法机关，已有 26 年的历史。从 1994 年北京市海淀区人民检察院的"试验"，到最高司法机关的吸纳鼓励，再到中央政法委、教育部联合发文要求实施高校与实务部门人员互聘"双千计划"，这样的交流形式促进了法学学界与实务界的交流互动，让理论与实践在互相砥砺中共同发展进步，进而从更深层次上推动了法治中国建设。

充满希望的开始

与当前新建的、充满高科技装备的检察院相比，20 多年前建设的海淀区检察院显出了一点年代感，但白色的墙体、高耸的大楼，依然威严庄重。"盖这座大楼时，周围还很荒凉。"北京市海淀区检察院第九检察部检察官付强记得那时的情形。

某种程度上，这就像当时的法治建设——一切有待建设而又充满希望。

在那个激情迸发的年代，法律，是对社会改革与发展进行的阐释与回应。党的十四大确立我国经济体制改革的目标为建立社会主义市场经济体制，社会主义市场经济体制的建立和完善离不开法治保障成为共识。宏观层面上，1996

年，"依法治国"作为国家战略目标提出，1997年，党的十五大正式提出"依法治国，建设社会主义法治国家"；微观层面上，合同法、劳动法、银行法、公司法在彼时相继问世。

"综而观之，在坚定不移推进改革开放的背景下，法治价值获得重拾、法治实践进入突破性的发展期，法治话语得以逐步证成。"西南政法大学校长付子堂认为。

而良法善治，不仅在于立法，同样在于司法实践中所体现出的规范与公正。

然而法律人才尚无法满足司法机构庞大的需求。20世纪80年代，法学教育可谓从一片空白中艰难成型。法官、检察官等法律相关职业从业者需要熟知法律知识，今天已经是不言而喻的常识，但很长一段时期内，我国对司法工作者没有清晰的专业知识要求，大量司法机关的工作者并没有法学学科背景。

加强法学学科建设，不断培养人才的同时，怎样带动现有的司法队伍？在高歌猛进、日新月异的时代，中国犹如巨大的试验场，在众多横空出世的重大试验中，有一场小小的试验也开始了。它可能不被很多人知晓，也无法被数据所统计，谁也说不清它于细微处产生了什么样的回响，但它的影响持续至今。

从一点到一片

1994年6月，北京市海淀区人民检察院与中国人民大学法学院签订《人才交流协议》，开始实行学者挂职机制。不是做顾问，做参考，而是直接挂职副检察长，亲自处理案子。"此前没有先例，海淀检察院也在摸索，当时通常是每次引进一位教授挂职，为期两年，每周至少来检察院两天。"付强介绍，选择的标准——学术权威，支持检察工作。"权威"并非夸饰，海淀检察院首位挂职学者姜伟，如今已是最高人民法院副院长，陈兴良、黄京平等学者无一不是法学界响当当的名字。

在最高检法律政策研究室挂职的清华大学教授劳东燕出席新闻发布会

　　最重要的影响是现代法治理念。在付强看来，法律是社会生活的规则，但并非被动适应，而是要起到引领作用。学者挂职不是为了办多少具体案子，而是要把法治思维、理念带进司法机关。曾经于最高法挂职的北京师范大学教授卢建平，在回忆挂职感受时撰文，作为刑事政策学者，要"在一个超越实在刑法的立法论层面"，有"超越现在的长远历史观和超越此地的世界主义的角度"。

　　回到现实。市场持续繁荣，各类市场主体野蛮生长，经济社会的大转型与法律的滞后相遇，导致出现了犯罪高峰。1996年全国性的"严打"行动再次发动。"证据意识""罪刑法定原则"于现在的我们来说是耳熟能详的名词，当时的司法实务却未必能够完全落实。"从严从快审结"是当时的办案指向。"法制不是为了追求快，设置检法机关，是为了'慢'下来。涉及人身、财产重大权利的案件，需要慎重。挂职学者批案子，更能秉承法治意识，不构罪不批捕，证据不足不起诉，对过于政治化的案件起到了冷静、纠偏的作用。"付强说。

　　2000年以后，在借鉴海淀区人民检察院成功经验的基础上，北京、上海、武汉、济南、重庆等地的检察机关纷纷到政法院校联系法学教授到基层检察院挂职，专家学者挂职工作自此在全国逐步开展起来。2006 年 7 月，何家弘、宋英辉、赵旭东三位知名法学家同时到最高人民检察院挂职，在检察系统和法学界引起了震动。

现任职北京师范大学刑事法律科学研究院的教授宋英辉，专业领域是刑事诉讼法学，除了教学、研究，还多次参与过刑事诉讼法修改论证工作。谈到挂职契机，他的想法代表着学者的心声："从我自身来讲，确实想通过挂职，来了解刑事诉讼法实施的具体情况，丰富教学和研究的第一手资料。同时，也想将自己所学知识和研究成果，贡献于司法实践之中。"

法律政策的调整，司法改革的深入，都使得司法机关十分重视对于法律重大修改的理解贯彻。挂职最高检研究室副主任时，宋英辉挂职的日常工作"主要是法律政策问题研究，按照工作安排参与或者负责某项司法解释、规范性文件的起草修改工作"。

挂职学者还具体推动着工作机制的创新。2010 年，学者挂职检察机关机制进行十多年后，仅在北京，挂职副检察长的学者共主持或参与制定检察工作机制 56 项，其中包括一些在全国具有影响力的试点经验。如海淀检察院挂职副检察长参与起草的"检察官职务晋升考核标准"等，使检察工作更加规范化、科学化。

更广泛的需求，更多样的形式

社会发展需要法治建设提供规范保障，反之也为法治发展提供着动力。

当中国经济社会发展变化大到《经济学人》专门开辟了中国专栏时，法治的发展同样步稳蹄疾，需要不断创新法治人才培养机制，让法律职业共同体的交流互动更加充分。

2011 年底，中央政法委、教育部《关于实施卓越法律人才教育培养计划的若干意见》发布，要求实施高校与实务部门人员互聘"双千计划"：选派 1000 名高校法学骨干教师和 1000 名法律实务部门具有丰富实践经验的专家互相挂职 1~2 年。

顶层设计来自党的十八届四中全会通过的《中共中央关于全面推进依法治国若干重大问题的决定》，"法治工作队伍"概念被首次明确提出，法学教育、法学研究工作者纳入其中。同时要求健全政法部门和法学院校、法学研究机构人员双向交流机制。

山东大学法学院副院长张海燕正是在挂职机制成型之际，走进了山东省济南市中级人民法院。

实践中发现的新问题改变着学者的认识。理论与实践的脱节情况让张海燕陷入思考，"如举证责任的分配等问题，理论上有很明晰的体系，但是司法实践中更多会出现经验性、习惯性的做法。"这些触动进而影响了张海燕的学术

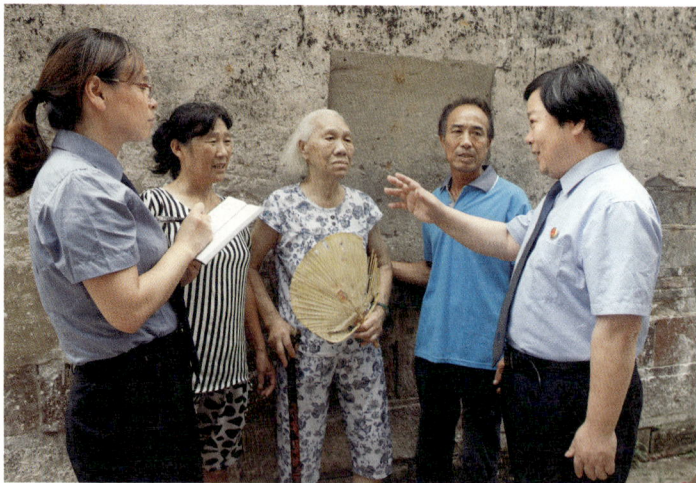

江西省南昌市青山湖区检察院副检察长（挂职，江西师范大学法学院教授）带领检察干警看望司法救助对象

方向，"学界要起到引领的作用，但是实务人员更多地关注最高法、最高检的司法解释，从前的判例适用等，对学术成果的关注度并不高。学界、理论界的研究要更关注司法现状。"

同样的感触，出现在不少挂职学者心中。一位正在最高人民法院挂职的学者认为："仅就数量而论，当今中国法学理论研究成果，可谓汗牛充栋，但是其中真正富有理论洞见、蕴含现实关怀，既能科学有效地解决社会现实问题，又能引领中国法治发展方向的研究成果却不多见。法学研究中从理论到理论、拿来主义，甚至先'想象并制造问题'再'解决问题'，常为人所诟病。"

在司法一线的工作，让学者们感到，中国当前的法治实践中，存在大量的富有实践价值、亟待理论补给的本土问题，法学研究的中国问题面向，可谓广阔天地、大有可为。

党的十八大之后，建构"法律体系"的任务转变为建设"法治体系"，推进"依法治国"迈向全面建设"法治中国"，新的愿景催生了新一轮司法体制改革。司法责任制改革、内设机构改革等一系列系统性、重构性变革，都召唤着学界与实务界更加通力合作。

在付强看来，学界与实务界的互动交流确实更密切了。专家咨询委员会成为司法机关"标配"，重要案件委员们都会进行论证；联合申报课题屡见不鲜；近年来，还推出了从律师和法学专家中公开选拔法官、检察官的机制。"挂职可以说是历史的选择，随着法学专业发展，人才不断增多，实务人员结构更替，相信会有更完善的交流形式。"

中国纪检监察报

堵住插手干预司法活动的后门

段相宇　2020 年 5 月 16 日

　　"案件一进门，请托找上门。"一个时期以来，极少数领导干部插手具体个案、干预司法办案的问题，成为影响司法机关依法独立公正行使司法权的顽疾。

　　党的十八届四中全会明确提出要"建立领导干部干预司法活动、插手具体案件处理的记录、通报和责任追究制度。""建立司法机关内部人员过问案件的记录制度和责任追究制度。"2015 年，关于防止干预司法的"三个规定"相继出台，成为规范司法行为、维护司法公正的有力保障。

江西省广昌县检察院召开党组扩大会，学习贯彻"三个规定"相关文件精神

江西省广昌县检察院检务督察部随机抽查检察干警，重大事项记录报告填报情况

　　近日，最高人民检察院首次通报落实"三个规定"情况，发布 6 起检察人员违反"三个规定"典型案例，其中既有领导干部干预插手检察案件，也有检察人员过问司法办案，与律师不当接触交往的案例；既有因为违反"三个规定"受到党纪政务处分甚至被追究刑事责任的负面案例，也有按照要求记录报告免除责任追究的正面案例。

打招呼求办事多来自熟人

2017 年 1 月，某市检察院副检察长刘某接受请托，找到该市某区检察院副检察长田某，让其帮忙使犯罪嫌疑人张某某受到较轻追诉，争取缓刑。田某随后找到案件公诉人高某某，在没有证据的情况下，二人在起诉书中认定"张某某等因合法生产而非法储存爆炸物"，使得本应判处 10 年以上有期徒刑的张某某被判处缓刑。2018 年 12 月，田某、高某某均受到开除党籍、开除公职处分。2019 年 5 月，刘某被开除党籍，取消退休待遇，后因组织、领导黑社会性质组织等罪，被判处有期徒刑 25 年。

2015 年 10 月，某县检察院侦查监督科科长吴某明知道吴某发等人的行为涉嫌寻衅滋事罪，按照法律规定不能作撤案处理，但他却碍于同学和朋友情面，接受吃请并收受贿赂，私自向县公安局治安大队出具《检察建议》，称"嫌疑人吴某发犯罪情节轻微，可作不起诉或者免予刑事处罚的处理"，导致吴某发一案被撤案处理。2018 年 9 月，吴某受到开除党籍、开除公职处分，后因徇私枉法罪被判处有期徒刑 1 年。

从最高检公布的这 6 起案例来看，违反"三个规定"的行为，无论是过问案情，还是请托办事，大都来自"熟人"。有的过问、请托来自上级或同级领导，有的来自同事、下属，有的来自同学、朋友、当事人及其代理人等。

值得注意的是，案例中的涉案者大多是"关键少数"，有的是检察长、副检察长等领导干部，有的是业务部门负责人和案件承办负责人。这些人身处关键岗位，手握司法权力，更容易成为熟人拉拢甚至围猎的对象。面对他人的请托，一旦丧失了原则和立场，往往容易滑向司法腐败的深渊。

"捞人""抹案"严重者可追究刑责

据最高检公布的消息，截至 2020 年 3 月，全国检察机关共主动记录报告 2018 年以来过问或干预、插手检察办案等重大事项 18751 件，其中反映情况、过问了解的占 96.5%，干预插手的占 3.5%。这表明过问的占了绝大多数，其中更多的是当事人陈述情况、了解进展、担心对方有人过问而不能公正办理，或者认为处理不公进行反映、举报，等等。"我们认为这也很正常，体现了社会各方面对检察机关办案的监督。"最高检党组成员、政治部主任潘毅琴表示。

但不可忽视的是，司法实践中确实存在人情案、关系案、金钱案，比如将过问、了解、反映情况等作为人情顺水推舟，甚至徇私枉法，试图"捞人""抹案"。那么，领导干部及司法内部人员过问、插手和干预案件会有什么样的后果？

梳理发现，在 6 起案例 12 名违纪违法人员中，被给予开除党籍等重处分的就有 8 人，其中有 5 人还因为涉嫌犯罪被判处刑罚。比如，2015 年至 2018 年期间，某直辖市检察院政治部主任王某先后多次接受请托，收受他人贿赂，利用其职务上的影响力，帮助他人减轻或逃避处罚。2018 年，王某因插手、干预司法办案等严重违纪违法行为受到开除党籍、开除公职处分；因贪污、受贿、徇私枉法等犯罪，被判处有期徒刑 11 年 6 个月，并处罚金 55 万元。从检察机关领导干部到身陷囹圄，其教训十分惨痛。

公正廉洁司法是全面依法治国的必然要求和重要保证，司法腐败不仅严重损害群众切身利益，也会影响司法公信力。司法人员如果把党和人民赋予的权力当作自己谋取私利的工具，以权压法、徇私枉法，必将受到党纪国法的严惩。

筑牢干预司法防火墙

2015年，中办国办、中央政法委、"两高三部"（最高法、最高检、公安部、国安部和司法部）分别印发了《领导干部干预司法活动、插手具体案件处理的记录、通报和责任追究规定》《司法机关内部人员过问案件的记录和责任追究规定》《关于进一步规范司法人员与当事人、律师、特殊关系人、中介组织接触交往行为的若干规定》。

这"三个规定"要求对于领导干部插手干预司法、内部人员过问案件，以及与当事人、律师等不当接触交往行为，司法人员都要主动记录报告，并进行通报和责任追究。

通报案例中，某市人民检察院法警支队政委陈某违反"三个规定"案显得颇为特别。在其涉及的5名检察人员中，1人受到处分，而另外4人不仅没被追究责任，还受到了表扬。

山东省德州市检察院检务督察部干警到经济技术开发区检察院检查"三个规定"登记情况

2018 年 6 月，某市检察院法警支队政委陈某给辖区内某基层检察院检察官王某打电话，询问其在办的佟某掩饰、隐瞒犯罪所得案能否判缓刑，王某表示该案会依法办理。2019 年 5 月，陈某又给辖区内某基层检察院检察官郝某等 2 人打电话，询问其在办的柳某刚虚假诉讼、诈骗、寻衅滋事案能否关照一下，郝某等 2 人予以拒绝，并告诉陈某不要来说情。2019 年 7 月，陈某再次给辖区内某基层检察院检察官刘某打电话，询问其在办的陈某华非法持有枪支案能否在陈某华送监前安排其会见亲人，刘某予以拒绝。王某、郝某、刘某均对市检察院法警支队政委陈某的违规过问、干预案件行为作了记录报告。

最终的处理结果也形成了鲜明对比：陈某因违反"三个规定"及其他违纪问题，被免去法警支队政委职务，并被开除党籍。而王某等 4 名检察官，对来自上级机关部门负责人的违规过问或干预案件行为自觉抵制，被该市检察院给予充分肯定。

"'三个规定'既是防止领导干部干预司法活动、插手具体处理的有力举措，也是防止检察人员走上违纪违法道路，促进公正廉洁司法，提高司法公信力的治本之策。"最高检检务督察局负责人表示，严格执行"三个规定"，是防止检察人员被"围猎"，有力保障司法公正的重要举措。

潘毅琴认为，深入持久做好"三个规定"执行工作，同时进一步严格办案纪律、规范司法行为、提高案件质量、强化司法公正，才能形成社会信任和共识：找不找人、转不转材料，都不影响公正办案。

法治日报

"案－件比"如何推动检察办案提质增效

蔡长春 董凡超 2020 年 9 月 10 日

- ◆ 多种形式教育引导干警更新理念
- ◆ 找准关键节点制定有针对性措施
- ◆ 依各自实际情况优化"案－件比"
- ◆ 每起案件每个办案环节做到极致

"本以为案子从检察院到法院一步步走下来要几个月，没想到在检察阶段如此短的时间内就有了公平公正的结果，我们双方都很满意。"一起故意伤害案件被害人施某某连连向山东省烟台经济技术开发区人民检察院的检察官表示感谢。

能够得到当事人高度评价，"案－件比"功不可没。

"案－件比"，是指发生在人民群众身边的"案"，与案子进入司法程序后所经历的有关诉讼环节统计出来的"件"相比形成的一组对比关系。"件"数越低，说明"案"经历的空转诉讼环节越少，办案时间越短，案结事了后，当事人对办案活动的评价越高，社会效果越好。湖北省仙桃市人民检察院代检察长高鹏曾形象地比喻："'案－件比'挤出了办案中的'水分'。"

近日，《法治日报》记者走进山东、山西、江苏等地检察机关，探访"案－件比"这一衡量司法办案质效的评价指标推进落实情况。

今年前7个月刑事检察"案-件比"为1:1.69

时间：2020-08-27　作者：徐日丹　来源：高检网　　　　　　【字体：大 中 小】

记者从8月27日召开的抓实业绩考评、深化检察改革、全面推进检察事业高质量发展电视电话会议上获悉，今年以来，检察机关持续落实"案-件比"质效评价标准，1月至7月刑事检察"案-件比"为1:1.69。

检察机关认真学习贯彻习近平总书记"努力让人民群众在每一个司法案件中感受到公平正义"的重要指示精神，通过研判实际发生的"案"与司法机关办理的"件"，促进完善司法管理和社会治理：如果实际发生的"案"增加了，就要促进"案源"治理，通过深化平安建设、人民调解、认罪认罚等，源头减少司法案件；如果司法机关统计的"件"增加了，就要通过完善考评手段、提高办案质效，减少群众诉累。今年1月初，最高检发布以"案-件比"为核心的《检察机关案件质量主要评价指标》，1月至7月，刑事检察"案-件比"为1:1.69，在受疫情影响、相关的案工作延迟的情况下，"件"同比下降0.094。

找准关键靶向发力

"案"与"件"有什么区别？为什么要区分？山西省晋城市阳城县人民检察院第二检察部主任张东锋将其生动地阐释为："案"就是为群众呈上的一盘菜，在最短的时间呈上最美的佳肴，才会让顾客有获得感、幸福感。如果这盘菜经历了漫长等待甚至回炉重做，变成多道菜，就会明显降低顾客的期许，影响食欲和心情。

张东锋进一步解释说，检察机关受理一个案子就是一"案"，如果经历退回补充侦查、延长审查期限、复议复核、上诉等多个反复环节，一"案"就成多"件"，这会导致司法资源浪费、诉讼效率降低、当事人诉累增加、案件质效大打折扣，严重影响群众的获得感。

"正义需要以更快更好的方式实现。"在张东锋看来，"案-件比"要求检察官站在人民群众的立场看问题，挤掉不必要的办案环节，把"件"降下来，提升质和效，切实减少当事人诉累，主动回应群众关切。

检察官交流案件进展情况

不过，这一创新举措的推进在一些地方并没有想象中那么顺利。

烟台经济技术开发区检察院副检察长李洪家记得，"案－件比"刚推行时，不少检察官有抵触情绪，认为退回补充侦查、延长审查期限等指标束缚了办案人员手脚，甚至影响了办案质量，一度导致"案－件比"居高不下。去年，烟台经济技术开发区检察院"案－件比"考评在全市14个基层院中位居下游。

李洪家决心改变这种状况。

应该从何处着手？一番研究后李洪家发现，思想观念、能力水平、司法管理短板是影响"案－件比"落地的深层次原因。其中，破除思想观念的制约尤为重要。

于是，烟台经济技术开发区检察院通过政治早读、检委会集体学习等多种方式集中教育引导干警更新办案理念。

理念变了，行动也要跟上。影响"案－件比"的主要因素有哪些？关键环节在哪里？找准症结才能对症下药。

李洪家倡导组成专班，全面梳理影响"案－件比"的16项业务活动，找准关键节点，制定针对性措施。

阳城县检察院实行一月一通报、一季一分析制度，及时研判影响当前"案－件比"的重点、难点问题，靶向定位，找准影响"案－件比"的退补、延期等关键因素。

"案－件比"适用于刑事、民事、行政等各项检察业务。河南省许昌市人民检察院副检察长范仲瑾等人通过剖析 2016 年至 2019 年许昌市检察机关办理的刑事案件发现，受案数量、案件性质、案件结构等都会对"案－件比"产生普遍影响。

记者采访了解到，当前，各地检察机关瞄准这些普遍影响因素靶向发力，推进"案－件比"更好地落到实处。

检察官实地了解诉讼案件详细情况

精准施策推动落实

吴某等 60 人诈骗案涉案金额巨大、人数众多，办理难度大。江苏省盐城市大丰区人民检察院组织检察官实质介入，通过查阅案卷、与侦查人员沟通、研讨案情等方式，对取证、事实认定、法律适用等提出建议，使案件符合起诉标准。

受理案件之前，大丰区检察院召开4次联席会议，组成6个办案小组，形成整体办案团队，集全院力量集中攻坚。案件受理后，6个办案小组分别前往镇江、苏州、南通等多地看守所开展讯问工作，同步推进办案进程。同时，充分开展认罪认罚释法说理，既保障了犯罪嫌疑人的权益，又收到快捕快诉的效果，实现一个月审查起诉期限内对案件提起公诉。

此案办理模式的蜕变，是检察机关着力优化"案-件比"的一个缩影。

今年以来，盐城市检察机关切实发挥"四个作用"，持续精准发力优化刑事案件"案-件比"。

盐城市人民检察院副检察长吴海龙告诉记者，盐城检察机关充分发挥提前介入作用，会同公安机关建立提前介入常态化机制，关口前移降低"案-件比"；充分发挥自行补充侦查作用，降低退查率，主动作为降低"案-件比"；充分发挥案件退查内部监督作用，重点对"件"影响比较大的退回补充侦查、延长审查起诉期限等程序加强管控，从严退查监控降低"案-件比"；充分发挥认罪认罚从宽制度作用，全流程做好案件当事人认罪服法、息诉服判工作，减少申诉上访等重点环节的"件"数，运用制度优势降低"案-件比"。

张家港市人民检察院第六检察部主任杨勇介绍说，今年3月，张家港市检察院"案-件比"实时分析智能系统正式上线，实现"案-件比"指标分析动态化、可视化、精准化，用科技推动优化"案-件比"。

阳城县检察院积极落实"以审判为中心"的刑事诉讼制度改革，充分发挥捕诉一体化优势前移审查关口，严把提前介入、退补延期、审前过滤"三关"，合力引导案件侦查取证。

"严把三关的同时，我们坚持内外兼修。"张东锋告诉记者，阳城县检察院不断加大检察官业务能力培训力度，有效提升干警能力水平；细化责任抓落实，将"案-件比"作为部门业务和员额业绩考核的重要内容，狠抓监督落实。

烟台经济技术开发区检察院实行繁简分流优化诉讼流程，用足用活联席会议制度提高办案质效；黑龙江省鸡西市人民检察院强化上下联动，建立健全长效机制；内蒙古自治区扎兰屯市人民检察院严格"案－件比"评价指标，倒逼办案质效提升……各地检察机关纷纷结合自身实际，努力推动优化"案－件比"。

成效凸显质效提升

让李洪家感到欣慰的是，随着检察官把优化"案－件比"作为办案导向，在每一起案件、每一个办案环节上都努力做到极致，烟台经济技术开发区检察院的"案－件比"持续优化降低。

"今年1月至8月，我院的'案－件比'已从去年的1∶2.18降至1∶1.16，从全市下游奔到前列。"李洪家说。

今年以来，阳城县检察院"案－件比"为1∶1.02，居全市第一、全省第八；盐城检察机关2019年全年的"案－件比"为1∶2.02，今年降为1∶1.27，位列全省第二。

"案－件比"降低了，司法办案质效提高了，当事人的获得感和满意度也有了新提升。

大丰区检察院第二检察部副主任陈隽说："办案时间缩短了、效率提高了，当事人的问题得以迅速解决，对检察机关的满意度自然就高了。"

张东锋告诉记者，"案－件比"的实施对检察工作的提升是整体性和全方位的，不仅使检察产品成本低、出厂快、质量好、品质高、有温度，更节约了司法资源、提高了诉讼效率、提升了案件质量、促进了社会和谐、推进了社会治理。

受访检察机关负责人均表示，将以全面做好"案－件比"工作为着力点，继续奋力开拓、争创一流业绩，为服务和保障高质量转型发展贡献检察力量，彰显检察担当。

20 年数据首现最高检报告，
是怎样的司法信号？

沈彬　2020 年 5 月 25 日

5 月 25 日，最高人民检察院检察长张军在两会上做了最高检的工作报告。

图为工作报告部分内容

　　这份"年度"工作报告，还给公众"跨年度"的惊喜。工作报告在"努力做优刑事检察"部分，不仅提到去年的检察工作成绩，还专门分析了 1999 年至 2019 年 20 年间的刑事犯罪变化情况。

　　这种"大跨度"还是第一次出现在最高检的工作报告中，报告的附件中还制作了图表，清晰反映了主要犯罪趋势。这种"不寻常"有何深意呢？

　　先看看，这 20 年"弹指一挥间"中国社会的犯罪态势和治安环境，到底发生了什么改变？1999 年至 2019 年，检察机关起诉严重暴力犯罪从 16.2 万人降至 6 万人，如今暴力犯罪只相当于 20 年前的约 1/3；被判处 3 年有期徒刑以上刑罚的占比，从 45.4% 降至 21.3%，如今 80% 的罪犯获得的是 3 年以下的轻刑，"醉驾"取代盗窃成为刑事追诉第一犯罪。

暴力犯罪少了，重刑率低了，另外，一些新兴犯罪多了：扰乱市场秩序犯罪增长 19.4 倍，生产、销售伪劣商品犯罪增长 34.6 倍。这"一升一降"从刑事截面上深刻摹写了中国社会 20 年来的变化：一方面，"社会治安形势持续好转，人民群众收获实实在在的安全感"；另一方面"新型危害经济社会管理秩序犯罪上升，表明社会治理进入新阶段"。

时代的变化，是司法改革的契机，也是检察机关理念更新的契机。

以往，社会上更多认为检察官就是"捕、诉、打、严"，检察官要追求高立案率、高羁押率、高起诉率、高判刑率。但是，在轻微刑事犯罪大幅攀升、占据比例不断抬高的情况下，贯彻谦抑慎刑司法理念则尤显重要，"少捕慎诉"亟待有效落实：去年检察院共对涉嫌犯罪但无须逮捕的决定不批捕113785 人，对犯罪情节轻微、依法可不判处刑罚的决定不起诉 144154 人，对侦查、审判中不需要继续羁押的建议取保候审 75457 人，较 5 年前分别上升32%、167%、279%。

坦诚晒出不批捕、不起诉、取保候审的"成绩单"，说明检察机关拿出了司法智慧和担当，来因应时代主题的切换，这也需要全社会法治共识的提升：依法严惩重判是法治，依法"少捕慎诉"是法治的进阶。

另外，认罪认罚从宽制度全面铺开，去年 12 月适用率达 83.1%，一审服判率 96.2%，检察官指控、证明犯罪的主导责任日益凸显。

中国法治环境"轻舟已过万重山"，最高人民检察院作为中国的最高法律监督机关，不拘泥于"年度报告"的程式，而是放在"中观尺度"下回顾中国的法治进程、犯罪态势的改变，用"硬核的数据"让公众体会到实实在在的获得感、安全感、幸福感：中国的治安环境是安全的，社会是稳定的，这是中国

1 秉承客观公正立场

o 对不构成犯罪或证据不足的决定不批捕 191290 人、不起诉 41409 人

o 对侦查、审判中不需要继续羁押的，建议取保候审 75457 人

2 全面贯彻宽严相济刑事政策

o 去年 12 月认罪认罚从宽制度适用率达 83.1%，量刑建议采纳率 79.8%，一审服判率 96.2%

图为工作报告部分内容

人值得自豪和自信的地方。

这份写进最高检工作报告里的 20 年的刑事数据回顾，不仅是"成绩单"，更是司法政策的新风向标，是为了更好满足公众对正义的获得感，是检察机关自我加压、自我驱动转型的"说明书"。

社会治安好了，暴力犯罪少了，扰乱市场秩序犯罪等新型犯罪多了，人民对司法公正有了更深层次的期待，那么，检察机关的办案理念，就需要转变："坚决摒弃偏爱从重从严的传统实践，以事实为根据，以法律为准绳，既要做犯罪的追诉者，也要做无辜的保护者"。

"却顾所来径，苍苍横翠微"，因应刑事犯罪形势变化，调整检察官角色定位，"惩治犯罪与保护无辜并重"，这是历史数据趋势的指向，是时代主题切换的必然，更是为了满足公众于公正的升级需求。

内地记录报告制度倒逼司法行为规范

赵一存　2020 年 5 月 6 日

　　近一个时期来，内地极少数领导干部插手具体个案、干预司法办案的问题，成为影响司法机关依法独立公正行使司法权的顽疾。针对这一问题，内地出台记录报告制度，要求司法人员要对此类行为主动记录报告，倒逼司法行为规范，以防止和杜绝以权压法等行为。最高人民检察院党组成员、政治部主任潘毅琴 6 日在最高检新闻发布会上表示，为防过问或干预检察办案，检察机关将把记录报告等重大事项情况纳入廉政风险防控体系。

　　据介绍，为解决上述问题，内地在 2015 年先后出台相关规定，并制定记录报告制度，要求司法人员主动记录报告领导干部插手干预司法、内部人员过问案件，以及与当事人、律师等不当接触交往行为，并进行通报和责任追究，成为约束司法人员的"紧箍咒"。

　　不过，潘毅琴指出，通过系统内巡视发现，检察机关以往执行这三个规定的情况并不乐观，主动记录报告基本为零，与"案件一进门，请托找上门"实际情况不符。为此，去年 8 月以来，最高检要求"逢问必录"，并强调"过问或不过问都一样要依法办理"。据介绍，截至 2020 年 3 月，全国检察机关共主动记录报告 2018 年以来过问或干预、插手检察办案等重大事项 18751 件，其中干预插手的占 3.5%。

　　"记录报告就是要让社会、群众渐渐知道别通过非正当渠道去找检察官，"潘毅琴强调，检察官在案件办结前，必须全面如实填报受到过问或干预、插手及不当接触交往情况，做到全程留痕，有据可查。对不记录或不如实记录的，一经发现严肃处理。对组织开展工作不力的，要依纪依规严肃问责。

潘毅琴表示，下一步将强化监督检查，把执行上述三个规定的情况，作为每轮系统内巡视的监督重点开展常态化抽查和专项督察工作。检察机关将把记录报告过问或干预、插手检察办案等重大事项情况纳入廉政风险防控体系。同时，检察人员执行此项记录报告制度情况，将纳入干部选拔任用和年度绩效考核评价体系。